Wolfgang Immerschitt

Profil durch PR

Wolfgang Immerschitt

Profil durch PR

Strategische Unternehmenskommunikation –
vom Konzept zur CEO-Positionierung

GABLER zimpel

Bibliografische Information der Deutschen Nationalbibliothek
Die Deutsche Nationalbibliothek verzeichnet diese Publikation in der
Deutschen Nationalbibliografie; detaillierte bibliografische Daten sind im Internet über
<http://dnb.d-nb.de> abrufbar.

1. Auflage 2009

Alle Rechte vorbehalten
© Gabler | GWV Fachverlage GmbH, Wiesbaden 2009

Lektorat: Manuela Eckstein

Gabler ist Teil der Fachverlagsgruppe Springer Science+Business Media.
www.gabler.de

Umschlaggestaltung: Nina Faber de.sign, Wiesbaden
Druck und buchbinderische Verarbeitung: Krips b.v., Meppel
Gedruckt auf säurefreiem und chlorfrei gebleichtem Papier
Printed in the Netherlands

ISBN 978-3-8349-1117-9

Vorwort

Aus der Sicht eines Universitätslehrers für Kommunikationswissenschaft ergeben sich im Zusammenhang mit der
vorliegenden Publikation „Profil durch PR" mindestens drei
Gesichtspunkte:

Erstens, die Entwicklung der letzten Jahre scheint tatsächlich
einen Paradigmenwechsel in der Theorie der Unternehmenskommunikation zu suggerieren: weg vom Leitgedanken der
Umweltkonformität, hin zu Ideen der integrierten Profilbildung. Dennoch: Paradigmenintegration könnte uns zu der
wirklich zentralen Frage führen: Wie viel Ausdifferenzierung
in unserer Sicht der Unternehmensumwelt ist notwendig, um
zu erfolgreichen Strategien der Integration zu gelangen?

Zweitens, das Postulat der Profilbildung birgt in sich neben dem unleugbar großen praktischen Potenzial auch eine theoretische Chance: Es zwingt uns geradezu, ernst zu machen mit
dem Projekt der kreativen Zusammenführung der unterschiedlichen Sichtweisen und Traditionen der Zielgruppenkonzeption aus allen Bereichen der Unternehmenskommunikation.
Wenn es gelingt, unterschiedlich definierte Merkmale von Zielgruppen zu integrieren mit
unterschiedlich definierten Arten der „linkage" zwischen Zielgruppen und Unternehmen,
dann sind wir ein gutes Stück weitergekommen.

Drittens, die – zumindest parzielle – Verknüpfung von Profilbildung und CEO-Kommunikation verspricht einerseits Anschlussfähigkeit zu wichtigen Gebieten wie Personal Public
Relations und Reputation Management und den sie tragenden gesellschaftlichen Trends,
andererseits ergibt sich daraus ein nicht unbeträchtliches Professionalisierungsmoment
über die Einbindung der Unternehmensspitze. So könnte die in Sonntagsreden immer wieder
postulierte Emanzipation aus dem Ghetto der Spezialdisziplin hin zur Managementfunktion
tatsächlich eine Chance auf Verwirklichung haben.

In diesen drei Punkten und darüber hinaus leistet Wolfgang Immerschitt mit „Profil durch
PR" wertvolle Beiträge. Dass dies in einem Praktiker-Buch geleistet wird, ist bemerkenswert
– oder auch nicht? Denn es zählt zu den wirklich erfreulichen Entwicklungen der letzten
Jahre, dass Modell- und Begriffsbildungen zunehmend auch von Seiten der Praxis beigesteu-
ert werden und so die strukturell positive Theorie-Praxis-Beziehung im Bereich Public Rela-
tions/Unternehmenskommunikation bereichern und beleben – ganz anders beispielsweise als
in der noch immer etwas belasteten Kommunikationswissenschaft-Journalismus-Beziehung.

Der amerikanische PR-Professor James E. Grunig hat einmal in einer etwas gewagten Formulierung den wissenschaftlich interessierten PR-Praktiker als „angewandten PR-Forscher" (applied public relations researcher) bezeichnet, der in seiner Arbeit – bewusst oder unbewusst – eigentlich fortwährend Hypothesen verifiziert oder falsifiziert und damit zur Weiterentwicklung der PR-Wissenschaft beiträgt. Für mich passt Wolfgang Immerschitt gut in dieses Bild – als Verfasser von „Profil mit PR", dem viele Leser, auch unter den Studierenden, zu wünschen sind, aber auch als langjähriger und hochgeschätzter Lektor für Public Relations am Fachbereich Kommunikationswissenschaft der Universität Salzburg.

Salzburg, im Oktober 2008   Ao. Univ.-Prof. DDr. Benno Signitzer

Inhaltsverzeichnis

Einleitung

Warum Unternehmen ein Profil mit Kanten und Ecken brauchen

Unternehmen müssen mit dem Wandel leben und ihn gestalten. Im Laufe der Zeit unterliegt ihre Identität immer wieder Veränderungen. Wie das Gesicht eines Menschen bekommt das Unternehmensbild im Laufe der Jahre stärkere Konturen, Falten, vielleicht auch Narben und wird bisweilen auch einem Facelifting unterzogen.

Jeden Tag wird ein neues Kapitel im Lebenslauf aufgeschlagen, wird an der Biografie weiter geschrieben. Kompliziert wird das Schreiben an der Lebensgeschichte eines Unternehmens dadurch, dass viele Autoren am Werk sind. Anders formuliert: Die Identität einer sozialen Organisation, wie sie jedes Unternehmen darstellt, ist äußerst komplex und bildet sich kontinuierlich und über einen längeren Zeitraum aus. Unternehmen befinden sich – wie Menschen auch – im Zwiespalt von Eigeninteresse und Ansprüchen der Stakeholder. Mit einer stark ausgeprägten Identität entstehen Erwartungshaltungen im Umfeld, die besonders deutlich werden, wenn diese Erwartungen enttäuscht werden.

Für Unternehmer[1], PR-Verantwortliche wie Kommunikationswissenschaftler gleichermaßen ist die Frage interessant, wie der Prozess der Profilierung bei Unternehmen abläuft. Wie sehen die Erfolg versprechenden Modelle aus? Welche Ziele setzt sich die Öffentlichkeitsarbeit bei der Markenbildung und Prägung von Unternehmerpersönlichkeiten, welche Handlungsstrategien werden verfolgt, welche Instrumente eingesetzt? Wie werden öffentlichkeitswirksame Themen gefunden, und was trägt letztlich zur erfolgreichen Profilierung bei? Und nicht zuletzt: Welche Rolle spielen dabei die Personen an der Spitze des Unternehmens?

Vielen Unternehmen ist die Notwendigkeit bewusst, dass sie sich ein Profil geben müssen, um am Markt erfolgreich sein zu können. Wobei es irrelevant ist, ob ein Unternehmen weltumspannend tätig ist oder nur einen geografischen Umkreis von fünf Kilometern bedient. Entscheidend ist, dass die Botschaft bei der richtigen Zielgruppe ankommt und dass die Verantwortlichen im Unternehmen eine Vorstellung davon haben, wohin die kommunikative Reise gehen soll.

Schmidhuber und Knödler-Bunte haben das so formuliert: „Betrachten Sie Ihr Unternehmen als Persönlichkeit. Formen Sie diese Persönlichkeit so interessant, eigenständig und stimmig wie möglich. Geben Sie ihr eine eigene Ausstrahlung, eine eigene ‚Schönheit' und eine ganz eigene Art zu kommunizieren. Lassen Sie eine Persönlichkeit entstehen, die alles in allem so viel Eigenart und Ausstrahlung entwickelt, dass sie sich differenziert, dass sie herausragt und zum Publikumsliebling wird – ohne dass sie einmalig ist."[2] Dieses hehre Ziel setzen sich viele Unternehmer. Sie möchten natürlich, dass ihr Lebenswerk Strahlkraft entwickelt, einen hohen Markenwert repräsentiert oder eben eine „Persönlichkeit mit Profil" darstellt.

Die Internet-Abfrage bringt mehr als 2,5 Millionen Treffer zu den Suchbegriffen Profil/Profilierung im Zusammenhang mit PR und Kommunikation. Profilierung meint hier, dass Unternehmen Alleinstellungsmerkmale entwickeln, mit denen sie sich von anderen abheben. Dennoch – das wissen wir alle aus der Praxis – vermitteln viele Unternehmen nur ein sehr pixeliges Bild von sich. Viele Unternehmer verstehen den Sinn von Öffentlichkeitsarbeit nicht, reden sich selbst klein und uninteressant oder sehen den Horizont zu weit entfernt und begeben sich deshalb erst gar nicht auf die Reise dorthin.

Profilierung verlangt in der Kommunikation Konsequenz, ohne die gerade bei mittelständischen Unternehmen die Wahrnehmungsschwelle schwer zu überschreiten ist. Das aber ist heute eine wesentliche Voraussetzung, um am Markt erfolgreich zu sein. Darauf zielt letztlich Unternehmenskommunikation ab, sie will Bekanntheit schaffen, Image bilden, Vertrauen bei den Dialoggruppen aufbauen und das Verhalten beeinflussen.

Die Psychologie befasst sich mit der Entwicklung von Persönlichkeiten, mit der Schaffung von Identität[3]. Sie geht der Frage nach, wie und wodurch Personen geprägt werden und sich verändern. Was aber macht Unternehmen unverwechselbar, formt sie zur Marke? Wie entsteht ein öffentliches Bild einer Unternehmerpersönlichkeit? Welchen Beitrag vermag dazu die Öffentlichkeitsarbeit zu leisten? Das sind die Fragen, auf die dieses Buch Antworten zu formulieren versucht.

Das **erste Kapitel** handelt von der Biografie von Unternehmen, ihrer Identität und dem Beitrag, den die Öffentlichkeitsarbeit dazu leisten kann. Es handelt vom knappen Gut der Aufmerksamkeit, das zu mehren Aufgabe der PR ist.

Das **zweite Kapitel** befasst sich mit dem Modell der integrierten Kommunikation. PR – so die These – muss in den gesamten unternehmerischen Planungsprozess eingebunden und vor allem auf den verschiedenen Ebenen widerspruchsfrei sein.

Im **dritten Kapitel** wird der Prozess der Erstellung eines PR-Konzeptes beschrieben. Für dieses Buch habe ich ein eigenes Modell zur Strukturierung des Planungsprozesses entwickelt, das ich das „Analyse- und Entscheidungsrad der Kommunikation" nenne. Dieses Rad veranschaulicht den Entwicklungsprozess strategischer Kommunikation, der im Detail ausgerollt wird.

Schließlich zeigt das **vierte Kapitel**, dass Profilierung nur funktionieren kann, wenn sich auch das Top-Management in die Kommunikationsstrategie einfügt. Die Ansprüche an die interpersonellen und massenmedialen Kommunikationsfähigkeiten von Managern spielen eine höchst bedeutsame Rolle. Zwölf Erfolgsfaktoren der CEO-Kommunikation werden in diesem Abschnitt erörtert. Je größer die Schnittmengen der verschiedenen Kreise, die in der integrierten Kommunikation eine Rolle spielen, desto höher ist das daraus resultierende Reputationskapital für das Unternehmen und die Persönlichkeit an dessen Spitze.

Im Fokus der Betrachtung steht nicht die Biografie der Börsen-Schwergewichte. Denn sie sind es nicht, die im deutschsprachigen Raum Maßstäbe setzen. Interessant ist vielmehr die Öffentlichkeitsarbeit größerer mittelständischer Unternehmen. Ich habe deshalb für dieses Buch ausgewählte Journalisten und PR-Agenturchefs gefragt, wen sie hier als besonders profiliert ansehen. Das ist – zugegebenermaßen – ein sehr subjektiver Zugang, aber er hat interessante Aufschlüsse gebracht. Einige der mehrfach genannten Persönlichkeiten konnte ich für einen Beitrag zu diesem Buch gewinnen. Ihre Essays geben im **fünften Kapitel** einen Einblick in die Praxis kommunikativ (und auch unternehmerisch) erfolgreicher Unternehmen aus einer jeweils sehr individuellen Sicht.

Angesprochen sind mit diesem Buch Öffentlichkeitsarbeiter in Unternehmen, Manager und Eigentümer von mittelständischen Unternehmen, aber auch Studierende der Kommunikationswissenschaft mit Schwerpunkt PR und der Betriebswirtschaft, die sich auf eine spätere Tätigkeit im Berufsfeld der Öffentlichkeitsarbeit oder im Management vorbereiten. Sie alle befinden sich in einem „globalen Rennen um die besten Plätze"[4], bei dem die Kommunikation eine bedeutende Rolle spielt.

Anmerkungen

1   Der Autor bittet um Verständnis, dass aus Gründen der Lesbarkeit nicht immer der geschlechtergerechte Sprachgebrauch verwendet wird. Natürlich sind in allen Fällen UnternehmerInnen, ManagerInnen oder KommunikationswissenschaftlerInnen etc. gemeint.

2   Klaus Schmidbauer, Eberhard Knödler-Bunte: Das Kommunikationskonzept. Konzepte entwickeln und präsentieren. Potsdam 2004, S. 176.

3   Anita Ferihumer: Konzeption aktiver Medienarbeit in Theorie und Praxis. Untersuchung ausgewählter medienpädagogischer Einrichtungen in Oberösterreich, Salzburg 2004, S. 40 ff.

4   Claudia Mast: Unternehmenskommunikation. Ein Leitfaden. Stuttgart, 2. Auflage 2006, S. 1.

Kapitel 1: Schreiben an der Biografie von Unternehmen

Unternehmen haben ebenso wie Menschen eine individuelle Biografie, eine spezifische Kultur, ein eigenes Selbstverständnis, Rituale, Regeln, Mythen, Normen und meist ungeschriebene, aber umso wirksamere Werte. „Unternehmensidentität ist das Resultat dieser Genealogie des Unternehmens und immer vorhanden. Organisationspsychologische Studien gehen im Rahmen der Unternehmensidentität von der analogen Existenz einer fundamentalen kulturellen Institution wie der Ich-Identität des Menschen aus."[1] Ervin Goffman hat Biografie in folgendem Satz umschrieben: „Ob die biographische Lebenslinie eines Individuums (oder eines Unternehmens, Anm.) in den Köpfen seiner engen Freunde oder in den Personalakten einer Organisation aufbewahrt wird und ob es die Dokumentation seiner persönlichen Identität mit sich herumträgt oder ob sie in Aktendeckeln aufbewahrt wird, das Individuum ist eine Ganzheit, über die eine Akte hergestellt werden kann – eine Weste, die es beflecken kann, steht bereit."[2]

Eine Identität zu haben bedeutet, einen eigenen Standpunkt, eine Perspektive einzunehmen. Unternehmen schreiben Leitbilder, um zu formulieren, was ihnen bedeutsam ist und was weniger. Im Laufe der Zeit werden Veränderungen in der Biografie vorgenommen, Kapitel neu geschrieben, genauso wie im menschlichen Leben. Clemens Sedmak hat das folgendermaßen ausgedrückt: Das Leben (das gilt auch für Unternehmen) „stellt sich nicht als fade Landschaft des Immergleichen dar, sondern bekommt Konturen und Nuancen. Nicht alles ist gleich wichtig, nicht alles ist gleich gültig ... Hier fließen viele Flüsse von Erfahrungen und Erlebnissen in einem Meer der eigenen Identität zusammen."[3] Oliver Börsch bezeichnet die Identität des Unternehmens in einer Analogie zur EDV-Sprache als „Betriebssystem." Die Identität stellt sozusagen den Kern des Unternehmens dar. Verliert der Nukleus an Anziehungskraft, treten Zentrifugalkräfte auf. Es kommt zu Reibungsverlusten in der täglichen Arbeit, es entstehen Leerläufe, und letztlich geht damit Vertrauen bei den Menschen verloren, die als Mitarbeiter, Kunden, Lieferanten oder in anderen Funktionen im Dialog mit dem Unternehmen stehen.

Umgekehrt kann sich eine einmal entstandene Identität auch als Mühlstein am Bein entpuppen. Dafür lassen sich zahlreiche Beispiele finden.

Nehmen wir das Ruhrgebiet. Eine Region voller großer Städte mit ganz unterschiedlicher Prägung, mannigfaltigen beruflichen und kulturellen Angeboten, mit viel Grün und einem guten Freizeitangebot, das beileibe nicht nur Fußball heißt. Dennoch schleppt die Region auch lange nach Einstellung der Zechen immer noch das Image vom „Pott" mit sich herum. Personalmanager haben die größten Probleme damit, Führungskräfte von der neu gewonnenen Standortqualität zu überzeugen. Nach dem Vorbild der Image-Aktion der britischen Hauptstadt „London First" wurde deshalb eine aufwändige PR-Kampagne gestartet, die die einstige Kathedrale der Schwerindustrie neu positionieren, ihr eine neue Identität geben soll.[4] Der Pott ist dabei, ein neues Kapitel in der eigenen wechselvollen Lebensgeschichte aufzuschlagen.

Hier sind wir wieder bei der Biografie des Unternehmens. Das Ruhrgebiet ist ein Beispiel, wie die eigene Geschichte nachwirkt. Jahrzehntelang galt dies für deutsche Großunternehmen und ihre Rolle im zweiten Weltkrieg. Brüche im „Lebenslauf" hat jedes Unternehmen. Bei der Einführung neuer Techniken, der Fusion zweier Firmen, zu schnellem oder zu schwachem Wachstum, bei Generationenwechseln in Familienunternehmen, bei Vorstandsveränderungen in Kapitalgesellschaften und vielen anderen Ereignissen tun sich Sollbruchstellen auf, die das Management und ihre Kommunikationsfähigkeiten fordern. Mit dieser komplexen Problematik setzt sich die „Change Kommunikation" auseinander.

So, wie Tradition und Lebenserfahrung das Unternehmen prägen und es bei Veränderungen der Lebenslinien vor kommunikative Herausforderungen stellen, können auch die „Geburtswehen" sehr lange Zeit nachwirken. Was damit gemeint ist, lässt sich anhand des deutschen Mautsystems *Toll Collect* verdeutlichen. Die Anfangsprobleme wurden von den Medien ausführlich dargestellt und kommentiert. Ehe das System schließlich doch noch gestartet werden konnte, waren die Betreiber längst mit Hohn und Spott zugeschüttet. Bei derartigen Problemen beim Start ins Leben braucht es lange Zeit, bis die dabei entstandenen Traumata wieder überwunden sind.

Wie immer die Geburt eines Unternehmens verlaufen ist: Im weiteren Verlauf des Lebens schreibt die Öffentlichkeitsarbeit jeden Tag an der Biografie, erzählt von neuen Kapiteln, die aufgeschlagen werden, und zeigt Bilder von neuen Lebenslinien, die in die Zukunft weisen. In der Gesamtkommunikation des Unternehmens[5] sind verschiedene Elemente miteinander zu vernetzen und zu integrieren. Dadurch entsteht für das Unternehmen selbst, aber auch für die Marke(n) dieses Unternehmens ein ganz spezifisches Image.

1.   Kontur für das Mosaik des Unternehmensimages

Die Biografie prägt das Bild, das andere sich vom Unternehmen machen. Es resultiert aus der Summe der Informationen, die gegeben und aufgenommen werden, aus den Erscheinungsmerkmalen und Interaktionen, und zwar intern wie extern, positiv wie negativ. Dieses „Image" ist das „Fremdbild". Es steht in einer Wechselbeziehung mit der „Corporate Identity"[6], dem Selbstbild des Unternehmens. Corporate Identity ist die bewusste und willentliche Zugehörigkeit zu einer Gruppe und drückt sich in einem in sich stimmigen inhaltlichen Erscheinungsbild aus. Sie prägt die „Persönlichkeit" des Unternehmens. Durch Corporate Communications wird versucht, Selbstbild und Fremdbild zur Deckung zu bringen, das Profil des Unternehmens mit einer starken Kontur zu versehen.[7] Zur Trias, die das Corporate Image prägen, gehört auch noch das Corporate Design, das visuelle Erscheinungsbild.

> **Unternehmen haben ein Bild von sich selbst, die Corporate Identity. Die Außenwelt hat ein anderes Bild im Kopf. Die Öffentlichkeitsarbeit versucht, das Selbstbild mit dem Fremdbild in Übereinstimmung zu bringen.**

James E. Grunig, der wohl meist zitierte PR-Wissenschaftler, hat jahrelang seinen Studenten bei der Verwendung des Begriffes „Image" an den Rand geschrieben: „Whatever this means". Das hat nichts daran geändert, dass der Begriff Image heute sehr häufig verwendet wird und Grunig selbst seinen hinhaltenden Widerstand auch aufgegeben hat, sonst würde er sich nicht selbst mit diesem Begriff intensiv auseinandersetzen. [8]

Die Literatur über dieses Thema ist inzwischen sehr umfangreich geworden. Neben markenspezifischen Faktoren spielen – einer Untersuchung im Management von 407 Unternehmen zu Folge[9] – Management-Qualität, Kommunikation, Solidität, Mitarbeiterorientierung, Management-Attraktivität und Unabhängigkeit des Unternehmens eine wesentliche Rolle. Images werden geprägt durch den Bekanntheitsgrad, den Ruf oder die Reputation und nicht zuletzt das spezifische Profil. „Durch ihre Profile unterscheiden sich konkurrenzierende Organisationen mit vielleicht vergleichbarer Reputation."[10]

> **Images sind überall dort wichtig, wo unmittelbare Erfahrung nicht oder nur unter erschwerten Bedingungen möglich ist. Sie sind in jedem Fall subjektive Vorstellungsbilder, die mehr oder weniger stark von den objektiven Gegebenheiten abweichen. Sie bestehen aus einem Mosaik aus bruchstückhaften, ineinander verwischten Details.**

Wir nehmen etwas stets als Teil von etwas wahr, als Teil eines Sachverhaltes sozusagen. Im Besitz vollkommener Information ist nämlich niemand. Selbst Insider nicht. Gernot Brauer beschreibt Image als eine Vorstellung von einer Person, einer Unternehmung oder einer Institution, „und zwar nicht als ein gezeichnetes Bild, sondern als Mosaik aus aufgeschnappten, bruchstückhaften, ineinander verwischten Details."[11] Das ist ein sehr schönes Bild, weil es eine Vorstellung entstehen lässt, wie das Profil des Unternehmens aussieht, wenn die Mosaikbruchstücke sehr groß sind, nämlich sehr undeutlich und kaum erkennbar.

Mit derartiger Unschärfe kann es leicht zu Missverständnissen und Fehlinterpretationen kommen. Freilich genügt es nicht, an den Symptomen herumzudoktern. Mängel in der Organisation, des Produktes, der Dienstleistung oder bei den handelnden Personen können nicht einfach schöngeredet werden. Images sind nicht einfach „machbare Konstrukte."[12] Der Warnhinweis ist sicher angebracht, dass Öffentlichkeitsarbeit nicht beliebig das Bild von Unternehmen „manipulieren" kann. Das Publikum macht sich sein Bild aufgrund von Vergleichen. „Es kann dabei recht eigensinnig, bisweilen sogar launisch sein. Dann werden plötzlich Marken für ‚in' oder ‚out' erklärt, ohne dass die so genannten Imagekonstrukteure auch nur das Geringste an ihren Strategien verändert hätten. Das Vor-Urteil von der Machbarkeit geht von einer Inferiorität des Publikums aus."[13]

Corporate Communications hat auch das Problem, dass sie, wie später noch ausführlicher dargestellt wird, drei Ziele im Auge hat: Wahrnehmung, Einstellungsveränderungen und Auslösung bestimmter Handlungen. Der Wandel von Meinungen und Einstellungen ist nur langfristig möglich, weil der Mensch dem Grunde nach jeder Veränderung abhold ist. Irgend jemand hat einmal gesagt, dass das einzige soziale Wesen, das den Wandel herbeisehnt, das Baby ist, wenn es von seiner dreckigen Windel befreit werden will.

Spin Doktoren haben daraus folgend ihre Grenzen ebenso wie das „Image Making". Es suggeriert nämlich „that organizations can create and project an ‚image' out of nothing and that their behavior and their relationships with publics count for little"[14].

Am Beginn des Lebenszyklus eines Unternehmens können Images gezielt aufgebaut werden, danach allerdings beobachtet das Publikum sehr eigenständig. Aufgabe der Kommunikation ist es, das Selbstbild so klar als möglich zu zeichnen, um Identität zu schaffen und das Verhalten der Stakeholder zu beeinflussen. Dieses Selbstbild muss widerspruchsfrei angelegt sein. Alle Kommunikationsagenden müssen in einem einheitlichen Konzept zusammengefasst werden und zu einem einheitlichen Auftritt nach innen und außen führen – und zwar auf allen Ebenen. Das ist der Anspruch, den Öffentlichkeitsarbeiter in den Unternehmen haben müssen, und zugleich das Kernthema dieses Buches.

Das Corporate Image lässt sich nur langfristig prägen. Voraussetzung ist ein einheitliches Kommunikationskonzept für einen einheitlichen Auftritt nach innen und außen.

Das Image des Unternehmens ist keine kosmetische Frage, sondern von hoher unternehmenspolitischer Bedeutung. Dazu einige Beispiele:

> Zwischen den attraktivsten Arbeitgebern und den Unternehmen mit dem besten Ruf gibt es eine hohe Korrelation. Immer häufiger sehen sich Unternehmen gezwungen, an der Verbesserung ihres Images zu arbeiten, weil sie nicht mehr in der Lage sind, ausreichend qualifizierte Arbeitskräfte zu rekrutieren. „Employer Branding" ist ein sehr häufig verwendetes Modewort geworden. Die öffentliche Klage über fehlendes qualifiziertes Personal, insbesondere von Technikern und Handwerkern, wird gegenwärtig sehr lautstark geführt. Bei der Suche nach geeignetem Nachwuchs werden immer neue Ideen kreiert. Das Internet mit Blogs, Video- und Podcasts gewinnt zunehmend an Bedeutung, Techniker-Castings werden inszeniert oder Hochschulmessen beschickt. Die überwiegende Mehrzahl der Un-

ternehmen hat allerdings noch keine Strategie gefunden oder gar nicht erkannt, dass der Kampf um die besten Köpfe in Zukunft noch härter wird.[15]

Um das Image von *Nokia* machten sich sämtliche Medien Gedanken, als der Konzern die Schließung des Bochumer Werkes verkündete. Bundesfinanzminister Peer Steinbrück ärgerte sich über den „Karawanen-Kapitalismus"[16], mit dem Nokia sein Bild in der Öffentlichkeit nachhaltig schädige. Ganz Deutschland leidet seit Franz Müntferings Brandrede unter einer „Heuschreckenallergie". Die Bespitzelungsaffären von *Lidl* und der *Deutschen Telekom* waren auch nicht gerade imagefördernd.

Was Imageverlust kostet oder was ein positives Image bringt, wird häufig gemessen. Insbesondere Wirtschaftsmagazine wie *Fortune*, das *manager magazin*, *trend* und andere suchen immer wieder nach den „besten Arbeitgebern", den „am meisten bewunderten Unternehmen" oder den „teuersten Marken". Auf die Faktoren „Bekanntheitsgrad", „Empfehlung" und „Innovation" stellt etwa das *Wirtschaftsblatt* seinen „Image-Index" ab.[17] In der Schweiz wird Bekanntheit und Image in der Studie *Business Reflector* gemessen. Befragt wird die Schweizer Bevölkerung, die zuletzt die Schweizerische Rettungsflugwacht *Rega* vor *Swatch*, *Logitech* und dem Glashersteller *Hergiswil* an erste Stelle gereiht hat.[18] Als Kriterien galt es unter anderem Image, Bekanntheit, Qualität, Innovation, emotionale Komponenten und Nachhaltigkeit zu bewerten.

Wo auch immer derartige Rangfolgen publiziert werden: Image- bzw. Reputationsattribute spielen hinein.[19] Die nachstehende Tabelle zu imagebildenden Faktoren basiert auf den Umfragen des *manager magazins*[20]. Interessant ist dabei, dass die Kommunikationsleistung hier sehr konstant einen Platz in der ersten Hälfte der abgefragten Kategorien einnimmt, wobei bemerkenswert ist, dass Items wie die Mitarbeiterorientierung oder die Ertrags- und Finanzkraft weniger wichtig eingestuft werden.

Anzumerken ist dabei, dass die jüngste Befragung[21] aus dem Jahr 2008 mit nur noch fünf Faktoren auskommt, nämlich „ethisches Verhalten", „Innovationskraft", „Kundenorientierung", „Managementqualität" und „Produkt- sowie Servicequalität". Die anderen unten angeführten Faktoren – so auch die Kommunikationsleistung – werden nicht mehr abgefragt. Ich würde das so interpretieren, dass viele der 2 500 Manager, die vom *manager magazin* befragt werden, sich mit der Einschätzung dieser nun weggefallenen Komponenten schwer tun.

Welche Faktoren das Image prägen

	1990	1992	1994	1996	1998	2000	2002	2004	2006
Kundenorientierung	-	-	-	-	1	1	1	1	1
Produktqualität	-	-	-	-	2	2	2	2	2
Managementqualität	1	1	2	2	3	3	3	3	3
Innovationskraft	4	4	5	4	5	4	4	4	4
Preis-Leistungs-Verhältnis	2	2	1	1	4	6	5	5	5
Kommunikationsleistung	6	5	6	6	7	5	6	6	6
Mitarbeiterorientierung	5	6	4	5	6	7	7	7	7
Ertrags- und Finanzkraft	3	3	3	3	8	8	8	8	8
Internationalisierung	-	-	-	-	10	9	10	10	9
Attraktivität der Manager	7	8	8	9	11	10	9	9	10
Wachstumsdynamik	9	9	9	8	12	11	12	11	11
Umweltorientierung	-	7	7	7	9	12	11	12	12
Unabhängigkeit	8	-	-	-	-	-	-	-	-

© Profil durch PR

Abbildung 1:   *Kommunikation ist ein wesentlicher Faktor der Imagebildung.*

2.   Reputation schafft Vertrauen und Orientierung

Ein Begriff, der ebenfalls im Zusammenhang mit Unternehmensbiografien näher anzusehen ist, ist die Reputation. Das Wort kommt vom lateinischen „reputatio" (=Berechnung, Anrechnung) und bezieht sich somit auf die Kalkulierbarkeit eines Unternehmens oder einer Person. Der Begriff steht für Einzelerwartungen und Erfahrungen über die Vertrauenswürdigkeit eines Anbieters. Sie festigt bestehende und verschafft neue Loyalitäten bei den Stakeholdern, die bei Unternehmen von hoher Reputation korrektes Verhalten voraussetzen. Das Berechenbarkeitsprinzip schafft dem „mobilen Menschen Vertrautheit und die Orientierung in veränderten Umwelten des Global Village."[22]

Die in Fribourg lehrende Medien- und Kommunikationswissenschaftlerin Diana Ingenhoff hat die Reputationsdimensionen in funktional-kognitive (dazu gehören Qualität der Produkte, Managementfähigkeiten, Führungspersönlichkeit, Innovationspotenzial, wirtschaftlicher Erfolg und nationale Bedeutung) sowie soziale (Mitarbeiterwohl, Nachhaltigkeit und soziale Verantwortung) gegliedert. Beides zusammen resultiert in den affektiv-emotionalen Reputationsdimensionen Sympathie und Faszination. Die Reputation „konstituiert sich über einen längeren Zeitraum aus Erlebnissen, Gefühlen, Erfahrungen, Eindrücken und Wissen, die Menschen aus der Interaktion mit der Person oder dem Unternehmen gewinnen und zu einem Gesamteindruck verdichten.“[23]

Ricarda Dümke bringt die Meriten hohen Ansehens auf folgenden Nenner: „Reputation ist ... ein Gut von unschätzbarem Wert: ‚Ignored for a long time, intangible assets are now gaining increased attention. In the last decade ... company managers to a greater extent recognized that intangible assets may provide companies with an even more stable basis for competitive advantage than developed patents and technologies.'“[24] Die Einstellungen und Handlungen der verschiedenen Stakeholder – von der Produktnutzung über Empfehlungshandlungen bis hin zum Aktienkauf – sind zu einem großen Teil von der Reputation eines Unternehmens abhängig.[25] Sie bündelt vertrauensvolles und kontinuierliches Handeln mit Bezug auf die Reputationsträger, sie reduziert die Komplexität hinsichtlich deren Auswahl, sie befreit von Kontrolle und lässt allfällige Machtpositionen als legitim erscheinen.

Das Umgekehrte gilt freilich ebenso: Reputationsverlust destabilisiert durch Vertrauensverfall das Handeln, erhöht dessen Komplexität und entlegitimiert hierarchische Strukturen.“[26] Um es mit Roger Haywood auzudrücken:[27]

Reputation ist mehr als das Image. Sie beinhaltet auch Begriffe wie Glaubwürdigkeit, Vertrauenswürdigkeit und Verantwortungsbewusstsein. Neben unternehmerischen harten Fakten kommt somit eine soziale Komponente hinzu, die von ungemein hohem Wert ist, weil sie unmittelbar den Unternehmenswert beeinflusst.

---

3. Wie sieht ein Unternehmen mit Profil aus?

Als ich der Redakteurin einer Qualitätszeitung von meinem Buchprojekt erzählte, fragte sie: „Was ist eigentlich ein Unternehmen mit Profil?“ Aus ihrer Sicht wäre das wohl eines, das auf den Wirtschaftsseiten ihres Blattes häufig vorkommt. Medien formen zweifelsfrei Profile von Menschen und Unternehmen. Aber PR kann und will mehr sein als Mittler zwischen Unternehmen und Medien.

Aber zurück zur gestellten Frage. Die am nächsten liegende Antwort wäre wohl die taxative Aufzählung von Fallbeispielen. Uns allen fallen dazu ganz sicher spontan Namen ein. Die üblichen Verdächtigen sozusagen. Unternehmen des Who is Who der teuren Marken dieser Welt: *Coca Cola*, *Microsoft*, *IBM*, *General Electrics*, *intel*, *Disney*, *McDonalds*, *Nokia*, *Toyota* oder *Marlboro*, um die momentan aktuellen Top 10 der Welt zu nennen, deren Markenwert sich zwischen 20 und 50 Milliarden Euro bewegt. Die deutschen Börsen-Schwergewichte des DAX, die im österreichischen ATX gelisteten Unternehmen oder die Schweizer SMI-Werte stehen wohl auf dieser Liste. Um sie alle ranken sich Geschichten. Sie sind allesamt nicht zuletzt auf Grund der Publikationsverpflichtungen börsenotierter Unternehmen permanent präsent. Sie müssen freilich auch dann ihr Innerstes nach außen kehren, wenn sie daran gar keine Freude haben, was sich zuletzt wieder sehr schmerzhaft in der „Subprime"-Krise zeigte.

Versuchen wir das Thema zu objektivieren und schauen wir uns an, wie „Profil" definiert wird. Das Wort kommt aus dem Französischen und bedeutet Umrisslinie (eines Körpers). Der *Brockhaus* beschreibt Profil als „Seitenansicht oder Schnitt eines Gegenstands oder Körpers, scharf umrissen, hervortretend." Daraus hat sich im Laufe der Zeit eine weite Begrifflichkeit aufgefächert. Jede Disziplin versteht etwas anderes darunter. In der Geografie sind Schnittlinien einer vertikalen Fläche mit der Oberfläche des Geländes gemeint, in der Informationstechnologie sind Profile Dateien, mit denen Software-Produkte den individuellen Bedürfnissen angepasst werden. In der EDV-Sprache heißt das dann: „Der gesamte Satz an gespeicherten Parametern als Resultat der benutzer- oder applikationsspezifischen Konfiguration." In der Kunst wird eine allgemeine Umrissgestalt oder die Seitenansicht eines Gesichts mit dem Begriff Profil in Verbindung gebracht. Das Profil einer Person können aber auch sämtliche Daten sein, die gesammelt wurden, um sich ein Bild über deren Interessen, ihren Gesundheitszustand, das Einkommen etc. zu machen. Profilierung meint auch das charakteristische Erscheinungsbild einer Institution. In der Technik ist das Profil ein lang gestrecktes Bauteil, das meist der Verzierung dient; in der Marktforschung sind es Aufzeichnungen typischer Vorlieben oder Verhaltensweisen. Die Beispiele ließen sich beliebig fortsetzen.

Gibt man bei *Google* die Begriffskombination PR + Profil ein, bekommt man etwas weniger als eine Million Einträge. Bei Durchsicht der Schlagworte findet man den Begriff Profil in erster Linie in einem IT-affinen Gebrauch, sozusagen als Gebrauchsanweisung, wie ein PR-Programm zu benutzen ist oder als Sammlung von Daten über eine Agentur oder ein Projekt.

Profil hat, wer eine deutlich umrissene Kontur hat, wer sich klar abhebt. Unternehmen mit Profil arbeiten an ihren Alleinstellungsmerkmalen und treten damit aus der Umgebung hervor.

Jeder Unternehmer muss sich eine Schlüsselfrage stellen: „Wieso soll der Konsument sein Geld gerade zu mir tragen?" Wer darauf keine wirklich gute Antwort hat, wird auf Dauer keinen Erfolg haben. Zwar sollte es Ziel jedes Unternehmens sein, den „Blauen Ozean"[28] ausfindig zu machen, wo sich die neuen Ideen tummeln, die nicht alle anderen auch schon am

Markt platzieren. Viele Unternehmen müssen sich aber mit der Situation abfinden, dass sie weder ein einzigartiges Produkt, noch eine unverwechselbare Dienstleistung anbieten. Es mag schon sein, dass in einigen Fällen eine sensationelle Lage der Schlüssel zum Verkaufserfolg im Handel oder zur touristischen Vermarktung ist. Aber selbst in diesen Fällen der naturgegebenen Standortvorteile bedarf es einer individuellen Profilierung: Das Unternehmen benötigt Alleinstellungsmerkmale, mit denen es sich von anderen abhebt.

In einer Welt der „Me-too"-Produkte ist die Kommunikation das Unterscheidungsmerkmal. Mit ihrer Hilfe werden Profile entwickelt und zu unverwechselbaren Konturen ausgeprägt. Sie müssen mit Bedacht geformt werden, ein klein wenig lässt sich auch mit den Kunstgriffen der Schönheitschirurgie am Profil feilen. Aber ganz sicher kann die PR grundlegende Mängel bei einem Unternehmen nicht wegzaubern. Vor Jahren habe ich einmal ein Zitat in einem amerikanischen Artikel gelesen, der mir in diesem Zusammenhang in Erinnerung geblieben ist und den sich alle Spin-Doktoren immer wieder vorsagen sollten: „Auf Dauer lässt sich ein Wildschwein nicht als Rennpferd verkaufen." Joachim Bürger[29] hat den Sachverhalt so formuliert: „Presse-Arbeit kann keinen Ramsch verkaufen."

Öffentlichkeitsarbeit muss sich wie einst Odysseus zwischen Skylla und Charybdis bewegen. Die Klippen sind überzogene Erwartungen des Managements, fehlende Kommunikationsbereitschaft der definierten Teilöffentlichkeiten oder – schlimmstenfalls – die Wahl der falschen PR-Strategie. Fehlerquellen sind mannigfach. Oft scheitern PR-Treibende an der notwendigen Fantasie, am Erkennen von Geschichten, die sich lohnen würden, erzählt und gezeigt zu werden, an der mangelnden Bereitschaft oder Fähigkeit, sich zu artikulieren, an der Bereitschaft, Geld zu investieren oder am fehlenden Wissen um die Möglichkeiten, die die Öffentlichkeitsarbeit bietet.

Die Zielsetzung der Kommunikation muss es sein, in den Köpfen der Menschen, die erreicht werden sollen, Bilder entstehen zu lassen. Diese Bilder sollen – damit sind wir wieder zur lexikalischen Definition zurückgekehrt – möglichst klar konturiert sein und sich von anderen Porträts abheben: Erfolgreich sind diese „Meisterstücke der Legendenbildung"[30] dann, wenn „Ideen, Personen, Ereignisse sich unvergesslich in die Köpfe einbrennen – bis hinein ins letzte Dorf."

4.   Das knappe Gut der Aufmerksamkeit mehren

Wenn sich also eine Geschichte bis hinein ins letzte Dorf in den Köpfen festsetzt, funktioniert die Profilierung. Das sollte eine leichte Übung sein, wenn wir Marshall McLuhans bekanntem Buchtitel folgend davon ausgehen, dass wir alle in einem „globalen Dorf" leben. Einen Spaziergang durch dieses Dorf kann man im Internetzeitalter ziemlich problemlos von zu Hause aus antreten. Dort findet sich zu allem und jedem Content.

> **Nicht das Fehlen von Fakten ist das Kommunikationsproblem unserer Tage,
> sondern die Überschwemmung mit Information. Die Medienrezeption ändert sich
> rapide, und zwar nicht nur bei den Printmedien, sondern auch bei Hörfunk und
> Fernsehen. Auch viele andere Instrumente der Kommunikation kämpfen um
> Aufmerksamkeit eines wählerischen Publikums.**

„Die Welt ist sehr komplex und unübersichtlich geworden. Die Meldungen überschlagen sich. Die Menschen sind überfordert. In unserer Informationsgesellschaft geschehen Manipulationen weniger durch die Beschränkung von Informationen als durch Überschwemmung damit."[31] Die Bestandsaufnahme aus der Sicht der Rezipienten klingt eher resignierend.

Wie sieht es aus der Sicht des Senders aus? Öffentlichkeitsarbeit ist heute unbestritten notwendiger Bestandteil unternehmerischer Existenz und Zukunftssicherung in einer pluralistischen Gesellschaft. Die Flut der Informationen zwingt Organisationen und Unternehmen dazu, eine sehr breit angelegte Kommunikationspolitik zu betreiben. Aufmerksamkeit will erkämpft werden.

Die Medienrezeption wird zunehmend flüchtiger, selbst prominent platzierte Artikel werden bei weitem nicht von jedem Leser einer Zeitung gesehen, geschweige denn bis zum Ende gelesen. Das zeigen „Reader Scans" ganz deutlich. Nur rund 20 Prozent einer Tageszeitung werden im Schnitt rezipiert. Direkt adressierte Mailings wandern oft ungeöffnet auf den Müllberg. Hunderte Einladungen müssen versandt werden, um kleine Säle zu füllen. Soll eine Botschaft wirklich ankommen, müssen „Kampagnen" kreiert, integrierte Kommunikation betrieben und multiple Kanäle genutzt werden. Medienprofis wissen um das Kurzzeitgedächtnis der Rezipienten. Eine Volksweisheit sagt deshalb, dass es nichts älteres gebe als die Zeitung von gestern, und der frühere „Presse"-Chefredakteur Thomas Chorherr hat die Vergesslichkeit des Lesers einkalkuliert, indem er formulierte: „Journalismus ist Wiederholung".

Die Herausforderungen an Kommunikatoren, ihr Zielpublikum zu erreichen, werden in den nächsten Jahren in dramatischem Umfang weiter wachsen. Dies hängt mit einer galoppierenden Veränderung des Rezeptionsverhaltens junger Menschen und der inhaltlichen Programmierung der herkömmlichen Massenmedien, insbesondere des Fernsehens, zusammen. Ich mache mir seit Jahren den Spaß, am Beginn jedes Semesters meine Studenten zu fragen, welche Tageszeitung sie heute schon gelesen haben. Dabei ist zu betonen, dass es sich dabei um angehende Publizisten handelt! Im Laufe der Jahre ist die Zahl der Leser einer Tageszeitung immer weiter zurückgegangen. Heute ist es in einem Seminar meist eine Minderheit, die sich täglich Informationen aus der Zeitung holt.

Daher ist es nicht verwunderlich, dass die Frage, ob jemand unter den Seminarteilnehmern vom Schreiben „beseelt" ist, bestenfalls ein verlegenes Schmunzeln hervorruft. Radio ist im Übrigen im MP3-Zeitalter auch kein Ersatz. Hörfunknachrichten sind ebenfalls ein reines Minderheitenprogramm bei den Kids und Jugendlichen. Und Fernsehen? Es prägt die Kinder in ihrem Markenbewusstsein und später durch Formate, die im Alltag zum Gesprächsthema werden. „Germany's next Topmodel" oder „Dancing Stars" finden zwölfjährige Mädchen toll, die männlichen Teenager schauen Fußball, Action-Filme oder Dokumentationen an, wenn sie ihren spezifischen Interessen entsprechen. Aber Nachrichten? Oder Wirtschaftsinformationen? Kaum ein Teenager wird heute noch durch diese Form der Information erreicht. Zumal viele Spartenkanäle auf Formate dieser Art überhaupt keinen Wert mehr legen. Junge Leute zu erreichen ist heute ungleich schwerer als vor Jahren. Der Pressesprecher einer sehr aktiven Arbeitnehmervertretung hat mir jüngst erzählt, wie sehr seine Organisation sich abmüht, Berufsanfänger über ihre Rechte und Pflichten zu informieren.

Die Quintessenz daraus: In Zukunft werden sich Unternehmen, aber auch Politiker und Interessenvertreter ganz andere Zugänge zu ihren Rezipienten suchen müssen. Kommunikation muss nicht „lautstärker" werden, sondern noch zielgerichteter und strategischer erfolgen.

Aufmerksamkeit ist ein knappes Gut, das erworben werden will. Angesichts des veränderten Rezeptionsverhaltens der Adressaten von Botschaften wird die Notwendigkeit der strategischen Kommunikation noch bedeutender, als sie ohnedies schon ist.

Halten wir also fest: Aufmerksamkeit ist ein knappes Gut. Niklas Luhmann[32] hat dazu fünf Aufmerksamkeitsregeln bestimmt und analysiert. Ich möchte sie hier ganz kurz nochmals aufgreifen, weil wir auch später noch darauf zurückkommen werden:

1. Je höher der gesellschaftliche Wert eines Themas ist, desto höher ist die Aufmerksamkeit für dieses. Themen machen oft eine steile Karriere. Aktuell kann jeder punkten, der sich zum Apologeten des Klimaschutzes macht. Im Umfeld der PISA-Publikationen steigen Themen der Bildungspolitik regelmäßig an die Spitze der Berichterstattung.

2. Die zweite Regel der Aufmerksamkeit thematisiert Krisen, Unfälle oder Unerwartetes. Der alte Kalauer vom Hund, der den Briefträger beißt, hat schon seine Berechtigung. Wen interessiert schon der umgekehrte Fall? Welche Zeitung würde sich verkaufen, wenn sie mit der Schlagzeile aufmachen würde: „Nichts zu berichten!"?

3. Alles was neu ist, erregt Aufmerksamkeit. Das hat auch die Leseforschung empirisch belegt: Ein Artikel, in dem im Titel das Wort „neu" steht, wird in signifikantem Ausmaß öfter weiter gelesen als ohne dieses Reizwort.

4. Wer häufig in der Öffentlichkeit wahrgenommen wird, erfährt auch in Zukunft mehr Aufmerksamkeit. Sprach Elisabeth Noelle-Neumann einst von der Schweigespirale, so könnte man umgekehrt auch von einer Aufmerksamkeitsspirale sprechen. Wenn ein Unternehmen oder eine Person weit oben in der Aufmerksamkeitsgunst steht, wird die Kommunikation zum Selbstläufer: Journalisten fragen nach, Experten werden zu Vorträgen oder als Fachautoren eingeladen.

5. Die fünfte Regel der Aufmerksamkeit bezieht sich auf den Absender einer Botschaft. Wenn der Bundeskanzler etwas von sich gibt, wird darüber geschrieben, die Wortspende des Chefs einer großen Bank findet Gehör, und jeder Auftritt eines Popstars, Film- oder TV-Stars auf oder abseits der Bühne wird dokumentiert und dann millionenfach reproduziert.

Aufmerksamkeit erregt, wer Themen von großer gesellschaftlicher Relevanz anspricht. Neuigkeiten, Krisen und Unerwartetes haben eine Chance, aufgegriffen zu werden. Am Besten ist es, wenn bekannte und als wichtig empfundene Absender eine Botschaft transportieren.

Wenn ein Unternehmen sich aus freien Stücken dazu bereit erklärt, aktiv und langfristig geplante Öffentlichkeitsarbeit zu betreiben, so muss es versuchen, die Regeln der Aufmerksamkeit für sich zu nutzen (wobei es ja nicht gerade die eigene Krise sein muss). Letztlich muss es Ziel sein, sich die vierte Regel der Aufmerksamkeit zu Nutze zu machen: möglichst weit oben in der Aufmerksamkeitsspirale zu stehen, ohne den Bogen zu überspannen. Das erfordert ein sehr feines Sensorium dafür, was verhältnismäßig ist. Wenn das Bad in der Menge zur mediengeilen Selbstinszenierung verkommt, wird es sehr kritisch.

Die Rezipienten sind nämlich unerbittlich. Wenn sie ein Gesicht zu lange und zu häufig gesehen haben, werden sie seiner überdrüssig. Das müssen vor allem Politiker zur Kenntnis nehmen, die täglich in den Medien sind. Der deutsche Bundeskanzler Helmut Kohl hat nie verstanden, warum ihn seine Landsleute nach seinem historischen Erfolg der deutschen Wiedervereinigung nicht mehr sehen (und wählen) wollten. Noch rascher überdrüssig sind die Wähler Gerhard Schröders geworden. Die Frist für Österreichs längstdienenden Bundeskanzler Bruno Kreisky war nach 13, jene für Franz Vranitzky nach elf Jahren abgelaufen. Medienstars wie Margaret Thatcher oder Tony Blair: Allesamt sind sie nach einem Jahrzehnt verschlissen gewesen. Die Beispiele ließen sich beliebig fortsetzen.

Die Schlussfolgerung daraus kann gerade für Unternehmen nicht sein, Kommunikation zu verweigern. Wie bei der Medizin kommt es auf die Dosierung an. Wird keine langfristige, geplante und gewollte Form der Öffentlichkeitsarbeit betrieben, sorgen eben Dritte für Kommunikation: Mitarbeiter und deren Angehörige, Gewerkschafter, Politiker, Lieferanten und Kunden. Auch so wird ein Bild in der Öffentlichkeit geprägt, aber eben kein gewolltes. Paul Watzlawik hat das in dem vielfach – wenn auch meist verkürzt – zitierten pragmatischen Axiom[33] zusammengefasst: „Man kann nicht nicht kommunizieren, denn jede Kommunikation (nicht nur mit Worten) ist Verhalten und genauso wie man sich nicht nicht verhalten kann, kann man nicht nicht kommunizieren."[34]

Verschlimmernd kommt noch hinzu, dass Nichtwissen bekanntermaßen nicht vor Meinung schützt. Aus der Sicht des Unbeteiligten gibt es nichts Praktischeres als ein gesundes Vorurteil. Aus der Sicht eines betroffenen Unternehmens kann das verhängnisvoll sein: Je mehr Personen sich ein ähnlich dürftiges Bild machen und sich unvollkommenen, privaten Meinungen, Vermutungen, dem Halbwissen und den Klischees anschließen, umso ungünstiger wird letztlich die Position des Unternehmens in der Gesellschaft, Gerüchte können entstehen.[35]

In einem viel zitierten und diskutierten[36] Buch entwickelte der Wiener TU-Professor für EDV-gestützte Methoden in Architektur und Raumplanung, Georg Franck, eine „Ökonomie der Aufmerksamkeit", in der er als eine zentrale These formuliert, dass es auch in der Wirtschaft zunehmend darum gehe, „im Kampf um die Aufmerksamkeit zu bestehen. Es reicht nicht mehr, nur auf das Geld zu achten. Der Königsweg zum Erfolg führt über den Bekanntheitsgrad."[37]

Zu tatsächlichem Reichtum an Beachtung habe es nur gebracht, wer ständig sehr viel mehr an Aufmerksamkeit einnimmt, als sie oder er selbst hingeben könnte. Reich sei nur, „wer in sehr vieler Munde ist, also am Austausch zwischen Dritten tüchtig mitverdient. Wer in sehr vieler Munde ist, bleibt auch vielen im Gedächtnis. Wer vielen Menschen im Gedächtnis ist, genießt einen hohen Bekanntheitsgrad. Der hohe Bekanntheitsgrad ist das Wahrzeichen des Reichtums an Beachtung." Und weiter: „Ab einem gewissen Grad der Bekanntheit wirft der Schatz von sich aus Einkommen ab. Wer hinreichend bekannt ist, findet schon allein aufgrund des Grads seiner Bekanntheit Beachtung."

Die modernen Massenmedien haben demnach sozusagen die „Industrialisierung im Geschäft mit der Aufmerksamkeit" eingeläutet: „Die Aufmerksamkeit, die die Medien umsetzen, lässt keinen Zweifel daran, dass nichts die Zahlungsbereitschaft des Publikums mehr anspricht als der zur Schau gestellte Reichtum an Beachtung. Kein Fetisch, der die Werbefläche mit höherer Attraktivität laden könnte, als die bekannten Gesichter."

Das Problem besteht heute darin, dass die Zahl der Medienprodukte und Kontaktmöglichkeiten über Online-Medien immer größer wird und es damit schwieriger wird, sich genügend Aufmerksamkeit zu verschaffen. Je höher indessen die Informationsflut steigt, desto stärker müssen die Reize werden, die Bindewirkung von Spots und Ideen verschleißen immer schneller angesichts hyperaktiver Kommunikationsaktivitäten. Genau darin liegt die Problematik, mit der die Medien (und mit ihnen die darin kommunizierenden Unternehmen) zu kämpfen haben. Die Konsumenten zahlen ja nicht den vollen Preis für die Mediennutzung, sondern sie bezahlen anstatt mit Geld mit ihrer Aufmerksamkeit. Wenn aber die Reizüberflutung und die Angebotsvielfalt an Kommunikationsgelegenheiten und -inhalten steigt, umso wertvoller wird diese Hingabe an Aufmerksamkeit und „umso raffinierter müssen die Techniken ihrer Mobilisierung, Steuerung und Bindung sein".[38]

Franck vergleicht das mit einem Bierzelt, in dem wegen des enormen Geräuschpegels jeder brüllen müsse, um sich Gehör zu verschaffen. Das sei eine „Tendenz zur Selbstverstärkung der Reizflut." Angewandt auf die Öffentlichkeitsarbeit heißt dies nichts anderes, als dass sowohl inhaltliche, persönliche, ökonomische als auch formelle Kriterien erfüllt sein müssen, die den wirtschaftlich bedeutungsvollen Schritt zur Aufmerksamkeit ermöglichen. Nochmals aus der „Ökonomie der Aufmerksamkeit" zitiert: „Was erscheinen soll, muss nicht nur überhaupt geeignet sein, Aufmerksamkeit in erheblichem Maße auf sich zu ziehen, es muss sich auch in einer brancheneigenen Verwertungskonkurrenz durchsetzen."

Die Hingabe von Aufmerksamkeit durch die Rezipienten ist ein wertvolles Gut. Wer in das Bewusstsein vieler Menschen vordringt, erwirbt ein publizistisches Guthaben. Je höher die Reizüberflutung ist, desto raffinierter müssen die Techniken der Vermittlung der Botschaften sein.

5.   Was die Öffentlichkeitsarbeit leistet

Eigentlich sollte es für jedes Unternehmen völlig selbstverständlich sein, um die Aufmerksamkeit des Publikums zu buhlen, am Aufbau der eigenen Reputation zu arbeiten und so das Profil zu schärfen. Die Empirie zeigt aber, dass die Zahl der aktiv am öffentlichen Kommunikationsprozess teilnehmenden Unternehmen enden wollend ist. Ich behaupte, dass daran die Profession der Öffentlichkeitsarbeiter selbst ein erkleckliches Maß an Schuld trägt. Sie leidet nämlich ganz massiv am Syndrom der babylonischen Sprachverwirrung. Kommunikationswissenschaft, Interessenvertretungen, Verbände und Agenturen haben es bis heute nicht geschafft, sich selbst als Disziplin ein klares Profil zu geben. Allesamt sind nicht wirklich erfolgreich damit, der Öffentlichkeit zu vermitteln, was ihre Arbeit vermag.[39] Den gleichen Befund hat im Übrigen schon vor mehr als einem Jahrzehnt Horst Avenarius gestellt.[40]

Der Wissenschaft ist es bislang nicht gelungen, einen Konsens über die Definition der Disziplin herzustellen. Ein eifriger Publizistikstudent hat einmal nachgezählt, dass es in der Fachliteratur weit über 2 000 Begriffsbestimmungen gibt. Immer wieder wird versucht, aus den Definitionen Elemente des PR-Prozesses zu destillieren[41], wobei dieser Versuch zur Sisyphosarbeit wird, da jede Neuerscheinung den vorhandenen Begriffsbestimmungen weitere hinzufügt.

Da die Wissenschaft sich darauf beschränkt, meist „Auswahlen" von Definitionen zu publizieren[42], ohne wirkliche Entscheidungshilfen zu geben bzw. sogar ganz offen das Scheitern des Definitionsversuches eingesteht,[43] bietet es sich an, die Interessenverbände der deutschsprachigen PR-Agenturen zu konsultieren, um zu sehen, wie diese das Geschäftsfeld ihrer Mitglieder umschreiben.

Dieser Versuch führt freilich auch zu nichts. Den angebotenen Definitionen[44] ist der Kompromiss und die Suggestion inhärent. Damit tragen die Verbände selbst dazu bei, möglichst ungenau zu beschreiben, was PR-Agenturen (und damit die gesamte Disziplin) leisten. Die Konsequenz daraus ist, dass PR meist verkürzt als „Pressearbeit"[45] missverstanden wird oder gänzlich trennunscharf in den Werkzeugkasten des Marketings geworfen wird.

Mir erscheint folgende Definition[46] praktikabel:

Öffentlichkeitsarbeit ist eine Managementfunktion, die Reputation aufbaut und erhält. Sie zielt auf die gewollte, geplante und langfristige Pflege der Beziehungen eines Betriebes oder einer Organisation zu deren Dialoggruppen ab. Ziel ist es, durch Information deren Interesse zu wecken, Verständnis und Unterstützung zu erhalten sowie die Meinung und das Verhalten zu ändern. Dabei wird die Einstellung der Dialoggruppen gegenüber dem Betrieb bzw. der Organisation berücksichtigt. Sie muss inhaltlich, formal und zeitlich in den Kontext der Unternehmens- und Markenstrategie gestellt werden.

Die Definition beinhaltet folgende wesentliche Punkte:

■ Öffentlichkeitsarbeit ist als Managementaufgabe zu sehen.

■ Erfolgreiches Management ist immer langfristig orientiert, geplant und auch gewollt.

■ PR orientiert sich an der Unternehmens- und Markenstrategie. Im Sinne der integrierten Kommunikation leitet sie ihre konzeptive Ausrichtung daran aus.

■ Angelehnt an die Unternehmensziele werden die eigenständigen Kommunikationsziele fixiert. PR managt Kommunikationsprobleme, nicht aber betriebswirtschaftliche oder personalpolitische Themen.

■ Im Medien-Mix der Marktkommunikation nimmt Öffentlichkeitsarbeit eine Sonderstellung ein, da sie auf das Gesamtunternehmen und nicht nur auf den „Verkauf" von Produkten oder Dienstleistungen gerichtet ist, wenngleich diese Form der leistungsbezogenen PR eine nicht geringe Rolle einnimmt. Unternehmens- und gesellschaftsbezogene PR sind im Sinne der Profilierung der Unternehmen und ihrer Manager von übergeordneter Bedeutung.

■ Als zweiseitiger Prozess ist dabei Zuhören genauso wichtig wie Reden. Die rechtzeitige Wahrnehmung von Veränderungen in der öffentlichen Meinung gehört zu den immer wichtiger werdenden Aufgabengebieten des Managements. PR dient hier als Frühwarnsystem.

■ „Die Legitimation unternehmerischen Handelns ist oberstes Ziel von Public Relations. Es gilt als erreicht, wenn zwischen Unternehmen und Gesellschaft ein Konsens besteht, wenn unternehmerisches Interesse und gesellschaftliches Interesse integriert sind."[47] Dabei sollte man sich keinen Illusionen hingeben: Einen Totalkonsens wird und kann es nicht geben, deshalb erfordert Öffentlichkeitsarbeit in diesem Sinne als Unternehmensaufgabe auch in hohem Maße Durchhaltevermögen und Argumentationskraft. En passent sei erwähnt, dass vielfach der Fehler gemacht wird, PR-Ressourcen im Übermaß in die Überzeugung von Gegnern zu stecken, die kein Interesse haben (können), sich mit ihrem Widerpart zu arrangieren.

■ Ganz wesentlich ist auch die Erkenntnis, dass es nicht „die" öffentliche Meinung gibt, sondern eine *Vielzahl von internen und externen Öffentlichkeiten*. Seit die Medien selbst Themen „kampagnisieren" und dabei oft sehr pointierte Meinungen und Eigeninteressen verfolgen, kann man nicht einmal mehr von der „veröffentlichten Meinung" sprechen.

Anmerkungen

1   Oliver Börsch: Identität und Veränderung. Auch ein Unternehmen im Wandel braucht eine verlässliche Identität. In: http://www.deekeling.de.

2   Erving Goffman: Über Techniken der Bewältigung beschädigter Identität. Frankfurt am Main, 8. Aufl. 1988, S. 80 f.

3   Clemens Sedmak: Unternehmensethik. Vorlesungsunterlage London, Salzburg 2005.

4   WAZ, 23. September 2007.

5   Wolfgang Reineke, Wolfgang Gollub, Claudia Schunk: Gesamtkommunikation. Konzeption und Fallbeispiele. Heidelberg 1996.

6   Dazu beispielsweise Hans-Peter Förster: Corporate Wording. Das Strategiebuch für Entscheider und Verantwortliche in der Unternehmenskommunikation. Frankfurt am Main, 2. Auflage 2003.

7   Dieter Pflaum, Wolfgang Pieper: Lexikon der Public Relations. Berlin 1990, S. 125 ff.

8   James E. Grunig: On the effects of Marketing, Media Relations, and Public Relations: Images, Agendas and Relationships. In: Wolfgang Armbrecht, Horst Avenarius, Ulf Zabel (Hrsg.): Image und PR. Kann Image Gegenstand einer Public Relations Wissenschaft sein? Opladen 1993, S. 263-292.

9   Günther Haedrich: Images und strategische Unternehmens- und Marketingplanung. In: Wolfgang Armbrecht, Horst Avenarius, Ulf Zabel (Hrsg.): Image und PR. Kann Image Gegenstand einer Public Relations Wissenschaft sein? Opladen 1993, S. 251-262.

10 Horst Avenarius: Das Image und die PR-Praxis. Ein transatlantisches Gespräch. In: Wolfgang Armbrecht, Horst Avenarius, Ulf Zabel (Hrsg.): Image und PR. Kann Image Gegenstand einer Public Relations Wissenschaft sein? Opladen 1993, S. 19.

11 Gernot Brauer, Econ Handbuch Öffentlichkeitsarbeit. Düsseldorf, Wien, New York, Moskau 1993, S. 463.

12 Horst Avenarius: Das Image und die PR-Praxis. Ein transatlantisches Gespräch. In: Wolfgang Armbrecht, Horst Avenarius, Ulf Zabel (Hrsg.): Image und PR. Kann Image Gegenstand einer Public Relations Wissenschaft sein? Opladen 1993, S. 15-20.

13 Horst Avenarius: Public Relations. Die Grundform der gesellschaftlichen Kommunikation. Darmstadt 1995, S. 159.

14 James E. Grunig: On the effects of Marketing, Media Relations, and Public Relations: Images, Agendas and Relationships. In: Wolfgang Armbrecht, Horst Avenarius, Ulf Zabel (Hrsg.): Image und PR. Kann Image Gegenstand einer Public Relations Wissenschaft sein? Opladen 1993, S. 264.

15 Stuttgarter Nachrichten, 5. November 2007, www.stuttgarter-nachrichten.de/stnpage/detail.php/1557430/.

16 Interview in Deutschlandradio, 18. Januar 2008.

17 Evelyn Hollley-Spiess: H&M und Palmers sind top – in der Mitte fliegen die Fetzen. In: Wirtschaftsblatt, 4.11.2007, S. 4.

18 Neue Zürcher Zeitung, 24. Juli 2008.

19 Alexander Demuth: Erfolgsfaktor Image. So nutzen Sie den Imagevorteil für Ihr Unternehmen. Düsseldorf, Wien, New York, Moskau 1994, S. 82 ff.

20 http://www.manager-magazin.de/unternehmen/imageprofile/. Das Besondere der Imageprofile des manager magazins sind die Juroren: 2501 repräsentativ ausgewählte Vorstände, Geschäftsführer und leitende Angestellte. Die Juroren werden jeweils zu rund 40 Firmen befragt. Ihre

Aufgabe besteht darin, den Ruf jedes Unternehmens mit einer Note von 0 (sehr schlecht) bis 10 (sehr gut) zu bewerten. Das durchschnittliche Votum ist in der Rangliste ohne Komma als Punktwert wiedergegeben. 671 Punkte entsprechen also einer 6,71.

21 Patricia Döhle, Thomas Werres: Olymp der Konzerne. In: http://www.manager-magazin.de/unternehmen/imageprofile/0,2828,530209,00.html.

22 Bernhard Bauhofer: Reputation Management. Glaubwürdigkeit im Wettbewerb des 21. Jahrhunderts. Zürich 2004, S. 15.

23 Bernhard Bauhofer: Reputation Management. Glaubwürdigkeit im Wettbewerb des 21. Jahrhunderts. Zürich 2004, S. 17.

24 Ricarda Dümke: Corporate Reputation – why does it matter? How communication experts handle corporate reputation management in Europe. Saarbrücken 2007, S. 6.

25 Diana Ingenhoff: Integrated Reputation Management System (IReMS). Ein integriertes Analyseinstrument zur Messung und Steuerung von Werttreibern der Reputation. In: prmagazin 7/2007, S. 55.

26 Mark Eisenegger: Reputation in der Mediengesellschaft. Konstitution – Issues Monitoring – Issues Management. Wiesbaden 2005, S. 36.

27 Roger Haywood: Corporate reputation, the brand and the bottom line: powerful proven communication strategies for maximizing value, 3rd ed. London 2002, S. XI.

28 W. Chan Kim, Renèe Mauborgne: Der Blaue Ozean als Strategie. Wie man neue Märkte schafft wo es keine Konkurrenz gibt. München, Wien 2005.

29 Joachim Bürger: Wie sage ich's der Presse. Landsberg am Lech 1986, S. 26.

30 Claudia Cornelsen: Lila Kühe leben länger. PR-Gags, die Geschichte machten. Frankfurt/Wien 2001, S. 11.

31 Lothar Kolmer: Die Kunst der Manipulation. Salzburg 2006, S. 60.

32 Niklas Luhmann: Die Realität der Massenmedien. Opladen 2006.

33 Ein pragmatisches Axiom ist ein grundlegender Lehrsatz, der ohne Beweis einleuchtet und ganz einfach der Praxis des Lebens entspricht.

34 http://www.uni-bielefeld.de/paedagogik/Seminare/moeller02/06watzlawick1/.

35 Zum Thema Gerücht unter anderem: Manfred Piwinger: Der Umgang mit Gerüchten im Unternehmensumfeld – ausgewählte Praxiserfahrungen. In: Manfred Buhn/Werner Wunderlich (Hrsg.): Medium Gerücht. Studien zur Theorie und Praxis einer kollektiven Kommunikationsform. Bern 2004, S. 249-274.

36 Siehe dazu den kritischen Aufsatz von Günter Thomas: Umkämpfte Aufmerksamkeit. Medienethische Erwägungen zu einer knappen kulturellen Ressource. In: Zeitschrift für evangelische Ethik 2003, S. 89-104.

37 Georg Franck: Ökonomie der Aufmerksamkeit. Ein Entwurf. München 2007, S. 47-74.

38 Günter Thomas: Umkämpfte Aufmerksamkeit. Medienethische Erwägungen zu einer knappen kulturellen Ressource. In: Zeitschrift für evangelische Ethik 2003, S. 94 f.

39 Ein besonders schlechtes Zeugnis hat das prmagazin 5/2008, S. 42 ff. den deutschen PR-Agenturen ausgestellt, die sich ausgesprochen schwach in der Vermittlung ihrer eigenen Leistungen präsentierten. Der Beitrag, der als „Bericht aus der Amateurliga" bezeichnet wurde, trägt den wenig schmeichelhaften Titel „Kommunikations-Löcher".

40 Horst Avenarius: Public Relations. Die Grundform der gesellschaftlichen Kommunikation. Darmstadt 1995, S. 51.

41 Romy Fröhlich: Definitionen und Praktikertheorien. Die Problematik der PR-Definition(en). In: Günther Bentele, Romy Fröhlich, Peter Szyszka (Hrsg.): Handbuch der Public Relations. Wissenschaftliche Grundlagen und berufliches Handeln. Wiesbaden 2005, S. 95-109.

42 Claudia Mast: Unternehmenskommunikation. Stuttgart, 2. Auflage 2006, S. 17.

43 Wie gnadenlos die Wissenschaft bei der Aufgabe versagt, eine sinnvolle Orientierung zu geben, zeigt Romy Fröhlich. Am Schluss ihrer oben zitierten Ausführungen gesteht sie das Scheitern der eigenen Arbeit: „Wenn es in Zukunft gelänge, bei einschlägigen PR-Definitionen die einzelnen Bezugsebenen und Perspektiven klarer offen zu legen und herauszuarbeiten, wäre ein wesentlicher Teil des ‚Definitionschaos' bereits entschärft."

44 Ich verzichte hier darauf, die einzelnen Definitionen zu zitieren. Bei Interesse können sie unter http://www.dprg.de/statische/itemshowone.php4?id=39 2006 bzw. http://www.prva.at/themen/fundamente.html nachgelesen werden.

45 In der Abhandlung Romy Fröhlich: Die Problematik der PR-Definition(en), S. 105 wird PR völlig verfehlt als reine Zulieferindustrie für Journalisten dargestellt: „Wer seine Botschaft hingegen ausdrücklich nicht mit Hilfe von Werbung verbreitet, sondern sie z.B. mittels klassischer Pressearbeit an den Journalismus weitergibt in der Hoffnung, dass sie in den redaktionellen Teilen unserer Massenmedien Verbreitung findet, der gibt die Kontrolle über seine Botschaft auf. Platzierung, Timing und Gestaltung der Botschaft liegen dann allein in den Händen von Journalisten." Wie gnadenlos die Wissenschaft bei der Aufgabe versagt, eine sinnvolle Orientierung zu geben zeigt ebenfalls Romy Fröhlich am angegebenen Ort.

46 Diese Definition ist eine Zusammenführung bestehender Begriffserklärungen und basiert nicht zuletzt auf jener des Institute of Public Relations in Großbritannien. Siehe www.cipr.org.uk.

47 Helmut Scherer: Unternehmen in öffentlichen Auseinandersetzungen. Strukturmerkmale öffentlicher Kommunikation als Herausforderung für die integrierte Unternehmenskommunikation. In: Rupert Ahrens, Helmut Scherer, Ansgar Zerfaß (Hrsg.): Integriertes Kommunikationsmanagement. Ein Handbuch für Öffentlichkeitsarbeit, Marketing, Personal- und Organisationsentwicklung. Frankfurt am Main: IMK, 1995, S. 52.

Kapitel 2: Kommunikation zwischen Monolog und Dialog

Unternehmen können sich nur dann profilieren, wenn sie langfristige, strategische Kommunikation betreiben. Diese These habe ich eingangs formuliert. Sie wird von allen von mir befragten PR-Agenturen im deutschsprachigen Raum sozusagen „ohne Gegenstimme" geteilt.[1] Öffentlichkeitsarbeit, die eher beiläufig betrieben wird, die konzeptlos daherkommt und keine systematische Komponente in sich trägt, hat keine Zukunft. Das entspricht auch ganz dem ersten Begriff der eben vorgestellten Definition: Öffentlichkeitsarbeit ist eine planvolle Managementdisziplin.

Kommunikationsplanung beinhaltet sowohl systematische als auch kreative Elemente.[2] Windahl und Signitzer sind der Auffassung, dass PR von den Kommunikationsplanern selbst meistens als kreativer Akt gesehen werde, der sehr viel mit neuen Lösungen zu tun habe. Während hier der „Fun-Faktor" nicht zu kurz kommt, hat systematische Planung wenig Showcharakter.

Ein häufig auftretender Grund, warum geplante Kommunikation nicht funktioniert, ist, dass es sich gar nicht um ein Kommunikationsproblem handelt. Also muss zunächst geklärt werden, ob es sich überhaupt um ein solches dreht. Die Antwort ist einfach: Besteht ein Problem auf Grund falscher oder fehlender Kommunikation, lässt es sich mit Hilfe von PR-Strategien – allenfalls in Kombination mit anderen Maßnahmen – lösen. Lässt sich ein Problem nur durch andere Maßnahmen lösen, liegt kein Kommunikationsproblem vor. Das klingt selbstverständlich, ist es aber nicht.

Immer wieder werden in Konzepten Ziele formuliert, die da zum Beispiel heißen: „Wir möchten erreichen, dass der Umsatz um mindestens 40 Prozent innerhalb der nächsten zwei Jahre steigt." Diese Formulierung greift viel zu weit. Denn die Kommunikation hat keinen Einfluss auf die Qualität der Dienstleistungen oder des Produktes, auf die Beratungstätigkeit der Mitarbeiter oder die Termintreue in der Ausführung von Aufträgen. Diese – und eine Reihe weiterer Voraussetzungen – müssten aber erfüllt sein, um sicherzustellen, dass das formulierte Ziel auch tatsächlich umgesetzt werden kann.

> **Nur Kommunikationsprobleme lassen sich letztlich auch mit Hilfe von PR lösen. Managementprobleme, Qualitätsmängel bei Produkten und Dienstleistungen oder unzureichende Fähigkeiten von Mitarbeitern lassen sich weder wegreden noch -schreiben.**

Am häufigsten hört man in der Politik den Hinweis, man habe sich nicht verständlich machen können oder man habe zu wenig mit den Menschen gesprochen, während es sich einfach um die falsche Politik handelt, die auch bei der besten Erklärung nicht ankommt. Hier kann durchaus Absicht unterstellt werden, Fakt ist aber: „An honest assessment of a problem occurs much too seldom, and communication solutions are suggested much too often, even when they are inappropriate. We already have hinted at one reason for that: communication solutions usually do not generate conflict on the degree many other solutions do; also, they often are less demanding in terms of economic, social and psychological resources."

Wenn ein Problem als Kommunikationsproblem erkannt ist, gibt es verschiedene theoretische Modelle, dieses zu lösen. Die theoretischen Ansätze können bei Grunig und Hunt[3] sowie bei Windahl und Signitzer nachgelesen werden. Interessant ist hier das Public Relations Modell,[4] das entlang der Zeitachse in vier Zweige aufgeteilt wurde.

- Am Beginn der PR-Theorie steht das Einbahn-Modell der Publizität, das vorrangig Ende des 19. Jahrhunderts praktiziert wurde. Eine Idee wird in propagandistischer Absicht verbreitet, wobei nicht unbedingt alle Behauptungen wahr sein müssen.

- Das Public Information Modell ab dem beginnenden 20. Jahrhundert konzentrierte sich auf die Verbreitung von Informationen, ohne unbedingt das Ziel damit zu verfolgen, zu überzeugen oder die Rezipienten zu überreden. Die Vermittlung der Wahrheit ist bei diesem Ansatz bereits eine Kategorie.

- Das asymmetrische Zweiweg-Modell entstand in den zwanziger Jahren des 20. Jahrhunderts. Erstmals wurde hier bewusst eine Feedbackschleife eingebaut, um die Einstellungen des Publikums zu erfahren. Die Beziehung ist aber nach wie vor einseitig.

- Das symmetrische Zweiweg-Modell entstand Ende der 1960er-Jahre. Es zielt auf echten Dialog ab.

Bemerkenswert ist in diesem Zusammenhang die Schätzung von Windahl und Signitzer zur gegenwärtigen Praxis: Die Hälfte der Unternehmen und Organisationen benutze noch immer das Public Information Modell, je 15 Prozent setzten auf Propaganda oder Dialog, ein Fünftel auf asymmetrische Feedbackschleifen. Seit Veröffentlichung dieser Analyse ist einige Zeit vergangen. Ich denke, dass heute eine gewisse Verlagerung hin zum asymmetrischen Zweiwegmodell stattgefunden hat. Diese Veränderung ergibt sich aus den zunehmend genutzten partizipativen Möglichkeiten der Telefonie (SMS-Voting) und des Internets. Mehr Symmetrie in der Kommunikation wird aber auch heute nicht gewagt. Der Grund mag noch immer der gleiche sein, den Horst Avenarius schon 1995 genannt hat: „Selbst Organisationen mit lauteren Absichten und Motiven können an der Uneinsichtigkeit und Sturheit einer Bevölkerungsgruppe scheitern. Die Auseinandersetzung ist nicht so einfach, wie PR-Berater aus akquisitionsbedingten Gründen und Theoretiker aus idealistischen Vorstellungen annehmen."[5]

Symmetrische Kommunikation wird ebenso wie einseitige Propaganda nur in wenigen Fällen als Kommunikationsmodell verwendet, am häufigsten wird auf Verbreitung von Information gesetzt, immer öfter auch auf asymmetrische Kommunikation mit eingebauten Feedbackschleifen.

Symmetrische Kommunikation muss immer dann scheitern, wenn sich zum Beispiel ein Projektwerber und Anrainer als erbitterte Gegner gegenübersitzen. Derartige unversöhnliche Positionen sind kommunikativ nicht aufzulösen. Die Öffentlichkeitsarbeit kann hier nur als Mediator auftreten, ein echter Dialog findet in der Regel nicht statt, weil die beiden Parteien sich nicht verstehen wollen. Jürgen Habermas[6] hat diesen Sachverhalt sehr ausführlich in seinen Erörterungen über die „Weltbezüge kommunikativer Akte" dargelegt. Er spricht von der Lebenswelt, die ein Bezugssystem dafür bildet, worüber Verständigung möglich ist. Dazu gehören Kultur, Sprache und Kommunikation, wobei es Bezüge zur Innen- und Außenwelt gibt. Der frühere Ordinarius für Publizistik und Kommunikationswissenschaft an der Universität Salzburg, Michael Schmolke, hat diesen komplexen Sachverhalt mit einer einfachen Darstellung erklärt.

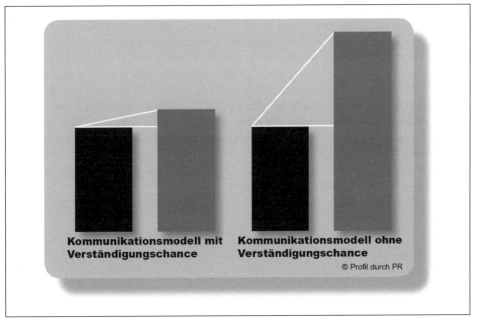

Kommunikationsmodell mit Verständigungschance

Kommunikationsmodell ohne Verständigungschance

© Profil durch PR

Abbildung 2: *Verständigung ist nur möglich, wenn der Winkel zwischen den Erfahrungswelten nicht zu groß wird.*

Im linken Teil der Darstellung treffen zwei Menschen aufeinander, deren Ansichten differieren, die aber über ein hohes Maß an gemeinsamen Überzeugungen verfügen, dies symbolisieren die beiden Rechtecke unter der weißen Linie. Mit anderen Worten: Wissensbackground, Erfahrungswerte und die Einstellungen weichen nicht sehr weit voneinander ab, auch das Sprachverständnis ermöglicht es ihnen, Differenzen anzusprechen, Argumente zu tauschen und letztlich zu einem gemeinsamen Ergebnis zu kommen. Der Winkel zwischen den beiden weißen Linien ist relativ spitz und kann durch Kommunikation weiter verkleinert oder gar ganz zum Verschwinden gebracht werden. Im Modell der symmetrischen Kommunikation würde das etwa dadurch geschehen, dass sich beide ein Stück bewegen. Derartige modellhafte Situationen begegnen uns jeden Tag in vielen Diskussionen in der Familie, im Unternehmen, auf politischer Ebene oder am Stammtisch.

Im zweiten Fall ist der gemeinsame Nenner kleiner als der verbleibende Rest. Der Winkel wird sehr groß. Das Ergebnis: Die beiden Gesprächspartner reden bestenfalls mitcinander, ohne sich zu verstehen, im schlimmsten Fall reden sie gar nicht (mehr) miteinander. Solche Fälle begegnen uns auch jeden Tag: Das Ehepaar im Rosenkrieg versteht längst nicht mehr, was sie einst aneinander fanden und sehen nur noch ihre eigene Position, der Sozialist weiß nicht, was der Konservative meint, der Christ nicht, wovon der Muslim redet und der Gegner einer Startbahn eines Flughafens, eines Fußballstadions, einer Autobahn oder 380 kV-Hochspannungsleitung will und kann den Argumenten der Projektbetreiber auf Grund seiner kategorischen Ablehnung nicht folgen.

Hier kann nur mit Hilfe eines sehr langfristigen Dialogs versucht werden, die Positionen der Streitparteien anzunähern, den Winkel zu verkleinern. Bei Bauvorhaben, bei denen Projektwerber und Gegner aufeinandertreffen, endet die Kommunikationsbereitschaft Ersterer meist sehr früh. Unsere Rechtsordnung schreibt bei großen Vorhaben zwar Kommunikationsschritte vor, die aber im Sinne des oben vorgestellten Public Information Modells nur darauf abzielen, die Interessenten (meist sind es betroffene Anrainer) einseitig zu informieren. Letztlich laufen derartige Verfahren sowieso immer auf eine juristische Auseinandersetzung hinaus. Irgendjemand findet sich nämlich immer, der nicht akzeptieren kann oder will, dass vor seiner Haustür ein Infrastrukturprojekt realisiert wird, und deshalb die Gerichte bemüht bzw. den vorgesehenen Weg durch die Instanzen ausschöpft. Es wäre meines Erachtens ein interessantes Forschungsfeld, sich die kommunikativen Mechanismen und langfristigen Folgewirkungen derartiger Verfahren einmal näher anzusehen.

1. Die Vermittlung einheitlicher Inhalte und Bilder: Das Modell der integrierten Kommunikation

Die eben vorgestellten Modelle der Kommunikation sind interaktionsorientiert. Sie beschreiben also, in welcher Form Absender und Rezipient miteinander in Beziehung treten. Das Modell der integrierten Kommunikation nimmt dagegen die zur Verfügung stehenden Instrumente der Kommunikation und die Wirkungsproblematik in den Blick. Aus konzeptiver Sicht hat dieses Modell unzweifelhafte Vorzüge, weil es strukturierend wirken kann.

> **Hauptanliegen der integrierten Unternehmenskommunikation ist es, in den Köpfen der Kunden, aber auch anderer Bezugsgruppen eine möglichst positive Vorstellung vom Unternehmen und seinen Produkten zu erzeugen. Um dieses Ziel angesichts der Vielzahl der Kommunikationsinstrumente und der Gestaltungsräume von Rezipienten zu erreichen, muss Unternehmenskommunikation ein klares, einheitliches Bild vermitteln, das glaubwürdig, konsistent und verständlich ist.**

„Wenn dies nicht der Fall ist, werden Informationen ignoriert oder gehen in der Flut medialer Angebote unter."[7] Um dies zu veranschaulichen, möchte ich ein kleines Experiment schildern, das ich bei Vorträgen durchführe. Dabei zeige ich den Zuhörern Bilder von Persönlichkeiten aus Politik, Wirtschaft, Sport, Wissenschaft, Kultur und Kunst. Dabei muss der jeweils Abgebildete mit einem Eigenschaftswort charakterisiert werden. Sie können das Experiment gerne auch selbst durchführen. Nehmen Sie einfach die nachstehende Zusammenstellung von Politikern, Celebrities, Schauspielern, Sportlern, und Wissenschaftlern her und ordnen Sie ihnen Attribute zu, die Ihnen auf den ersten Anhieb einfallen:

Abbildung 3:   *Je deutlicher das Profil einer Person ist, desto eindeutiger sind die Attribute, die sie erhalten. Schauspieler, die in unterschiedliche Rollen schlüpfen, tun sich hier besonders schwer.*

Aktive Politiker werden dabei meist mit Begriffen wie: *machtbewusst, durchsetzungsfähig, selbstverliebt, egozentrisch, mediengeil, rhetorisch stark* oder weltanschaulich bedingten Charakterisierungen bedacht (sympathisch – unsympathisch). Auch Begriffe wie *Kämpfer, kühl, korrupt, konsequent, hinterlistig, eisern, weit denkend, diplomatisch* oder *despotisch* kommen hier vor. Prominente Unternehmer – die in dieser Aufstellung bewusst weggelassen wurden, werden mit *mächtig, vermögend, überzeugend* oder *an eigenen Interessen orientiert* charakterisiert. Ihnen werden Attribute wie *weit blickend, konservativ, teamorientiert* oder *patriarchisch* zugeordnet. Sportler vermitteln den Eindruck, *ehrgeizig, schnell, leistungsorientiert* und *stark* zu sein. Bei ihnen zeigt sich aber auch, dass das Publikum sehr schnell die Seiten wechselt. Radikone Jan Ullrich ist längst persona non grata, bei dem nur noch Adjektive wie *gedopt, falsch, unehrlich* und *unsympathisch* genannt werden und ein Fernando Alonso ist vom viel bewunderten Formel 1 Weltmeister in kürzester Zeit zum *eingebildeten, egoistischen* und *nicht teamfähigen* Verbissenen mutiert, dem allerdings auch *Kampfbereitschaft* und *Durchsetzungsvermögen* attestiert werden. Und auch Hermann Maier wird von jungen Leuten heute mehr mit seinen Werbeauftritten als mit seinen legendären Sporterfolgen assoziiert. Wobei jetzt schon gewettet werden darf, dass am Ende seiner Karriere der Mythos lange weiterleben wird, so wie das in Österreich heute noch für einen Franz Klammer oder eine Annemarie Moser-Pröll, in Deutschland für Felix Neureiter und Rosi Mittermaier, und international für einen Gustav Thöni, Alberto Tomba beziehungsweise Ingemar Stenmark gilt.

Ein echtes Problem haben Wissenschaftler, deren Klugheit meist anerkannt wird, dann enden aber vielfach schon die Zuordnungen. Bei den angeführten Persönlichkeiten – Nobelpreisträger und Epochemachende Forscher der jüngeren Vergangenheit – werden sehr häufig Leermeldungen abgegeben. Bezeichnend ist dabei die Stellung des Nobelpreisträgers für Physik 2007, Peter Grünberg. Zu ihm fiel den meisten Probanden selbst unmittelbar nach der Nominierung nichts ein, ebenso wenig wie zur Pionierin der Sozialwissenschaften, Marie Jahoda. Die Universitäten haben hier eine Bringschuld, die sie ganz offensichtlich nicht ausreichend erfüllen. Vor allem gelingt es ihnen nicht, einem breiteren Publikum die Bedeutung ihrer Forschung näherzubringen.

Bei den Celebrities zeigt sich, wie mediale Verklärung wirken kann. Lady Diana wird als *hilfsbereit, sozial, herzlich,* aber auch *unglücklich* eingestuft. Die deutschen Moderatoren Jauch und Gottschalk gelten – wenig überraschend – als *schlau, witzig, redegewandt* und *unterhaltend.* Michael Jackson hat sich von der Popikone zur *peinlichen, weltfremden, gelifteten, traurigen* Gestalt entwickelt. In dieser Kategorie ein kleines Ratespiel: Für wen unter den Abgebildeten steht wohl die Einschätzung, sie sei *verzogen* und *reich*? Sie haben es natürlich auf Anhieb erraten.

Für unser Thema am Interessantesten sind die Schauspieler. Deren Profil wechselt wie ihre Rollen. Einem Sean Connery werden einmal die Attribute des William von Baskerville in „Der Name der Rose", ein anderes Mal jene des James Bond zugeschrieben. Je nachdem, welche Rolle dem Betrachter im Zusammenhang mit dem „Sexsymbol" gerade einfällt. Rowan Atkinson wird mit seiner Rolle als Mister Bean identifiziert und daher auch konsequenterweise als *trottelig, blöd, lustig, komisch* oder zunehmend auch *nicht mehr komisch* bezeichnet. Bei Pierce Brosnan wird in erster Linie das Äußere in den Vordergrund gestellt, und danach werden seine Rollen ins Visier genommen, in denen er offenbar in erster Linie als *männlich, stark* und *draufgängerisch* empfunden wird.

Dieses kleine Experiment dient natürlich nicht dazu, Stereotypen über einzelne Berufsgruppen zu verbreiten, sondern soll vor allem zeigen, dass Konsistenz im Auftritt notwendig ist, um das Profil zu schärfen. Es ist dabei zweifelsfrei so, dass man es nicht immer allen recht machen kann oder soll. „Wer sich um ein ausgeprägtes Profil bemüht, eckt leicht an. Das kann durch intellektuelle Redlichkeit aufgefangen werden. Prinzipiell sollte gelten: Das Ansehen einer Organisation muss untadelig sein. Ihr Profil darf Kanten haben."[8]

> **Wenn man in heterogene Rollen schlüpft und durch abweichende Aussagen auffällt, wird das Profil unscharf. Der Betrachter weiß dann nicht mehr genau, wofür jemand steht. Das gilt natürlich auch für Unternehmen und deren Manager.**

Was für Persönlichkeiten des so genannten öffentlichen Lebens gilt, stimmt natürlich auch für Unternehmen. Sie besitzen – ob bewusst oder unbewusst – eine bestimmte Persönlichkeit. Ein stimmiges und überzeugendes Bild kann nur das Unternehmen erzeugen, das genau weiß, was es ist, was es kann und wohin es möchte. „Wie lebende Wesen passen sie sich in ihrer Erscheinung und Leistungsfähigkeit an ihre Umwelt an und kommunizieren laufend mit ihrem Umfeld. Erfolgreich kommunizieren Unternehmen dann, wenn sie im Laufe der Jahre ein typisches Gesicht entwickeln, das sie deutlich von vergleichbaren Organisationen unterscheidet. Dieses Gesicht wird einerseits von der Unternehmens- und Marktkommunikation – primär durch Medien – und andererseits von der persönlichen Kommunikation und dem Verhalten der Mitarbeiter geprägt. Wie eine Marke profiliert sich auch das Unternehmen durch seine Kommunikation als fiktive Persönlichkeit, die im Idealfall für Kompetenz, Kontinuität und ein in sich schlüssiges Wertsystem steht."[9]

Neuerungen werden umso leichter akzeptiert, je stärker sie auf bekannten Erfahrungen und Erwartungen aufbauen, mithin auf der gelernten Unternehmenskultur aufbauen.[10] Klare Aussagen darüber, wofür ein Unternehmen steht und wohin es gehen möchte, sind besonders für Mitarbeiter von Bedeutung, zumal dann, wenn es um das Management von Veränderungen im Unternehmen geht. Diese sind zwangsläufig in periodischen Abständen notwendig, wenn es nicht zu Erstarrungstendenzen kommen soll.[11]

Markus Hofmann und Claudia Landmann haben drei Lücken[12] ausfindig gemacht, die beim unternehmerischen Persönlichkeitsbild auftreten können:

1. Die Glaubwürdigkeit des Unternehmens und dessen Ansprüche können im Gegensatz zum tatsächlich erlebten Verhalten stehen (creditility gap).

2. Die Identifikation der Mitarbeiter oder der Geschäftsfreunde mit ihrem Arbeitgeber bzw. Kooperationspartner ist nicht groß genug (identity gap).

3. Die ausgelobten Leistungen und Werte stimmen mit der erlebten Produktleistung und dem Verhalten der Repräsentanten des Unternehmens nicht überein (performance gap).

**Integrierte Kommunikation will ein stimmiges Bild des Unternehmens vermitteln.
Damit das gelingen kann, darf es nicht zu Problemen mit der Glaubwürdigkeit
kommen. Die Identifikation der Mitarbeiter und Partner muss stimmen,
Leistungsversprechen müssen gehalten werden.**

1.1 Erfolgskritische Faktoren und Felder integrierter Kommunikation

In Anlehnung an die Befunde von Karin Kirchner und Birte Lühmann[13] lassen sich folgende
Erfolgsfaktoren integrierter Kommunikation festmachen:

1. **Anpassung:** Unternehmen müssen sich an die Veränderungen der Umwelt anpassen und
   in Einklang mit dieser existieren.

2. **Bedürfnisorientierung:** Dazu ist es notwendig, die Erwartungen, Bedürfnisse und Anforderungen der Stakeholder zu kennen und deren Wahrnehmung des Unternehmens zu
   verstehen.

3. **Planung:** Aufbauend auf der strategischen Unternehmensplanung muss dieser Prozess
   auf Kommunikationsebene abgebildet werden: Ausgehend von einer umfassenden Situationsanalyse müssen Ziele definiert, Aktivitäten und Ressourcen geplant und in weiterer
   Folge überprüft werden.

4. **Dialog:** Charakteristisch für integrierte Kommunikation ist Dialogkommunikation und
   Datenbankmarketing. Zwischen Massenmedien und „Eins-zu-Eins-Medien" sollte ein
   strategisches Gleichgewicht bestehen.

5. **Involvement:** Durch inhaltliche, formale und zeitliche Integration des Kommunikations-
   outputs ist ein starkes Involvement der Rezipienten herzustellen.

6. **Kongruenz:** Zwischen Wort und Tat muss es Übereinstimmung geben.

7. **Konsistenz der Botschaften:** An sämtlichen Kontaktpunkten, die zwischen dem Unternehmen und dem Kunden existieren, müssen konsistente Botschaften und aktuelle Inhalte
   vermittelt werden. „Jede Entscheidung, jede Handlung, jede Botschaft muss die Positionierung erlebbar machen."[14]

8. **Orientierung an Anspruchsgruppen:** Das Konzept muss an den Anspruchsgruppen
   orientiert sein. Die Kommunikationsidee muss auf intensiver Kenntnis der Bedürfnisse
   basieren. Dabei muss nicht immer mit repräsentativen Daten gearbeitet werden. Meist genügt es, durch Zuhören zu den richtigen Hypothesen zu gelangen und diese im Laufe der
   Zeit zu verfeinern.

9. **Konsistenz des Instrumenteneinsatzes:** Die Kommunikation muss sich aus den engen Grenzen der Disziplinen befreien und in abteilungsübergreifenden Teams gemeinsame Lösungen erarbeiten. Sie muss die Instrumente widerspruchsfrei einsetzen.

10. **Evaluation:** Die Evaluation muss sich ebenfalls von der Fraktion in einzelne Kommunikationsfunktionen verabschieden. Sinnvoll ist es vielmehr, zwischen langfristigen markenbildenden und kurzfristigen geschäftsbildenden Maßnahmen zu unterscheiden.

11. **Offenheit:** Bei Auftreten neuer Rahmenbedingungen müssen diese registriert und offen aufgenommen werden. Integrierte Kommunikation ist entwicklungsfähig.

12. **Unterstützung:** Schließlich benötigt integrierte Unternehmenskommunikation die volle finanzielle und konzeptionelle Unterstützung des Top-Managements.

Manfred Bruhn[15], auf den das Modell der integrierten Kommunikation zurückgeht, hat drei Felder notwendiger Integration beschrieben: Die inhaltliche, formale und zeitliche.[16]

■ Die **inhaltliche Integration** der Kommunikation verbindet Kommunikationsinstrumente und -mittel miteinander und vermittelt so ein einheitliches thematisches Erscheinungsbild

■ Die **formale Integration** vermittelt durch Gestaltungsprinzipien ein einheitliches formales Erscheinungsbild.

■ Die **zeitliche Integration** schafft durch kurz- und mittelfristige Abstimmung eine gegenseitige Unterstützung der verschiedenen Maßnahmen entlang der Zeitachse und sorgt zudem für Kontinuität.

Diese drei Felder müssen wiederum auf zwei Ebenen beackert werden:

■ Auf interinstrumenteller Ebene erfolgt die Vernetzung aller kommunikationspolitischen Aktivitäten.

■ Auf intrainstrumenteller Ebene werden die einzelnen Kommunikationsinstrumente (Kommunikationsmittel und Einzelmaßnahmen) miteinander vernetzt.

Auf diese Thematik kommen wir im kommenden Abschnitt noch ausführlich zu sprechen, wenn es um den strategischen Planungsprozess geht.

Integrierte Kommunikation verlangt eine inhaltliche, formale und zeitliche Integration aller Instrumente auf inter- und intrainstrumenteller Ebene. Das heißt: alle kommunikationspolitischen Aktivitäten müssen miteinander vernetzt werden.

1.2 Integrierte Kommunikation in der unternehmerischen Praxis

Wie sieht es in der Praxis aus? Hat das Konzept der integrierten Kommunikation in das Managementverständnis der Unternehmen Einzug gehalten? Mit dieser Frage haben sich inzwischen zahlreiche Wissenschaftler auseinandergesetzt, und auch in der Branche wird heftig diskutiert, inwieweit das Konzept in der Praxis Realität ist. Die Antwort ist eindeutig: „Jein!" Es klafft eine erhebliche Lücke zwischen Deklamation und Realisation. Das prmagazin ist in einer Serie der Frage nachgegangen, inwieweit integrierte Kommunikation geübte Praxis in verschiedenen Branchen in Deutschland ist. Fazit: Die Automobilindustrie habe das Thema weiter vorangetrieben als andere Wirtschaftssektoren. „Doch auch in den riesigen Kommunikationsabteilungen der Hersteller, die strikte Mehrjahrespläne abarbeiten, gelingt es nicht immer, den eigenen Ansprüchen gerecht zu werden."[17]

In den letzten Jahren wurde die Frage nach der Praxisrelevanz des Konzepts immer wieder gestellt: Jan Flaskamp und Klaus Schmidbauer[18] haben im Jahr 2002 ein eindeutiges Bekenntnis zur integrierten Kommunikation bei deutschen Managern festgestellt. Sie sahen die damals 91-prozentige Zustimmung darin, dass einerseits aus Sparsamkeitsgründen Effektivität gefragt ist, andererseits die Werbung in ihrer eigenen Sintflut und Ineffizienz untergegangen ist. Die zunehmende Zahl der Kommunikationsinstrumente und die Reizüberflutung der Konsumenten hätten viele Unternehmen veranlasst, ihre Strategien zu überdenken, lautete ihr Resümee.

Karin Kirchner hat Theorie und Praxis der integrierten Kommunikation ebenfalls näher unter die Lupe genommen und kommt zu folgendem Schluss: „Die große Zustimmung, die das ‚Konzept' der integrierten Unternehmenskommunikation auf der einen Seite erfährt und das zum Teil konstatierbare Fehlen unternehmerischer Konsequenzen in Form von ‚Prozessen', ‚Training', ‚Rekrutierung' und ‚Strukturen' andererseits zeigt, dass die Zustimmung zu integrierter Kommunikation schon fast als ‚sozial erwünschte' Antwort eingestuft werden könnte, da es ja ‚unternehmerisch absolut Sinn macht'. ... Manche Akademiker machen heute schon auf die Gefahr aufmerksam, dass Managementkonzepte, wie die integrierte Unternehmenskommunikation, bereits des Öfteren schon ‚zu Tode gelobt' wurden."[19]

Ich habe große deutsche, österreichische und Schweizer PR-Agenturen dazu befragt. Das Ergebnis bestätigt eigene Erfahrungen und die empirischen Studien: Drei Viertel der befragten Agentur-Geschäftsführer und Senior Consultants schätzen den Anteil der Unternehmen, die sich des Modells der integrierten Kommunikation bedienen, auf weniger als 30 Prozent. Ein Zehntel glaubt gar, dass es weniger als 10 Prozent sind, und nur ein rundes Viertel geht davon aus, dass bereits mehr als jedes dritte Unternehmen die Kommunikationsinstrumente systematisch zusammenführt. Dieser Befund wird noch zusätzlich durch die Tatsache verstärkt, dass die befragten Agenturchefs bei der Frage nach den erfolgreichsten Maßnahmen der Öffentlichkeitsarbeit die „klassischen" PR-Instrumente genannt haben, andere Kommunikationsdisziplinen dagegen kaum. Um mit David Meerman Scott zu argumentieren, funktioniert PR heute vielfach noch nach den alten Regeln: „Advertising and PR were separate disciplines run by different people with seperate goals, strategies, and measurement criteria."[20]

Zentrale Hürden bei der Einführung und Umsetzung integrierter Kommunikation finden sich auf verschiedenen Ebenen. Interessant sind die Ergebnisse des Münsteraner Dissertanten Frank Maier. Seine Befragung von Managern hat als größte Hindernisse das Fehlen eindeutiger Kommunikationsziele und einer Kommunikationsstrategie genannt. Vier Fünftel aller Befragten teilten diese Auffassung! Dahinter folgte gleich das stark ausgeprägte Abteilungsdenken. Fehlende Zielgruppendefinition und Wirkungskontrolle wurden von jedem zweiten Probanden bemängelt.[21]

Die wichtigsten Hürden bei der Umsetzung integrierter Kommunikation tun sich auf, weil es in den Unternehmen an der Bereitschaft (oder Fähigkeit) fehlt, klare Kommunikationsziele und -strategien zu formulieren. In zweiter Linie gibt es Hindernisse auf organisatorischer Ebene: ausgeprägtes Abteilungsdenken, keine eindeutigen Verantwortlichkeiten und fehlendes Controlling.

Fehlende planerische Ausrichtung der Unternehmenskommunikation ist eine Sache. Die andere ist die organisationspsychologische Realverfassung in vielen Unternehmen. Es herrscht – wie das Jürg Stähelin in seinem Beitrag zu diesem Buch nennt – ein „Gärtchendenken". Bei bereichsübergreifender Zusammenarbeit zeigen sich in vielen Firmen eklatante Defizite.[22] Die Kommunikationsplanung wird im Stab ausgearbeitet, die Umsetzung erfolgt dann in zwei Dritteln der Unternehmen in abteilungsübergreifender Teamarbeit. Dort ergeben sich Reibungsverluste, nicht zuletzt deshalb, weil – so das Ergebnis der Studie von Manfred Bruhn[23] – vom mittleren Führungskreis die Notwendigkeit nicht erkannt wird, weil die Wirkungen der einzelnen Kommunikationsinstrumente nicht zurechenbar sind und damit die Erfolgskontrolle problematisch ist.

Der empirische Befund zeigt, dass in den meisten (größeren) Unternehmen Public Relations, Werbung, Verkaufsförderung und Marketing in unterschiedlichen Abteilungen betrieben wird, es also keine organisatorische Verschmelzung gibt, wohl aber eine interpersonelle Kommunikation.[24] Das wiederum sorgt für die erwähnten Reibungsverluste, dauert in jedem Fall seine Zeit, und der Erfolg hängt sehr stark von der Kooperationsbereitschaft der involvierten Personen ab. Läuft es auf der menschlichen Ebene kollegial und mithin positiv, dann funktioniert die abteilungsübergreifende Zusammenarbeit. Steht der Kampf um die besten Plätze im Unternehmen im Vordergrund, „finden sich die Beteiligten allzu schnell in einer ‚intriganten Kommunikation' wieder."[25] Dabei geht es sehr häufig auch um Allokationskämpfe: „Die filigrane Abwägung der zentralen Dachstrategie und der strategischen Unternehmensbotschaften gegenüber den berechtigten Einzelinteressen und operativen Zielen einzelner Bereiche besitzt eine nüchterne finanzielle Dimension."[26]

Die eigene Erfahrung zeigt, dass integrierte Kommunikation den internen Kommunikationsbedarf deutlich erhöht, um Leerläufe und Doppelgleisigkeiten zu vermeiden. Der Befund der Empirie ist deshalb meist eher nüchtern: „In der abteilungsübergreifenden Kommunikation –

sofern sie überhaupt geregelt stattfindet – gehen wichtige Informationen verloren. In der zentralen Schaltstelle der Unternehmenskommunikation laufen nicht wie geplant die wichtigsten Informationen zusammen."[27] Organisationspsychologisch begründbare Widerstände verhindern oft die reibungslose Umsetzung und sorgen für Leerläufe und Doppelgleisigkeiten, schlimmstenfalls sogar für einander widersprechende Kommunikationsstrategien. Gelöst werden kann dieses Problem nur durch Überzeugung und organisatorische Maßnahmen.

Integrierte Kommunikation erfordert einen erhöhten Abstimmungsbedarf zwischen den beteiligten Personen und Abteilungen. Einzelinteressen und persönliche Profilierungsbedürfnisse der Akteure sind der Umsetzung des Modells der integrierten Kommunikation hinderlich.

Ein weiteres Kommunikationsdefizit entsteht in der Abstimmung zwischen interner und externer Kommunikation, wenn also die Mitarbeiter über die geplanten Maßnahmen der Marktkommunikation nicht ausreichend informiert werden. Hier deshalb noch einmal der Hinweis auf die drei erwähnten „gaps" die auftreten können: Mitarbeiter können sowohl ein Problem damit haben, dass sie die Taten, Worte und Werke nach innen anders erleben, als sie die Kommunikation nach außen darstellt, womit eine Glaubwürdigkeitslücke entsteht, und als Folge daraus könnte auch das Identifikationsdefizit steigen.

Einen Hinweis von Hajo Neu und Jochen Breitwieser[28] möchte ich aufgreifen: Integrierte Markenkommunikation bedeutet, dass auf ungezählten Kanälen die immer gleiche Botschaft zu senden ist. Dabei werde aber verkannt, dass „bei der PR ein Mittler zwischen ‚Botschaft' und ‚Empfänger' geschaltet ist. Es ist der Journalist, der im Zweifelsfall mit Ihrem ‚Markenkern' macht, was er will." Einmal abgesehen davon, dass Öffentlichkeitsarbeit hier (wieder einmal) auf die Eindimensionalität der Medienarbeit reduziert wird, stimmt natürlich der Hinweis, dass Journalisten nicht einfach instrumentalisiert werden können. Gleiches gilt aber auch für andere Anspruchsgruppen, die deshalb auch nicht einfach weggeblendet werden können. Auch hier ein Verweis auf bereits Gesagtes: Images lassen sich nicht beliebig formen, da das Publikum immer eigenständig mitdenkt.

Im Umgang mit den klassischen Medien und insbesondere den Journalisten entwickeln manche Markentechniker oder Apologeten der Internetcommunity so etwas wie „Umgehungsstrategien", wie ich das nennen würde. Erstere vertrauen lieber auf Instrumente, die sie selbst steuern können. Letztere propagieren „New Rules of Marketing and PR". Was die Medienarbeit betrifft, fordert etwa David Meerman Scott dazu auf, einen Bypass um die Journalisten zu legen: „We no longer need to wait for someone with a media voice to write about us at all. With blogs, we communicate directly with our audience, bypassing the media filter completely."[29]

Ich denke, dass diese Auffassung zu extrem, weil zu apodiktisch und eindimensional formuliert ist. Eine Meinung, der sich im übrigen auch Nikolaus von der Decken in seinem Beitrag zum Buch anschließt: „So etwas sagt jemand, der ein Problem mit Journalisten hat", meint er. Auch Blogger sehe er als Journalisten, wenn sie kompetent kommunizieren.

Integrierte Kommunikation verlangt – und gerade darin sehe ich einen besonderen Vorzug dieses Modells – nach einer mehrdimensionalen Betrachtungsweise. Richtig ist aber sicherlich, dass es in den letzten Jahren deutliche Veränderungen in der Medienrezeption besonders in der jüngeren Generation gegeben hat, die traditionelle Printmedien, Hörfunk und Fernsehen bereits massiv betroffen haben und noch weiter beeinflussen werden, wie weiter oben schon erläutert wurde.

Integrierte Kommunikation verlangt die Einbeziehung aller Bezugsgruppen und aller möglichen Kommunikationsinstrumente. Es kann nicht funktionieren, beispielsweise Journalisten zu umgehen, weil sie nicht das tun, was der Absender von ihnen erwartet. Kommunikation muss auch damit umgehen können, dass nicht immer jeder ‚perfekt funktioniert'.

Einer der erfolgskritischen Faktoren der integrierten Kommunikation ist die konsistente vertikale Kommunikation. Diese ist besonders dann von Bedeutung, wenn zwischen Hersteller und Vertrieb oder zwischen Wholesale- und Retailorganisation rechtliche oder organisatorische Trennlinien verlaufen, wie das etwa in der Autoindustrie der Fall ist, die ja – wie erwähnt – unter allen Branchen im Praxistest am besten abgeschnitten hat: „Das Geschäft mit der Autokommunikation ist eine riesige Planwirtschaft, die einer minutiösen Mehrjahresagenda folgt."[30] Das schützt aber auch nicht davor, dass sich da oder dort Bruchlinien öffnen.

Vor einigen Jahren habe ich in einem deutschen TV-Wirtschaftsmagazin einen Beitrag gesehen, der auf sehr amüsante Art verdeutlicht hat, wie integrierte Kommunikation nicht aussehen sollte: Ein Team wurde losgeschickt, um bei Autohändlern den Wahrheitsgehalt der TV-Werbung – und mithin der gesamten Unternehmenskommunikation – zu testen. Zu diesem Zeitpunkt warb ein asiatischer Hersteller damit, dass seine Kleinwagen qualitativ so hochwertig gebaut seien, dass man sie mit einem Kran an den geöffneten Türen hochheben könne. Als das Fernsehteam bei den Händlern mit dem Kran auftauchte, um das zu überprüfen, bekamen sie natürlich symbolisch einen Vogel gezeigt. Auch der Versuch, bei einem Geländewagenhändler die im TV-Spot gezeigte Fahrt durch eine überflutete Schottergrube nachzustellen, scheiterte kläglich. Hier hat ein Journalist mit feinem Humor und kommunikationswissenschaftlichem Fachwissen durch eine sehr einfache Versuchsanordnung die These von der vermeintlich bereits weitgehend in die Unternehmenspraxis angewandten integrierten Kommunikation falsifiziert.

Manfred Voglreiter[31] beschreibt damit in folgendem Zitat einen erwünschten, aber keinesfalls schon erreichten Zustand. „Aus der Presse- und Medienarbeit, mit der die PR einst ihren Anfang genommen hatte, ist längst ein Verbund differenzierter Methoden und Instrumente geworden, mit deren Hilfe die verschiedenen Akteure im Mediensystem angesprochen und beeinflusst werden. ... Die Gründe dafür liegen in der Vervielfältigung der Bezugs- und Anspruchsgruppen eines Unternehmens sowie in dem wachsenden Koordinations- und Abstimmungsbedarf von Unternehmensprozessen. Kommunikation muss, um wirksam zu werden, ihre Instrumente und Botschaften in zunehmendem Maße produkt-, projekt- und zielgruppenspezifisch einsetzen. Gleichzeitig wächst mit dieser Ausdifferenzierung von Kommunikation der Bedarf nach einer integrierten Steuerung."

Bei allen Problemen, die das Modell der integrierten Kommunikation mit sich bringt, macht es Sinn, wenn Unternehmen sich daran in ihren Kommunikationskonzepten ausrichten. Die Gründe für diese Empfehlung sind mannigfaltig. Viele wurden bereits genannt. Der wichtigste ist wohl, dass eine zentrale Kategorie von integrierter Kommunikation ihre Glaubwürdigkeit ist. Sie entsteht durch Kongruenz von Handeln und Kommunizieren. Das, was vermittelt wird, müssen die Botschaftsempfänger auch tatsächlich erleben können. Mangelnde Kohärenz in der Botschaft führt eher zur Verwirrung als zur Orientierung der Rezipienten. Das Modell hilft aber auch, bei der Konzeption nicht zu eng zu denken, sondern alle möglichen Kommunikationsmaßnahmen in Augenschein zu nehmen und nicht nur jene, mit denen Öffentlichkeitsarbeit traditionell immer wieder in Verbindung gebracht wird.

Voraussetzung für eine funktionierende Gestaltung integrierter Kommunikation ist ein Planungsprozess, der in der Lage ist, unternehmensindividuell ein umfassendes Konzept zu erarbeiten. Dabei müssen die unternehmenspolitischen Vorgaben und die Markenstrategie berücksichtigt werden. Damit wollen wir uns im nächsten Abschnitt ausführlich beschäftigen.

2.   Markenführung durch Kommunikation

Im Zusammenhang mit der Diskussion des Begriff Unternehmensimage war die Rede von der „Polity", also der Verfassung von Unternehmen, ihrer Biografie oder auch Corporate Identity. Daran schließt sich eine Ebene an, die im englischen als „Policy" bezeichnet wird. Sie ist schwerpunktmäßig auf das Unternehmensimage einerseits ausgerichtet, andererseits aber auch auf das Markenimage.

Entsprechend dreht sich der Planungsprozess, den ich im folgenden Abschnitt darstellen werde, wie ein Rad um eine Nabe, die aus zwei Teilen besteht: Der Unternehmens- und der Markenstrategie. Die Markenführung hat im Kontext der integrierten Kommunikation deshalb einen ganz besonderen Stellenwert.

Marken dienen dazu, beim Kunden ein Bewusstsein über ein bestimmtes Produkt zu schaffen und auf diese Weise ein Image zu kommunizieren, das für Qualität, Tradition, Natürlichkeit und Ähnliches steht. Eine Marke soll die Kernwerte eines Produktes herausstellen und diese beim Konsumenten ins Bewusstsein bringen. „Marken simplifizieren und reduzieren eine

Fülle von materiellen und immateriellen Werten auf wenige Symbole. ... Die Stakeholder verlangen tiefgründige Botschaften – und über das Versprechen hinaus Taten, die für sie als Menschen in der ganzheitlichen Beziehung zum Unternehmen relevant sind."[32]

Internationale Konzerne investieren sehr viel Geld in den Aufbau von Marken. Aus gutem Grund. Gerade die kaufkräftige jüngere Generation setzt sehr stark auf Brands. „Eine bestimmte Marke zu kaufen bedeutet, sich zu einem Lebensstil zu bekennen. Und doch zeigen uns Marken, wie schnelllebig die Gesellschaft und wie flexibel diese Lebensstile wieder gewechselt werden können. Ihre Entwicklung sowie der daraus entstehende Kult sind ein Spiegel der Gesellschaft." [33]

Der Aufbau von Markenimages erfolgt heute über einen wohl dosierten Kommunikationsmix, in dem Öffentlichkeitsarbeit eine ganz bedeutende Rolle spielt. Sie trägt sicher ein ganz erhebliches Stück dazu bei, Markenimages zu prägen und damit letztlich auch Kaufentscheidungen auszulösen. Dass diese Prägung sehr gut funktioniert, können die Unternehmensberater von Roland Berger mit einem von ihnen entwickelten Analysetool belegen. Sie haben eine „Landkarte der Werte" entwickelt, auf der sich sechs „Kontinente" je nach Prägung des Konsumenten auf zwei Achsen aufteilen.

Kunden werden in mehr oder weniger rational oder emotional geprägte Käufer unterteilt. Wenn dann Werte wie Altruismus, Prestige und Status, Thrill und Lifestyle, Kostenbewusstsein, traditionelle Qualität sowie Technologie und Innovation vom typischen Konsumenten einer Marke beurteilt werden, entstehen für jede Marke „emotionale Landkarten".[34] Am Beispiel von Automarken werden die individuell unterschiedlichen Wertebilder ganz deutlich. BMW-, Mercedes- oder Audi-Fahrer sind ausgabefreudig, lifestyle- und prestigeorientiert, Opel-, Peugeot- oder Mazda-Kunden sind wertkonservativ, kosten-, sicherheits- und qualitätsbewusst. Fazit der Unternehmensberater: „Nur wenn die Werteversprechen einer Marke mit den persönlichen Wertvorstellungen eines potenziellen Kunden übereinstimmen, kommt es zum Kauf." Das Markenbild freilich entsteht nicht von ungefähr. Vielmehr wird es durch ein Bündel an Maßnahmen geprägt. Eine nicht unwesentliche Rolle spielt dabei ganz sicher auch die PR, zumal dann, wenn sie Teil der integrierten Kommunikation ist.

Wichtig für eine Marke ist, dass der Markenname prägnant und leicht einprägsam ist. Er muss von den anderen Marken einfach zu unterscheiden sein. Der Kunde muss Vertrauen in die Marke haben und eine stabile Qualität erwarten können.

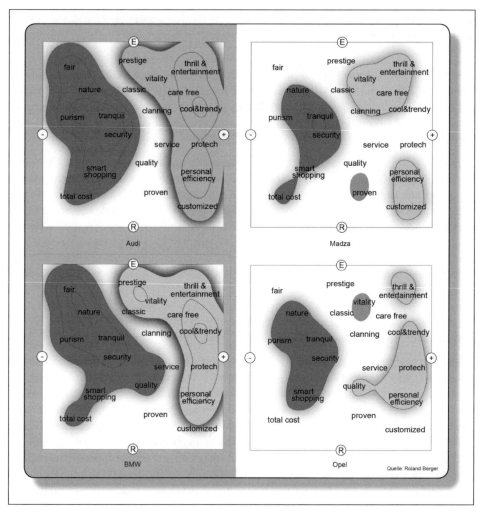

Abbildung 4: *Produkte werden nach Markenwerten gekauft. Besonders deutlich wird das bei Automarken, deren emotionale Welten die jeweiligen Zielgruppen ansprechen.*

2.1 Emotion schafft Authentizität

Kommunikation verstärkt die Authentizität und Aktualität von Marken. Die Authentizität in der Markenführung ist mit zunehmender Aufklärung der Verbraucher immer wichtiger geworden. Marken, die immer und überall auftreten, ihre eigene Identität aufgeben und auf

jedes kurzfristige Hoch aufspringen, erlebt der kritische Konsument als anbiedernd. Trend-
marken haben im Vergleich zu Kultmarken in den letzten Jahren eine eindeutige Abwertung
erfahren.

Der Verbraucher hat heute klarer denn je Ansprüche an die Marke. So untreu der Konsument
selbst ist, die Treue einer Marke zu sich selbst und ihren eigenen Positionierungszielen nimmt
er bewusst wahr. Sind in den Markenäußerungen ihre Werte und Identität verloren gegangen,
macht das die Marke unglaubwürdig. Der Konsument quittiert dies postwendend. Das ver-
mutlich teuerste Lehrgeld hat diesbezüglich die „Weltfirma" DaimlerChrysler bezahlt.

Vertrauen ist ein Schlüsselbegriff in der Markenkommunikation, und wir werden ihm später
auch im Zusammenhang mit der Glaubwürdigkeit der Kommunikation von CEOs begegnen.
In zahlreichen Untersuchungen wurde belegt, dass Vertrautheit (die ja eng mit dem Begriff
Vertrauen zusammenhängt) Gefallen erzeugt. „Wenn Produkte im Wesentlichen vergleichbar
sind, entscheiden sich Verbraucher für das vertrautere, selbst wenn es ihnen nur deshalb ver-
traut ist, weil sie seinen Namen aus der Werbung kennen."[35] „Each of us and every institution
needs trust. We need it because we have to be able to rely on others acting as they say that
they will, and because we need others to accept that we will act as we say we will. The soci-
ologist Niklas Luhman was right that ‚A complete absence of trust would prevent [one] even
getting up in the morning."[36] Wenn wir jemandem vertrauen, verlassen wir uns darauf, dass
der andere sich um etwas annimmt, das für uns von Wert ist. Im Wirtschaftsleben wird dieses
Vertrauen auf mehreren Ebenen aufgebaut.

Klein- und Mittelbetriebe haben den großen Vorteil, dass sie Vertrauen auf der persönlichen
Ebene herstellen können. Der Tante-Emma-Laden, das Gasthaus an der Ecke, die Reparatur-
werkstatt oder der Tischler im Ort haben alle den Vorteil der Unmittelbarkeit. Die Biografie
des Unternehmens ist bei den Kleinbetrieben oft sehr eng mit jener des Unternehmers oder
der Unternehmerin verbunden, an der unmittelbar viele der Anspruchsgruppen Anteil haben
oder hatten. Klein- und Mittelbetriebe können sich so im Kleinen ein Profil geben. Nationale
oder internationale Marken können das nicht. Sie wirken direkt über das Produkt und indirekt
über die Marktkommunikation.[37] Spannend wird das Ganze dann, wenn ein regional verwur-
zelter Mittelbetrieb in die Dimensionen eines Großunternehmens hineinwächst und deshalb
nicht mehr auf die gelernten und bewährten Muster der Markenführung durch personelle
Vertrauensbildung zurückgreifen kann. Von dieser Problematik erzählt Christina Werthner in
ihrer Fallstudie über das Familienunternehmen Egger.

> **Klein- und Mittelbetriebe können Vertrauen auf persönlicher Ebene aufbauen und
> damit durch Anschauung das eigene Profil schärfen. Ihre Dialogpartner können
> sich viel leichter ein unmittelbares Bild machen, als das bei Großunternehmen mit
> internationalen Marken der Fall ist. Sie haben nicht den Vorteil der Unmittelbarkeit,
> sondern müssen über das Produkt und die Kommunikation wirken.**

2.2   Inhalte müssen dauernd präsent bleiben

Die Selbstdarstellung eines Produktes als Marke ist praktisch die untere Einstiegsschwelle für die Teilnahme am Wettbewerb geworden. Ein unmarkiertes Produkt wird nicht mehr wahrgenommen. Anders formuliert: Wer es nicht einmal schafft, im Rahmen der AIDA-Formel zum ersten A zu gelangen, also zur „attention", der kann schon gar nicht „interest", „desire" oder „action" erwarten. Öffentlichkeitsarbeit gibt Marken das, was sie brauchen, um sich in der Flut der Konkurrenzangebote zu behaupten: Relevanz, Aktualität und Lebendigkeit.[38]

Die Bedeutung der Institution Marke ist – allen Problemen zum Trotz, die sich unter anderem aus der Substitution von Erzeuger- durch Handelsmarken ergibt – nicht in Frage gestellt. Die externen Bedingungen stellen lediglich höhere Anforderungen an die Markenführung und die Markenkommunikation. Heute ist ein Vielfaches mehr zu tun, um von der Zielgruppe wahrgenommen zu werden. Untreue der Verbraucher und Vermassung der Marken fordern für Erfolgsmarken ein permanentes Feuerwerk auf allen Kanälen der Kommunikation. Umfragen belegen, dass eine Marke, die in ihren Kommunikationsbemühungen nachlässt, sehr schnell an Bekanntheit verliert.

Eine Marke muss von sich dauernd reden machen, Thema sein, mit Sympathie und Vertrauen aufgeladen werden, um sich aus dem Meer gleichwertiger Angebote herauszuheben. Die reinen Produktinformationen müssen mit gesellschaftlich relevanten Themen und Erlebniswelten verknüpft werden, die für die Medien von Bedeutung sind und zugleich die Dialoggruppen mit definierten Markenbotschaften erreichen. Marken-Kommunikation hat das Terrain der klassischen Werbung längst verlassen, das zeigt nicht nur das Beispiel von Red Bull[39]. Sie ist subtil und intelligent geworden. Und sie denkt in Kategorien der integrierten Kommunikation. Denn längst ist Werbung allein nicht mehr die tragende Säule der Markenkommunikation: „Durch die gestiegene Komplexität von Kommunikation haben Public Relations einen tragenden Stellenwert und zunehmende Bedeutung in der Kommunikation für Marken erfahren."[40]

2.3   Markenkern transportiert Werte

Kontinuität ist eine wesentliche Voraussetzung für den Faktor Bekanntheit, auf der die Vertrauensbildung aufbaut. Gregor Schönborn und Kerstin M. Molthan vertreten die These, dass die Markentreue nicht zuletzt deshalb abnimmt, weil die Qualitätserwartung des Konsumenten praktisch von allen vergleichbaren Produkten erfüllt wird. Daraus resultiert die Notwendigkeit der Emotionalisierung der Marke: Produkte werden nicht mehr über ihren Nutzen verkauft, sondern über zusätzliche Werte.

Produkte werden erst zu Marken, indem sie Werte transportieren. Werte, die konsequent den Markenkern aufladen und die Marke erst ausmachen. Werte gibt es viele – die passenden, authentischen zu einem Unternehmen, einer Marke und zu den Zielgruppen zu finden, ist die zentrale Aufgabe der Markenverantwortlichen. Ein Unternehmen, eine Marke muss für etwas stehen. Die Verbraucher müssen den Eindruck bekommen, dass verschiedene Produkte (die das Gleiche können) unterscheidbar sind. Die Kommunikation muss diese Unterscheidungsmerkmale und den Markenkern deutlich machen.

Das ist ein anspruchsvolles Vorhaben, das im eigenen Unternehmen beginnen muss. Dafür gibt es einen einfachen Test: Auf der Fahrt vom Erdgeschoss in den 5. Stock eines Hauses muss – in auch dem Laien verständlichen Worten – beschrieben werden, wofür die Marke steht. Hier werden sehr schnell die Kommunikationsdefizite deutlich. Fazit: Keep it simple! Wie soll etwas von nur am Rande Befassten verstanden werden, was die Insider nicht auf den Punkt bringen können?

> **Die Produkte und Dienstleistungen eines Unternehmens müssen für etwas stehen. Das ist der Markenkern, der vom gesamten Unternehmen gelebt werden muss. Das ist auch eine Herausforderung an die Vermittlungskompetenz der Markenarchitekten.**

Was kann man daraus lernen? So dynamisch das System der Marke auch ist, so sehr sie von wechselseitigen Beziehungen lebt, so sehr braucht die Marke im Meer des Verwechselbaren ein klares Profil, klare Identifizierungsmerkmale, eine definierte Persönlichkeit, die eine Marke zur Marke macht: Vertrauen und Vertrautheit, Identität, Unverwechselbarkeit, Authentizität, Aktualität sind Eintrittsbedingungen der Marke, ihr Fundament. Eine Kontinuität in diesen Persönlichkeitsaspekten bedeutet Markenmacht in den nächsten Jahren. Wenn die Kommunikationsanstrengungen erlahmen, beginnt der Sturzflug im Bewusstsein der Konsumenten sofort. Das belegen zahllose Beispiele der jüngeren Vergangenheit. Marken werden gepusht und erreichen enorme Bekanntheit, die meisten erlangen nie einen herausragenden Status, andere verschwinden blitzartig in der Versenkung.

2.4   Kommunikation bringt Reputationsertrag

Allein in Deutschland werden 56 000 Markenprodukte beworben.[41] Nur ein Bruchteil davon hat sich in den Köpfen der Verbraucher festgesetzt. Für Marken, die das geschafft haben, lohnt sich der Aufwand. Die Top-Marken erreichen Milliardenwerte, wie die folgende Tabelle zeigt. Wenngleich die Beträge nicht unumstritten sind und einige internationale Beratungsunternehmen durchaus niedriger „bilanzieren", so zeigen die diversen Rankings durchaus eine gewisse Richtung.

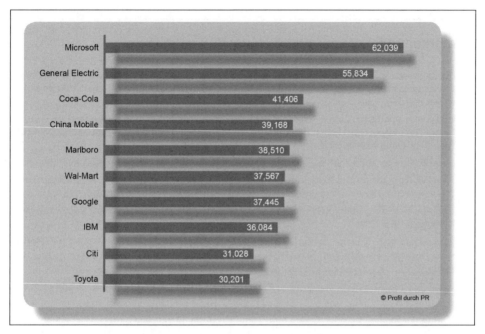

Abbildung 5: *Die Profilierung von Marken bringt auch geldwerte Vorteile. Die großen Konzerne schaffen damit Milliardenwerte. Aber auch für mittelständische Unternehmen lohnt der Aufwand.*

Das Heranwachsen von Marken, ihre Stärken und auch ihre Schwächen zeigen sich letztlich zwar in Absatzkurven, diese jedoch kommen erst durch wiederholte Entscheidungen vieler einzelner Individuen zu Stande. Wie dieser Wahlprozess abläuft, darüber hat der amerikanische Psychologieprofessor Barry Schwartz ein lesenswertes Buch[42] verfasst. Er spricht von einer „Tyrannei der kleinen Entscheidungen, weil wir in jedem Augenblick an jedem Tag wählen müssen; es gibt immer Alternativen, zwischen denen wir wählen können. Kaufentscheidungen werden gesteuert durch Einstellungen, insbesondere durch Vorstellungen und Erfahrungen der Verbraucher mit der Marke: Produkte, die mit zusätzlichen positiven Werten aufgeladen sind, schneiden bei der Kaufentscheidung in der Regel besser ab. Diese Werte werden durch das hinter dem Produkt stehende Unternehmen geliefert und leiten sich ab von der jeweiligen Unternehmensidentität und deren visueller und kommunikativer Umsetzung.[43]

Bei der Markenführung geht es letztlich darum, das zu tun, was vorhin anhand der Liste prominenter Köpfe gezeigt wurde, nämlich „zentrale Botschaften der Markenkommunikation sinnvoll und nachvollziehbar zu formulieren und einfach zu strukturieren. ... Das Vereinfachen und Reduzieren der Kernaussagen muss zum Credo jeder Markenstrategie werden.“[44] Bei der leider nicht sehr erfolgreichen Einführung des smart wurde dies auf den Slogan reduziert: „Reduce to the max!“ Anders funktioniert Profilierung nicht. Kann sich ein Unternehmen mit seiner (seinen) Marken erfolgreich profilieren, kann sie auch einen entsprechenden Reputationsertrag erzielen. Davon wird später noch die Rede sein.

Anmerkungen

1   Zum Jahresende 2007 habe ich einen Fragebogen an rund 100 PR-Agenturen im deutschsprachi-
    gen Raum gesandt, der von etwas mehr als einem Viertel der befragten Geschäftsführern beant-
    wortet wurde.

2   Ich beziehe mich hier auf die Ausführungen von Sven Windahl, Benno Signitzer, Jean T. Olson:
    Using Communication Theory. An Introduction to Planned Communication. London, Newbury
    Park, New Dehli 1993, S. 20 ff.

3   James E. Grunig, Todd T. Hunt: Managing Public Relations. New York, Chicago 1983.

4   Sven Windahl, Benno Signitzer, Jean T. Olson: Using Communication Theory. An Introduction to
    Planned Communication. London, Newbury Park, New Dehli 1993, S. 31, 91 f.

5   Horst Avenarius: Public Relations. Die Grundform der gesellschaftlichen Kommunikation.
    Darmstadt 1995, S. 89.

6   Jürgen Habermas: Theorie des kommunikativen Handelns. Band 2. Zur Kritik der funktionalisti-
    schen Vernunft. Frankfurt am Main 1988, S. 182 ff.

7   Claudia Mast: Unternehmenskommunikation. Stuttgart, 2. Auflage 2006, S. 49.

8   Horst Avenarius: Public Relations. Die Grundform der gesellschaftlichen Kommunikation.
    Darmstadt 1995, S. 167.

9   Markus Hofmann, Claudia Landmann: Der integrierte Integrationsprozeß. Herausforderung
    zwischen Markt und Unternehmen. In: Rupert Ahrens, Helmut Scherer, Ansgar Zerfaß (Hrsg.):
    Integriertes Kommunikationsmanagement. Konzeptionelle Grundlagen und praktische Erfah-
    rungen. Ein Handbuch für Öffentlichkeitsarbeit, Marketing, Personal- und Organisationsent-
    wicklung. Frankfurt am Main 1995, S. 113.

10 Frank Maier: Wettbewerbsfaktor integrative Kommunikation. Eine empirisch gestützte kodis-
    ziplinäre Studie. Münster 2004, S. 26.

11 Vergleiche zur umfangreichen Literatur zum Change Management unter anderem: Claudia
    Kostka, Annette Mönch: Change Management. 7 Methoden für die Gestaltung von Verände-
    rungsprozessen. München 2. Aufl. 2002, Frank Boos, Barbara Heitger (Hrsg.): Veränderung –
    systemisch. Management des Wandels – Praxis, Konzepte und Zukunft, Stuttgart 2004 oder
    Klaus Doppler, Christoph Lauterburg: Change Management. Den Unternehmenswandel gestal-
    ten. Frankfurt, New York, 10. Auflage 2002.

12 Markus Hofmann, Claudia Landman: Der integrierte Integrationsprozeß. Herausforderung
    zwischen Markt und Unternehmen. In: Rupert Ahrens, Helmut Scherer, Ansgar Zerfaß (Hrsg.):
    Integriertes Kommunikationsmanagement. Konzeptionelle Grundlagen und praktische Erfah-
    rungen. Ein Handbuch für Öffentlichkeitsarbeit, Marketing, Personal- und Organisationsent-
    wicklung. Frankfurt am Main 1995, S. 104.

13 Birte Lümann: Entwicklung eines Nachhaltigkeitskommunikationskonzepts für Unternehmen.
    Modellanwendung am Beispiel T-Mobile Deutschland GmbH. Lüneburg 2003, S. 18 f.

14 Karin Kirchner: Integrierte Unternehmenskommunikation. Theoretische und empirische Be-
    standsaufnahme und eine Analyse amerikanischer Großunternehmen. Wiesbaden 2001, S. 314.

15 Manfred Bruhn: Integrierte Unternehmenskommunikation. Ansatzpunkte für eine strategische
    und operative Umsetzung integrierter Kommunikationsarbeit. Stuttgart, 2. Auflage 1995.

16 Manfred Bruhn: Integrierte Kommunikation. In: Torsten Schwarz, Gabriele Braun (Hrsg.): Leit-
    faden Integrierte Kommunikation. Norderstedt 2006, S. 31 ff.

17 David Selbach: Planwirtschaft. In: prmagazin 5/2008, S. 20-24.

18 Jan Flaskamp, Klaus Schmidbauer: Kommunikation als Gesamtkunstwerk. Praxisleitfaden für die Umsetzung von integrierter Kommunikation. Berlin 2003, S.10.

19 Karin Kirchner: Integrierte Unternehmenskommunikation. Theoretische und empirische Bestandsaufnahme und eine Analyse amerikanischer Großunternehmen. Wiesbaden 2001, S. 324.

20 David Meerman Scott: The New Rules of Marketing and PR. How to Use News Releases , Blogs, Podcasting, Viral Marketing & Online Media to Reach Buyers Directly. Hoboken 2007, S. 8.

21 Frank Maier: Wettbewerbsfaktor integrative Kommunikation. Eine empirisch gestützte kodisziplinäre Studie. Münster 2004, S. 100.

22 Zu dieser Erkenntnis kommen auch Anabel Houben und Carsten Frigge, die sich in einem Organisationscheck die Unternehmenskultur näher angesehen haben. Siehe prmagazin 3/2006, S. 36.

23 Manfred Bruhn/Priska M. Bobolik: Integrierte Kommunikation in den deutschsprachigen Ländern, Wiesbaden 2006.

24 Karin Kirchner: Integrierte Unternehmenskommunikation. Theoretische und empirische Bestandsaufnahme und eine Analyse amerikanischer Großunternehmen. Wiesbaden 2001, S. 224.

25 Jan Flaskamp, Klaus Schmidbauer: Kommunikation als Gesamtkunstwerk. Praxisleitfaden für die Umsetzung von integrierter Kommunikation. Berlin 2003, S.18.

26 Markus Hofmann, Claudia Landmann: Der integrierte Integrationsprozeß. Herausforderung zwischen Markt und Unternehmen. In: Rupert Ahrens, Helmut Scherer, Ansgar Zerfaß (Hrsg.): Integriertes Kommunikationsmanagement. Konzeptionelle Grundlagen und praktische Erfahrungen. Ein Handbuch für Öffentlichkeitsarbeit, Marketing, Personal- und Organisationsentwicklung. Frankfurt am Main 1995, S. 107.

27 Bernhard Bauhofer: Reputation Management. Glaubwürdigkeit im Wettbewerb des 21. Jahrhunderts. Zürich 2004, S. 63.

28 Hajo Neu, Jochen Breitwieser: Public Relations. Die besten Tricks der Medienprofis. Göttingen 2005, S. 63 f.

29 David Meerman Scott: The New Rules of Marketing and PR. How to Use News Releases , Blogs, Podcasting, Viral Marketing & Online Media to Reach Buyers Directly. Hoboken 2007, S. 24.

30 David Selbach: Planwirtschaft. In: prmagazin 5/2008, S. 21.

31 Manfred Markus Voglreiter: Medienarbeit als Teil der Unternehmenskommunikation bei klein- und mittelständischen Unternehmen in Österreich. Salzburg 2005, S. 115.

32 Bernhard Bauhofer: Reputation Management. Glaubwürdigkeit im Wettbewerb des 21. Jahrhunderts. Zürich 2004, S. 44.

33 Martina Ingrid Fleischer: Die Marke als Motor des Marketings unter besonderer Berücksichtigung des Energy-Drinks RED BULL in Österreich sowie International. Salzburg. Diplomarbeit 2001.

34 Michael Schmid: Die Vermessung der Markenwelt. In: Format 1-2/2008, S. 70-73.

35 Barry Schwartz: Anleitung zur Unzufriedenheit. Warum weniger glücklicher macht. Berlin, 2. Aufl. 2006, S. 63.

36 ONora O'Neill: BBC Reith Lectures on Trust. London 2002.

37 Monika Hubbard: Markenführung als Herausforderung für die interne Kommunikation. In Claudia Mast: Unternehmenskommunikation. Stuttgart 2006, S. 389-404.

38 Gregor Schönborn, Kerstin M. Molthan (Hrsg): Marken Agenda. Kommunikationsmanagement zwischen Marke und Zielgruppe. Neuwied 2001, S. VII.

39 Siehe dazu im Detail die Diplomarbeit von Martina Ingrid Fleischer: Die Marke als Motor des Marketings unter besonderer Berücksichtigung des Energy-Drinks RED BULL in Österreich sowie International. Salzburg 2001, Salzburg. Diplomarbeit 2001.

40 Gregor Schönborn, Kerstin M. Molthan (Hrsg): Marken Agenda. Kommunikationsmanagement zwischen Marke und Zielgruppe. Neuwied 2001, S. 18.

41 Gregor Schönborn, Kerstin M. Molthan (Hrsg): Marken Agenda. Kommunikationsmanagement zwischen Marke und Zielgruppe. Neuwied 2001, S. 5 f.

42 Barry Schwartz: Anleitung zur Unzufriedenheit. Warum weniger glücklicher macht. Berlin, 2. Aufl. 2006.

43 Robert Paulmann: double loop. Basiswissen Corporate Identity. Mainz 2005, S. 53.

44 Frederik Bernard: Simple Branding – Markenkommunikation ist einfach!
    www.fbkb.com/publikationen.

Kapitel 3: Die Entwicklungsmethodik strategischer Kommunikation

In den beiden vorangegangenen Abschnitten habe ich Begriffe geklärt, die im Zusammenhang mit der Profilierung von Unternehmen eine Rolle spielen, das Modell der integrierten Kommunikation und einige Thesen der Markenführung vorgestellt. Diese Begriffe und Themen begegnen uns bei den folgenden Ausführungen immer wieder. Sie spielen sowohl bei der Entwicklung strategischer integrierter Kommunikation als auch in der CEO-Kommunikation eine besondere Rolle.

Zur Erinnerung nochmals die eingangs formulierte These: Die Profilierung eines Unternehmens kann nur funktionieren, wenn bei der Konzeption der Kommunikation methodisch vorgegangen wird. Am Anfang steht immer ein Kommunikationsproblem, das es zu lösen gilt. Wie man zu diesem Ziel kommt, wird in einem methodischen Planungspapier formuliert. Ein Kommunikationskonzept ist also als der „gedankliche Entwurf einer potenziellen Problemlösung"[1], das „Scharnier zwischen Kommunikationsproblem und Problemlösung".[2] Wie das im Einzelnen aussieht, soll im Folgenden beschrieben werden.

Zu allererst braucht es Antworten auf die Fragen: „Was ist eigentlich mein Kommunikationsproblem?", „Wie möchte ich am Ende des Prozesses mit meinem Unternehmen (oder als Unternehmerpersönlichkeit) gesehen werden?", „Was hindert uns daran, schon jetzt dort zu sein, wo wir kommunikativ hin möchten?", „Welches Profil möchte ich entwickeln?"

Die Erfahrung zeigt, dass diese Fragen meist nicht oder zumindest so nicht gestellt werden. Erinnern wir uns: Für das Scheitern integrierter Kommunikation wurde in erster Linie verantwortlich gemacht, dass keine Ziele formuliert und keine Strategien erarbeitet werden. Um mit dem unvergesslichen Helmut Qualtinger zu spotten, der einst den halbstarken „Wilden auf seiner Maschin'" besang: "I hab zwar ka Ahnung wo i hinfahr, aber dafir bin i gschwinder durt!" Übersetzt heißt das, dass der Motorradfahrer im Lied des Kabarettisten einfach losfährt, ohne zu wissen, wohin, dafür sei er aber schneller dort.

Maxime für das unternehmerische Handeln kann das nicht sein, auch nicht für das kommunikative. Keine mittelfristige Planung zu haben ist aus den unterschiedlichsten Gründen falsch. Kommunikation nach dem Prinzip Zufall ist ineffizient und damit teuer. Dennoch verzichten nach wie vor viele Unternehmen auf die Erstellung eines überprüfbaren Steuerungssystems in

der Kommunikation. Das gilt im übrigen auch für manchen „Weltkonzern". Dazu eine Randbemerkung zu einer Erfahrung, die nicht aus der Unternehmenswelt stammt, die aber als
Anregung zum Nachdenken dienen soll: Der Päpstliche Medienrat Benedikt Steinschulte hat
in einem persönlichen Gespräch eingeräumt, dass die Katholische Kirche über kein ausfor-
muliertes Kommunikationskonzept verfüge.[3] Dabei wäre doch gerade die Katholische Kirche
ein wunderbares Beispiel dafür, wie integrierte Kommunikation funktionieren könnte. Kommunikationsziele, Dialoggruppen, Positionierung, Handlungsstrategien: Alles das ist klar
vorgegeben. Der Papst – gewissermaßen als CEO – wird in allen seinen Äußerungen sehr
genau gehört und hat damit die Möglichkeit des globalen Agenda Settings. Die Bischöfe
könnten als moralische Instanzen auftreten und ihre Finger auf Wunden im gesellschaftlichen
und sozialen Zusammenleben legen. Hier haben sie ein hohes Maß an Glaubwürdigkeit.
Bisweilen scheint es aber am Mut zu fehlen, sich als permanenter Mahner mit starken Gegen-
spielern anzulegen.

Es ließen sich viele Gelegenheiten in jüngerer Vergangenheit aufzählen, bei denen es sich
angeboten hätte, öffentlich Stellung zu beziehen. Ich denke, dass es auch nicht geschadet
hätte, auf die eine oder andere Fehlentwicklung in der sozial-liberalen Marktwirtschaft hin-
zuweisen.

Jedes Kirchenjahr, das ohnedies ein strategisches Timing vorgibt, könnte unter ein Kommu-
nikationsmotto gestellt werden, das mit Taten, Worten und Werken in allen Kirchengemein-
den mit aktuellen Themen und nicht nur Reminiszenzen an eine Welt vor 2000 Jahren zum
Leben erweckt würde.

Wie kaum eine andere Institution verfügt die Katholische Kirche über ein fast perfektes System der persönlichen Kommunikation. Sie muss sich nicht darauf verlassen, dass die Botschaften (ausschließlich) massenmedial verbreitet werden. Jede Woche werden Millionen
Kirchgänger erreicht, die als Lobby genutzt werden könnten. Noch viel bedeutsamer aber ist,
dass die Kirche unmittelbaren Einfluss auf die Kinder in den Schulen ausüben kann. Hier
können – im positiven Sinne – Werte für das Leben mitgegeben werden. Wer je aus eigener
Anschauung miterlebt hat, welchen Stellenwert die Lehrer in der Grundschule haben, wie
hoch deren Glaubwürdigkeit für die Kinder ist, der kann ermessen, welche Chance hier läge.
Leider wird sie offenbar vertan. Wie ließe sich sonst das Desinteresse am Religionsunterricht
in den weiterführenden Schulen erklären?

Die Kirche vertut aber nicht nur hier viele Chancen. Sie könnte mit einem klaren Konzept
ihre Kommunikationskraft potenzieren. Themen könnten im Laufe des Jahres von Rom bis in
jedes Dorf hinein besetzt werden, wenn alle Protagonisten – vom Papst über die Bischöfe und
Priester bis hin zu den Pfarrgemeinderäten – gemeinsam agieren würden und wenn sie rechtzeitig davon wüssten, welche Kernthemen angesprochen werden sollen. Wenn diese Themen
und Strategien auch noch in gemeinsamer Arbeit entworfen würden, wären die Corporate
Communications des Weltkonzerns Katholische Kirche ein spannendes Studienobjekt für das
Gelingen integrierter Kommunikation.

1. Das Analyse- und Entscheidungsrad der Kommunikation

Das Erstellen eines Kommunikationskonzeptes stellt eine intellektuelle Herausforderung dar. Gerade bei komplexen Aufgabenstellungen verschränken sich viele Handlungsstränge miteinander, die sich wechselseitig beeinflussen. Interne Vorgaben der Unternehmenspolitik und der Markenstrategie wollen berücksichtigt werden, und externe Einflussfaktoren begrenzen das Handlungsfeld. Da die wählbaren Alternativen unübersehbar sind, gibt es schon relativ lange Versuche, die Entscheidungsmöglichkeiten durch Systematisierung einzugrenzen.

> **Kommunikationskonzepte weisen einen hohen Grad an Komplexität auf. Diese zu reduzieren wurde immer wieder versucht. Aus diesen Ansätzen heraus wird hier das „Analyse- und Entscheidungsrad der Kommunikation" entwickelt.**

Schon Edward Bernay – der 1891 in Wien geborene und 104-jährig in den USA verstorbene Neffe Sigmund Freuds, der als einer der Pioniere der Öffentlichkeitsarbeit gilt – hat einen „Vier-Phasen-Ansatz" entwickelt, bei dem jeder Phase einzelne Arbeitsschritte zugeordnet werden. John Marston[4] hat Jahre nach Bernay den komplexen Prozess der Erstellung und Umsetzung eines PR-Konzeptes in die RACE-Formel gegossen: **R**esearch, **A**ction, **C**ommunication und **E**valuation. Die DPRG hat diese Formel auf sechs Kernaufgaben erweitert und mit dem Begriff AKTION umschrieben: **A**nalyse, Strategie, **K**onzeption (Sachstands- und Meinungs-Analysen, Ziel-/Strategie-Entwicklung, Programmplanung), Kontakt, Beratung, Verhandlung, **T**ext und kreative Gestaltung, (Informationserarbeitung und -gestaltung, Aufbereitung in Informationsträgern), **I**mplementierung (Entscheidung, Ausplanung von Maßnahmen, Kosten und Zeitachse), **O**perative Umsetzung und **N**acharbeit, Evaluation (Effektivitäts- und Effizienzanalysen, Korrekturen).[5] Auf neun Phasen hat das PR Kolleg Berlin sein Konzeptionsmodell ausgelegt.[6] Diese neun Phasen werden in drei Bereiche[7] unterteilt:

- Analytischer Bereich: Briefing, Recherche, Analyse

- Strategischer Bereich: Ziele und Zielgruppen, Positionierung, Botschaft und kreative Leitidee

- Operativer Bereich: Maßnahmen, Erfolgskontrolle, Präsentation und Dokumentation

Ganz ähnlich lautet auch das PR-Kampagnen-Schema von Horst Avenarius,[8] der den drei obigen Bereichen einige weitere hinzufügt, die sich später im Konzept von Jürg W. Leipziger wiederfinden. Er hat dieses konzeptive Denkmodell als „Regelkreis der strategischen Kommunikation"[9] bezeichnet. Der Mitbegründer der Deutschen Akademie für Public Relations hat mit diesem Modell die Konzeptionslehre nachhaltig geprägt. Darauf aufbauend hat der in Zürich lehrende Kommunikationswissenschaftler Peter Szyszka sein „Analyse- und Entscheidungsmodell strategischer PR-Planung" entwickelt. Als neues Element führt er die Entscheidungsebene ein, indem er zwischen Analyse- und Entscheidungssystemen unterscheidet. Das heißt: An den Schnittpunkten müssen Grundsatzentscheide fallen. Und zwar vom Konzeptersteller (kommunikationspolitische Entscheidung) und vom Auftraggeber bzw. den Entscheidern im Unternehmen (organisationspolitische Entscheidung).[10]

Das Ablaufmodell in Abbildung 6 baut auf den erwähnten Strukturierungsansätzen auf und macht die Elemente der Konzeptionsmethodik und die notwendigen Entscheidungsebenen auf einen Blick erfassbar. Auf Grund der grafischen Form bezeichne ich es als „Analyse- und Entscheidungsrad der Kommunikation".

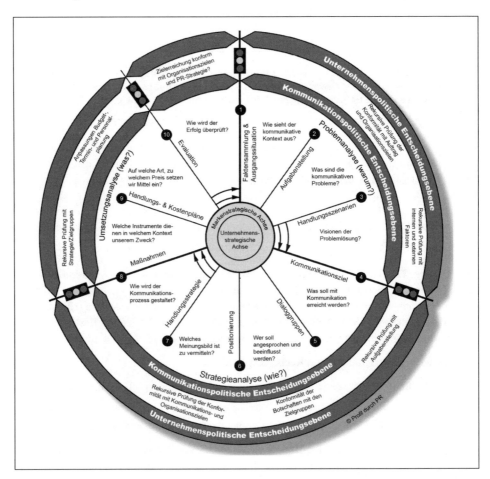

Abbildung 6:   *Das Analyse- und Entscheidungsrad strukturiert den Prozess der Konzepterstellung, der sich entlang des inneren Kreises abspielt. Die äußeren Kreise geben die Entscheidungsebene auf fachlicher und auf unternehmenspolitischer Ebene wieder.*

Im Mittelpunkt befindet sich die unternehmensstrategische Achse, um die sich das Rad dreht. Die Unternehmensstrategie gibt die Geschwindigkeit und Richtung der Kommunikation vor. Darüber lagert sich die Markenstrategie. Den Kern könnte man auch als „Policy-Ebene" bezeichnen, also gewissermaßen die unternehmerische „Verfassung", die von Corporate Design, Corporate Behavior und Corporate Identity geprägt ist. „Ohne die Basis einer Identität und den gelebten Umgang miteinander in einer Organisation gibt es keine transportfähigen Botschaften."[11] Die Speichen des Rades sind die einzelnen Planungsschritte, die in drei Segmente eingeteilt sind. Diese drei Segmente bilden zusammen mit den zehn „Speichen" die Analyseebene. Segment eins befasst sich mit der Problemanalyse. Gefragt wird hier nach dem „Warum". Segment zwei umfasst die Strategische Analyse und beantwortet die Frage nach dem „Wie". Das dritte Segment handelt von der Umsetzungsanalyse und beantwortet die Frage nach dem „Was".[12]

Strategische Kommunikationsplanung baut auf der Unternehmens- und Markenstrategie auf. Sie durchläuft drei Analyseebenen, die sich mit dem Kommunikationsproblem, der Strategie und der Umsetzung befassen.

Die drei Analyseebenen bilden den Planungsprozess ab, der in der Regel im Uhrzeigersinn abgearbeitet wird. Wenn sich im Laufe der Analyse neue Aspekte ergeben, kann es durchaus sinnvoll sein, nochmals einen oder mehrere Schritte zurückzugehen. Heute werden in der Regel eher kurzfristig orientierte – auf ein Budgetjahr abgestimmte – Periodenpläne erstellt. Mittelfristige oder gar langfristige Periodenpläne sind nur in wenigen Unternehmen vorhanden. Anders ist das bei ereignisbezogenen Konzepten. Hier reicht der Planungshorizont durchaus über mehrere Jahre, beispielsweise bei der Einführung eines neuen Produkts.[13]

Über die Analyseebenen gelagert sind die beiden Entscheidungsebenen. Die näher zum Mittelpunkt des Rades liegenden Doppelpfeile stehen für die Weichenstellungen, die aus kommunikationspolitischer Sicht durch den Konzeptionsverfasser bzw. die im Unternehmen für die Kommunikation Verantwortlichen vorgenommen wird. Der äußere „Radkranz" zeigt die Entscheidungsebene im Unternehmen. Dazwischen ist ein Bereich, den ich Reflexionszone nenne. Wenn einzelne Schritte abgeschlossen sind, kommt der Moment des Nachdenkens über die Frage: „Sind wir auf dem richtigen Weg?"

Im Feld der Problemanalyse findet in der Reflexionszone eine rekursive Prüfung der Ergebnisse hinsichtlich ihrer Konformität mit dem Auftrag und den Organisationszielen sowie mit den internen und externen Faktoren statt. Bei der strategischen Analyse wird die Aufgabenstellung, die Konformität der Botschaften mit den Zielgruppen und den Kommunikations- und Organisationszielen reflektiert. Bei der taktischen Analyse schließlich wird die Übereinstimmung der Maßnahmen mit der Strategie und den Zielgruppen überprüft. Die Handlungs- und Kostenpläne werden mit den Budgets, Terminen und der Personalplanung abgestimmt. Die Evaluation überprüft schließlich die Zielerreichung und ihre Konformität mit den Organisationszielen und der PR-Strategie.

> **Die Konzeption erfolgt nie im luftleeren Raum. Sie unterliegt vielmehr einer ständigen Reflektion aus kommunikations- und unternehmenspolitischer Sicht. Diese rekursive Prüfung findet auf der Entscheidungsebene statt.**

Werden die bisherigen Ergebnisse aus der Analyseebene aus organisations- und kommunikationspolitischen Überlegungen für richtig empfunden, zeigt die Signalanlage grün, gibt es zum Beispiel beim Rebriefing Einwendungen, bedeutet das, dass nochmals eine Schleife gezogen werden muss, um zu korrigieren. Ist die Ampel auf rot geschaltet, endet hier der Prozess. Die Rückkoppelungen dienen nicht zuletzt zur Optimierung des Planungsprozesses: „Durch wiederholte Anwendung rekursiver Schleifen wird eine zielgerichtete Annäherung an die Lösung eines Problems ermöglicht."[14]

Die Entscheidungsebene ist deshalb unterteilt, weil einerseits kommunikationspolitische, andererseits organisationspolitische Entscheidungen getroffen werden. Im ersten Fall entscheidet der Kommunikationsexperte, was Sinn macht, im zweiten Fall sagt der Auftraggeber oder der in einem Unternehmen hierarchisch zuständige Manager, wie sich die Ergebnisse und Vorschläge aus unternehmens- und markenpolitischer Sicht darstellen.

Annahme, Modifikation oder Ablehnung eines Konzeptes können dabei vielfältige Gründe haben. Auf kommunikationspolitischer Ebene kann zum Beispiel ein Punkt erreicht werden, an dem sich herausstellt, dass das Problem nicht mit den Mitteln der Öffentlichkeitsarbeit zu lösen ist oder auch die Bereitschaft des Unternehmens fehlt, die notwendigen Schritte einzuleiten. Auf der Entscheidungsebene im Unternehmen werden häufig aus budgetären Gründen Änderungen vorgenommen oder Konzepte gänzlich verworfen. Bisweilen kommt es aber auch vor, dass organisationspolitisch angezweifelt wird, dass mit dem vorgeschlagenen Konzept das Kommunikationsproblem zu lösen ist.

> **Die Analyse wird auf zwei Ebenen Entscheidungen unterworfen: Zuerst durch eine rekursive Prüfung der Ergebnisse durch den Konzeptverfasser selbst, dann durch die Entscheider im Unternehmen.**

Systematisch hat Szyszka vier Grundsatzentscheidungen geortet:

- ■ **Ziel-Entscheid:** Sind die Kommunikationsziele, die sich aus der Problemanalyse ableiten lassen, richtig ausgewählt?

- ■ **Strategie-Entscheid:** Ist die Handlungsstrategie, also der Problemlösungsweg, auf dem die Ziele durch eine nachfolgende taktische Planung erreicht werden sollen, die richtige?

- ■ **Umsetzungs-Entscheid:** Können die Planungsvorgaben in budgetärer und zeitlicher Hinsicht freigegeben werden?

■ **Ergebnis-Entscheid:** Ist die Wirkung der Umsetzungsmaßnahmen unter organisationspolitischen Wertschöpfungsaspekten ausreichend?

Wenn Sie bei der Erstellung eines Kommunikationsplans diesem Verfahren folgen, ist die Basis zur Profilierung Ihres Unternehmens gelegt. Die einzelnen Arbeitsschritte folgen jeweils einer gewissen Methodik, die nun näher beleuchten werden soll.

2.   Die Problemanalyse

Die Problemanalyse beantwortet die Fragen nach dem „Warum".

Wie sieht der kommunikative Kontext aus, und weshalb ist kommunikatives Handeln geboten? Handelt es sich überhaupt um einen kommunikativ zu lösenden Komplex? Was hindert uns daran, schon jetzt dort zu sein, wo wir eigentlich hin wollen? Was beeinflusst die Problemlösung?

2.1   Ausgangssituation

Ausgangspunkt für die Erstellung eines strategischen Kommunikationskonzeptes ist meist die unterschwellige Wahrnehmung, dass etwas in der Kommunikation nicht rund läuft. Oft sind es Einzelerlebnisse, die das Startsignal für strategische Öffentlichkeitsarbeit geben: Der direkte Wettbewerber geht besser mit der Öffentlichkeit um, der Konkurrent lächelt wiederholt aus der Zeitung, während der CEO des eigenen Unternehmens kaum bis nie von den Fach- oder Publikumsmedien beachtet wird. Auf einer Messe liegt am Stand des Nachbarn eine tolle Firmenbroschüre auf, die neidvoll durchgeblättert wird. Die Mitarbeiter schreiben beim „Aufwärtsfeedback" ihren Vorgesetzten in die Beurteilung, dass sie sich schlecht informiert fühlen.

Wenn es ganz schlecht läuft, findet sich das Unternehmen plötzlich mitten in einer Kampagne von Greenpeace wieder, wird von der Gewerkschaft öffentlich gesteinigt oder sieht sich mit einer Diskussion über die Qualität des Produktes oder der Dienstleistung konfrontiert. Was immer es letztlich ist, was den Anstoß zum Handeln gibt: Zuerst kommt die umfassende Information über Fakten, Hintergründe, Meinungen, Befindlichkeiten und Erwartungen. Nur so lässt sich eine fundierte Konzeption erarbeiten.

Am Beginn der Problemanalyse stehen Recherche und Briefing. Hier werden Fakten abgefragt und insbesondere die Erwartungshaltung des Vorstandes oder der Geschäftsführung erhoben, zu deren Anschauung aber zugleich auch eine „kritische Distanz" gewahrt sein muss, um die dahinter liegenden Probleme zu erkennen und angehen zu können.

Voraussetzung jeder guten Kommunikationsberatung – ob durch einen angestellten Stab oder eine Agentur – ist, dass beide Seiten mit offenen Karten operieren. Gerade in einem so sensiblen Bereich wie der Öffentlichkeitsarbeit ist es notwendig, dass offene und ehrliche Informationen eingefordert, aber auch gegeben werden. Die Fakten müssen objektiv richtig sein, sie müssen aber auch aktuell und vollständig sein. Kein Konzept kann besser sein, als das Briefing es hergibt. Die Qualität des Briefings beeinflusst die Problemlösung. Bei der Informationsbeschaffung muss deshalb auf beiden Seiten – Informationsgeber und -nehmer – sauber und gründlich gearbeitet werden.[15]

Im Briefing muss sowohl das geschäftspolitische, als auch das gesellschaftspolitische Umfeld abgefragt werden. Ein vorhandenes Unternehmensleitbild ist zu kommunizieren, da nur aufbauend auf einer strategischen Ausrichtung ein kommunikationstaktisches Konzept erstellt werden kann. Dieses Konzept muss auf der Basis der bisher genutzten Informationskanäle aufsetzen und diese entweder erweitern, neu strukturieren oder zur Gänze ersetzen.

Ein wesentlicher Punkt ist bereits hier anzusprechen, nämlich welches Budget bereitsteht. In der Praxis kommt es immer wieder vor, dass die Kommunikationsaufgabe grob umrissen und dann die Aufgabe gestellt wird: „Lasst euch dazu was einfallen!" Das kann nicht funktionieren, weil das Ergebnis entweder viel zu weit greift und unfinanzierbar ist oder – was seltener vorkommt – dass die Latte der hohen Erwartungen durch ein „Billigkonzept" nicht übersprungen wird.

Aus einer Vielzahl von Publikationen ist die nachfolgende Checkliste entstanden, die auflistet, welche Informationen und Unterlagen hilfreich sind, um die Ausgangslage hinreichend beschreiben zu können, wobei Kürzungen natürlich möglich und bisweilen auch sinnvoll sind. Manches lässt sich ja auch ganz einfach aus vorliegenden Unterlagen herauslesen. Wichtig ist, dass der Fragenkatalog an den Stellen eingesetzt wird, wo echte Informationslücken erkannt werden können, die die weitere Arbeit möglicherweise erschweren.

Checkliste für das Briefinggespräch			
Interne Unternehmensstruktur	**liegt vor**	**wird nach-gereicht**	**existiert nicht**
Unternehmensidentität und -philosophie			
Unternehmensgeschichte	o	o	o
Unternehmensleitbild	o	o	o
Corporate Identity, Corporate Culture, Corporate Design	o	o	o
Struktur/Aufbau/Besitzverhältnisse	o	o	o
Situationsanalyse			
Markenposition auf Leistungs- und Meinungsmärkten	o	o	o
Sekundärdaten aus: Marktforschungen, Publikationen, Internen Unterlagen	o	o	o
Externe Strukturanalyse	**liegt vor**	**wird nach-gereicht**	**existiert nicht**
Branchen-/Marktdaten	o	o	o
Marktteilnehmer			
Mitbewerber	o	o	o
Positionierung/Stärken/Schwächen	o	o	o
Marketingziele			
Absatz-/Umsatzziele pro Marke und Produkt	o	o	o
Wachstumsziele	o	o	o
Vertrieb			
Eigene Vertriebsstrategie	o	o	o
Vertriebskanäle Stärken/Schwächen (eigene und Mitbewerb)	o	o	o
Produkt/Service			
Funktion/Leistung/Nutzen für Konsumenten (USP)	o	o	o
Verhalten, Meinungen und Einstellungen der Konsumenten	o	o	o
Stellung im Markt	o	o	o
Werbung/Kommunikation			
Inhalt/Argumentationsschwerpunkte/Alleinstellungen in der Kommunikation	o	o	o
Maßnahmen der klassischen Werbung und anderer Kommunikationsinstrumente	o	o	o
Zielgruppen	o	o	o
Mediaplanung	o	o	o
Budgets	o	o	o
Erfolgsmessung der Unternehmenskommunikation	o	o	o
Erfolgreiche Kampagnen im Geschäftsfeld (eigene und Mitbewerb)	o	o	o
PR Basics			
Struktur und Leistungspotential der Kommunikationsabteilung	o	o	o
Organisatorische Einbindung der Kommunikation im Unternehmen	o	o	o
Kommunikationskonzepte der Vorjahre	o	o	o
Pressematerialien der letzten Zeit	o	o	o
Presseclippings	o	o	o
Zielgruppendefinition			
Kernzielgruppen und ihre Einstellungen	o	o	o
Definition der Aufgabenstellung			
Was soll mit der gestellten Aufgabe erreicht werden?	o	o	o
Gestalterische und strategische Vorgaben	o	o	o
Etatrahmen	o	o	o
Verantwortlichkeiten im Unternehmen	o	o	o
Umfang des Konzeptes	o	o	o
Präsentationstermin, -teilnehmer und - ort	o	o	o

© Profil durch PR

Abbildung 7: *Jedes Konzept kann nur so gut sein wie das zu Grunde liegende Briefing. Deshalb lohnt es sich, die Ausgangssituation sehr genau zu hinterfragen.*

Wenn die angeführten Themenfelder einigermaßen zufriedenstellend erhoben sind, sollte eigentlich ein recht gutes Bild der problemrelevanten Sachverhalte vorhanden sein. Im zweiten Schritte müssen die Ergebnisse dann in Einzelgesprächen hinterfragt werden. Dabei stehen zwei Fragen im Vordergrund, die die Fakten weiter verdichten und die Intentionen erheben. Diese beiden Fragen lauten: „Was machen Sie?" und „Was möchte Sie, dass geschieht?" Daraus lässt sich das problemrelevante Meinungsbild ableiten, mit dem sich der Konzeptioner auseinandersetzen muss. Dabei spiegeln die problembezogenen Fakten und Intentionen den kommunikativ relevanten Kontext wider.[16]

Nach der Auswertung der Sekundärdaten können die Fakten durch Befragungen, Gruppendiskussionen und Interviews verdichtet werden. Das Ergebnis dieser Recherchen ist ein Faktenspiegel, der die kommunikative Ausgangssituation beschreibt.

Nachdem die vorhandenen Quellen erschöpfend untersucht sind, kann es gut sein, dass weiterer Recherchebedarf übrig bleibt. Hier beginnt dann das weite Feld der Primäranalyse. Sie dient nicht zuletzt auch dazu, Hypothesen aufzustellen oder solche, die sich bereits aus der Auswertung der Sekundärdaten ableiten ließen, zu verdichten bzw. zu verifizieren. Wenn es darum geht, das Image bei bestimmten Zielgruppen (Gesamtpopulation einer bestimmten geografisch definierten Region oder einzelne Zielgruppen wie Kunden, Journalisten oder Meinungsbildner) zu erheben, bietet sich natürlich die klassische Befragung (Marktforschung, Meinungsbefragung) an. Oft genügt es, einige qualitative Interviews mit Entscheidungsträgern zu führen.[17] Sehr adäquat sind auch kleine Umfragen bei Kunden, Mitarbeitern oder Journalisten.

Für eine profunde Bestandsanalyse, die sich später beispielsweise im Jahresrhythmus wiederholen soll, um Veränderungen im Image zu erheben, ist die Beauftragung entsprechend qualifizierter Institute zu empfehlen, da sonst sehr leicht methodische Fehler unterlaufen, die die Befragung an sich wertlos machen. Meinungsbefragungen größeren Stils haben auch ihren Preis, weshalb erfahrungsgemäß meist nur größere Unternehmen diese zur Standortbestimmung heranziehen. Die Ergebnisse aus all diesen Erhebungen, Befragungen und Gruppendiskussionen werden im Faktenspiegel zusammengefasst. In der englischsprachigen Literatur wird diese Niederschrift auch „Brainwriting" genannt.

Mit Hilfe verschiedener Methoden der Primär- und Sekundäranalyse entsteht ein buntes Bild an Fakten und Hypothesen über die kommunikative Ausgangssituation des Unternehmens. Die wesentlichsten Informationen aus der Recherche werden im „Faktenspiegel" zusammengefasst. Auf Sammeln und Filtern folgt dann noch die Diagnose.

Für den Faktenspiegel reichen manchmal einige Seiten, manchmal können es auch 20 sein. Mehr ist in der Regel sinnlos, weil dadurch der Überblick verlorengeht. Nun geht es darum, ein aussagekräftiges, realistisches Interpretationsbild zusammenzustellen und Handlungsoptionen zu eruieren.

Die Situationsanalyse, gewonnen aus internen und externen Recherchequellen, dient nicht zuletzt dazu, eine gemeinsame Verständigungsebene zwischen Auftraggeber (Geschäftsführung) und Kommunikationsverantwortlichen (Corporate Communications oder Agentur) herzustellen. Hier findet Bewusstseinsbildung statt, werden Verständigungsprobleme beseitigt. Meist ist schon die Vorlage der Rechercheergebnisse mit „Aha-Erlebnissen" verbunden. Das liegt einfach daran, dass die Reflexion über das Alltägliche in den meisten Unternehmen aus den genannten Gründen kaum stattfindet. Es liegt auch in der Natur des Menschen, dass er gerne unangenehme Dinge verdrängt. Deshalb ist es oft hilfreich, wenn beim Aufzeigen von problemrelevanten Sachverhalten Fingerspitzengefühl an den Tag gelegt wird. Sie sind dem Auftraggeber nämlich in der Regel unangenehm, da er ja begründen muss, warum das Unternehmen bisher noch nicht dort angelangt ist, wo es eigentlich sein möchte.

Die Arbeit der Herstellung einer gemeinsamen Verständigungsebene zwischen Geschäftsführung und Kommunikationsberatern gedeiht am besten im Biotop der Gruppenarbeit, zum Beispiel in der Form eines Management-Hearings. Dabei werden Fragen gestellt wie:

- „Wie beschreiben Sie das Charakteristische des Unternehmens?"

- „Wie würden Sie Ihr Unternehmen als Person beschreiben?"

- „Wie meinen Sie, werden wir von anderen gesehen?"

- „Wodurch zeichnen sich die Mitbewerber aus?"

- „Worin manifestiert sich unsere Unternehmenskultur?"

- „Was sind unsere Stärken und Schwächen?"

- „Wie bewerten Sie die Organisationsstruktur?"

Je nach Komplexität des Themas und der Größe des Unternehmens reicht ein halber bis ein ganzer Tag aus, um aus den Fakten die für die Kommunikation relevanten Themen herauszudestillieren. Für diesen gruppendynamischen Prozess gibt es verschiedene Methoden:[18]

- **Freie Analyse:** Hier findet ein Diskussionsprozess statt, in dem die Fakten über das Kommunikationsumfeld, die Kommunikatoren, das Kommunikationsobjekt (Produkt/ Dienstleistung) und die Kommunikation (wie werden die Zielgruppen erreicht) seziert und reflektiert werden.

- **Semantisches Differenzial:** Hier werden die positiven und negativen Faktoren für das Unternehmen, das Produkt und die Dienstleistungen, die Distribution, die Kontrahierung (also Preise und Konditionen) sowie die Kommunikation aufgeführt. Das Ganze mündet in eine so genannte Osgood-Skala, über die später ausführlicher gesprochen wird. Diese Darstellung kann auch als

- Soll-Ist-Analyse und
- Eigenbild-/Fremdbild-Analyse ausgeführt sein.
- **SWOT-Analyse:** Sie ist eine Weiterentwicklung der genannten Methoden. Sie besteht aus vier großen Quadraten, die mit Faktoren gefüllt werden, die aus den Fakten abgeleitet werden, wobei die kommunikationsrelevanten Themen im Vordergrund stehen. Dazu später ausführlicher.

Zwei Analysekonzepte werden heute sehr häufig eingesetzt: Die SWOT-Analyse und das so genannte semantische Differenzial. Erstere Methode eruiert Stärken und Schwächen des Unternehmens und setzt die Chancen und Herausforderungen des Umfelds in Beziehung dazu. Bei der zweiten Methode werden Gegensatzpaare gebildet, die das Unternehmen charakterisieren sollen, und zwar in allen seinen Facetten. Nach Sammeln und Filtern von Fakten sind wir nun bei der Diagnose.

2.2   Die SWOT-Analyse

Diese Methode kann in kleineren Gruppen angewendet werden, wobei durchaus auch unterschiedliche Gruppierungen in einem Unternehmen zu unterschiedlichen Zeiten zu dieser Übung eingeladen werden können. So ergibt sich ein Bild aus mehreren Dimensionen. Die Methode ist im Grunde recht einfach. Auf einer Tafel oder einem Flipchart wird ein Quadrat mit vier gleichen Teilen aufgezeichnet. Alle Teilnehmer der Gruppe erhalten Kärtchen, auf die sie jeweils die Stärken, Schwächen, Chancen und Gefahren notieren sollen. Pro Kärtchen nur ein Sachverhalt. Diese werden nach einer vorgegebenen Zeit eingesammelt und in die jeweiligen Kästchen geklebt oder mit Stecknadeln angeheftet[19]. Wichtig ist dabei, dass nicht zu eindimensional gedacht wird. Die in Abbildung 8 angeführten Unterpunkte sollten jedenfalls erfasst werden. Weitere können je nach Bedarf und bisherigen Rechercheergebnissen dazukommen.

Die interne Analyse soll dazu befähigen, eigene Stärken und Schwächen zu erkennen. Auf die Kommunikation bezogen suchen wir Bereiche, in denen wir besser oder schlechter sind als der Mitbewerb. Diese Stärken und Schwächen resultieren aus den Kompetenzen, das heißt den Fähigkeiten und Ressourcen des Unternehmens. Im Rahmen der externen Analyse wird das nähere (Wettbewerb) und weitere (Wirtschaft) Umfeld des Unternehmens untersucht. Aus kommunikativer Sicht lautet die Frage: Wo kann am Markt etwas bewegt werden oder wodurch könnte der Erfolg beeinträchtigt werden? Erst durch den Abgleich mit dem Umfeld und den Marktbegleitern können die Stärken und Schwächen richtig gewichtet werden. Nachdem die Kärtchen auf der Pinwand oder Tafel angebracht wurden, sollte eine Gewichtung vorgenommen werden. Das macht deshalb Sinn, weil niemand alle Themen gleich umfangreich kommunizieren kann und schließlich ja am Ende eine Leitidee für die Kommunikation stehen soll, aus der sich weitere Themen ableiten lassen.

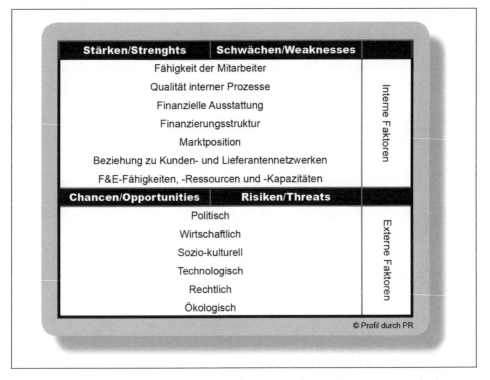

Stärken/Strenghts	Schwächen/Weaknesses	
Fähigkeit der Mitarbeiter		Interne Faktoren
Qualität interner Prozesse		
Finanzielle Ausstattung		
Finanzierungsstruktur		
Marktposition		
Beziehung zu Kunden- und Lieferantennetzwerken		
F&E-Fähigkeiten, -Ressourcen und -Kapazitäten		
Chancen/Opportunities	**Risiken/Threats**	
Politisch		Externe Faktoren
Wirtschaftlich		
Sozio-kulturell		
Technologisch		
Rechtlich		
Ökologisch		

© Profil durch PR

Abbildung 8: *Die SWOT-Analyse wird häufig angewendet, um Lösungsansätze für kommunikative Probleme zu finden. Alles, was förderlich ist, ist eine Stärke oder Chance, alles, was hinderlich ist, eine Schwäche oder Herausforderung.*

Alles, was die Lösung des kommunikativen Problems fördert, ist eine Stärke oder eine Chance. Alles, was sie behindern kann, ist eine Schwäche oder ein Risiko. Aus der Sicht der Kommunikationsentwicklung heraus muss es Absicht sein, die Stärken zu nutzen und die Chancen auszubauen sowie die Schwächen stark zu vermindern und den Risiken entgegenzuwirken.

Die Analyse ergibt ein differenziertes Bild der Ist-Situation, ohne in reinem Widerspiegeln und Aufzählen der Fakten zu verharren. In einem zweiten Schritt sollte der Abgleich mit dem erwünschten Soll-Zustand erfolgen. Durch die Bestimmung von eigenen und öffentlichen Interessen wird ein Soll-Zustand definiert, woraus ein interner und externer Handlungsbedarf eruiert werden kann.

Mit dieser Methode können auch die kommunikativen Potenziale, die in den aufgelisteten Punkten stecken, eruiert werden. Wenn sich rund um bestimmte Stärken- und Chancenbegriffe starke Gravitationszentren bilden, also von mehreren Teilnehmern immer wieder angeführt werden, sind diese Ausgangspunkt für ein intensiveres Nachdenken über die Leitideetauglichkeit dieser Begriffscluster. Für die Kommunikation sind aber nicht nur jene Begriffe, die häufiger vorkommen und als besonders dominante Stärken oder Schwächen gesehen werden, einen zweiten Blick wert. Auch solche Themen sind genauer zu hinterfragen, die in der Gruppe heftig umstritten sind.

2.3   Semantisches Differenzial

Eine andere sehr gut geeignete Methode ist die Erstellung des so genannten semantischen Differenzials (auch bekannt als Osgood-Skala, benannt nach Charles E. Osgood, der diese Methode in der Einstellungsforschung als Polaritätsprofil entwickelt hat). Hier beurteilen Befragte aus verschiedenen Dialoggruppen (Management, Mitarbeiter, Kunden etc.) ihre Einstellung zu Begriffen und Vorstellungen auf einer Skala, an deren Enden bipolare Assoziationsbegriffe vorgegeben sind. Durch die Verbindung der einzelnen Wertungen entsteht ein Polaritätenprofil, das mit Hilfe der Berechnung von Mittelwert und Streuungsmaß ausgewertet wird.

Wenn es darum geht, kommunikative Zuordnungen in der Gruppe vorzunehmen, lässt sich das sehr einfach mittels farbiger Punkte lösen, die von den Teilnehmern einer Gruppe auf der Skala aufgebracht werden. Dazu kann man die Gegenschaftspaare beispielsweise als kopierte Zettel ausgeben, jeder für sich verteilt dann Punkte. Aus der Gesamtzahl der Punkte je Gegensatzpaar wird ein Mittelwert gebildet. Dieser wird dann in das Feld eingetragen. Nun kann man die gleiche Übung innerhalb der Gruppe nochmals wiederholen und dabei das Soll-Profil abfragen. Hier ein Beispiel: Erst wird gefragt, wie beispielsweise die leitenden Mitarbeiter die Ausrichtung des Unternehmens empfinden – eher modern oder eher konservativ. In der zweiten Runde wird die Frage gestellt, wie diese Ausrichtung sein sollte. Aufschlussreich kann es auch sein, die entstehenden Kurven verschiedener Gruppen (z.B. Management – Mitarbeiter – Kunden) übereinander zu legen und zu vergleichen.

Sehen wir uns ein derartiges semantisches Differenzial anhand eines fiktiven Beispiels einmal näher an (vgl. Abb. 9): Die unterbrochene Linie zeigt die Eigensicht, die das Management des Unternehmens in einem Workshop selbst erarbeitet hat, die durchgehende Linie ist aus der Befragung von wichtigen Kunden entstanden.

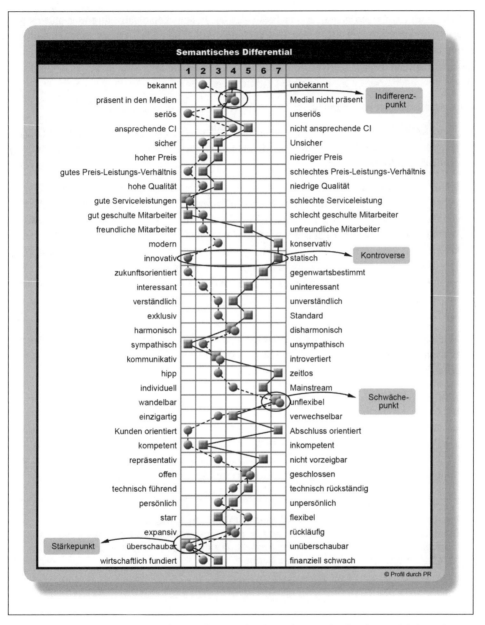

Abbildung 9:   *Beim semantischen Differenzial geht es darum, die Stärke- und Schwäche-*
punkte eines Unternehmens zu finden. Auch Indifferenzpunkte sind interes-
sant. An diesen Punkten ist mit kommunikativen Maßnahmen anzusetzen.

Die angeführten Gegensatzpaare sind taxativ zu verstehen, keinesfalls sind hier alle möglichen Gegensatzpaare erfasst. Jedes Unternehmen sollte für sich – wenn möglich auf der Grundlage des ausformulierten Leitbildes und des eingangs geschilderten Faktenspiegels – charakteristische Eigenschaftspaare erstellen. So lässt sich auch ein ganz guter Eindruck davon gewinnen, inwieweit das eigene Leitbild „lebt".

Interessant sind aus kommunikativer Sicht dann folgende Konstellationen:

- Wenn es zwischen Ist- und Sollzustand oder zwischen Selbstbild und Fremdbild (Management versus Kunden) bei einzelnen Items große Differenzen gibt. Wir können hier von **Konfliktpunkten** sprechen.

- Näher betrachtet werden müssen auch solche Punkte, die keine besondere Ausprägung haben. Auch dazu ein Beispiel: Die Mitarbeiter eines Unternehmens werden befragt, und die meisten Antworten liegen auf dem Mittelwert. Wir haben es hier mit **Indifferenz** zu tun. In unserem Beispiel kann das zweierlei bedeuten: Entweder werden die Mitarbeiter schlecht informiert, und sie können in Ermangelung von Wissen keine Zuordnung treffen. Das deutet auf dringenden Handlungsbedarf in der internen Kommunikation hin. Die zweite Interpretationsmöglichkeit ist viel verhängnisvoller: Indifferenz kann nämlich auch heißen, dass die Mitarbeiter bereits innerlich gekündigt haben. Dann liegt nicht nur ein Kommunikationsproblem vor!

- Schließlich sind auch alle Punkte interessant, die eine besonders hohe positive oder negative Ausprägung haben. Das sind die Stärke- oder Schwächepunkte, die es durch Kommunikation weiter auszubauen bzw. abzuschwächen gilt.

Nachdem wir uns auf der Basis von Sekundärdatenauswertungen, Befragungen, von Gruppenarbeiten, Beobachtung von Marktbegleitern und andere Verfahren ein Bild von der Ausgangssituation gemacht haben, fassen wir die Ergebnisse zusammen und isolieren alle kommunikationsrelevanten Aspekte. In dieser Analyse wird eine wertfreie Betrachtung von Einzelaspekten wie Produkt, Unternehmen, Markt/Wettbewerb, Kommunikationsstatus etc. vorgenommen. Die Fakten werden also selektiert und systematisiert.[20]

Das Ergebnis der Recherchen und Befragungen umschreibt die Ausgangssituation. Sie sollte das kommunikative Problem so realistisch wie möglich widerspiegeln. Die Zusammenfassung der Ergebnisse könnte mit dem Satz beginnen: „So sehen wir die Situation."

2.4 Aufgabenstellung

Die Aufgabenstellung leitet sich aus der Situationsanalyse ab und kann relativ kurz gefasst werden. Hier ist auf den Punkt zu bringen, worin das kommunikative Problem besteht und welche Probleme zu lösen sind. Dabei soll noch nicht an den Lösungsweg gedacht werden, vielmehr nur die Basis geschaffen und eine generalisierte Vorgabe formuliert werden.

Daraus lassen sich dann die richtigen Schlüsse dahingehend ziehen, welche kommunikativen Probleme bestehen, die es zu lösen gibt. Dies ist auf den Punkt gebracht die Aufgabenstellung.

An dieser Stelle sei nochmals festgehalten: Nur kommunikative Probleme lassen sich durch Kommunikation lösen. Deshalb müssen diese von allen anderen unternehmensrelevanten Problemstellungen isoliert werden.

Jürg W. Leipziger hat die kommunikativen Probleme in fünf Klassen eingeteilt:[21]

1. **Wahrnehmung**: Aufmerksamkeit ist eine knappe Ressource, wie weiter oben bereits dargestellt. Kommunikation muss wahrgenommen werden und die Schwelle der Aufmerksamkeit überschreiten. Aufmerksamkeit ist damit Voraussetzung für alle Prozesse von Informationsvermittlung und -verarbeitung. Wahrnehmung ist eine conditio sine qua non für die Kommunikation. Um hier eine Analogie herzustellen zur bekannten AIDA-Formel (attention-interest-desire-action): Wenn es ein Unternehmen nicht schafft, das erste A zu erreichen, wird es nie die anderen Stufen erreichen. Anders formuliert: Was der Konsument nicht kennt, kann er nicht kaufen.

2. **Akzeptanz:** Alle Informationen des Unternehmens werden von den Dialoggruppen bewertet. Daraus ergeben sich Konfliktpotenziale und Risiken, andererseits aber auch Zustimmungspotenziale und Chancen.

3. **Ansehen:** Reputation ist die Wertschätzung, die ein Unternehmen bei seinen Bezugsgruppen besitzt. Passt das Image nicht, verweigert sich der Kommunikationspartner. Bei hoher Reputation verfügt das Unternehmen über eine zentrale immaterielle Organisationsressource.

4. **Präferenz:** Hier geht es um die Stellung im Meinungswettbewerb. Bei vielen vergleichbaren Produkten fällt die Entscheidung auf den Anbieter, der am meisten Zustimmung findet.

5. **Vertrauen**: Schafft Stabilität und Belastbarkeit in den Beziehungen zu den Dialoggruppen. Vertrauen entsteht durch hohe Glaubwürdigkeit und erhöht die Handlungsspielräume des Unternehmens.

Welches dieser fünf Felder im Zentrum steht, muss das Konzept beantworten. Darauf aufbauend lassen sich dann später die Lösungen finden.

2.5   Handlungsszenarien

Im letzten Abschnitt der ersten Analyseebene werden die Ergebnisse der beschriebenen Ausgangssituation und die Aufgabenstellung zu möglichen Handlungsszenarien verdichtet. Dieser Schritt darf nicht verwechselt werden mit den Handlungsstrategien im Feld der Strategischen Analyse, die später besprochen werden. Hier geht es zunächst darum, unterschiedliche Visionen darzustellen, wie das Kommunikationsproblem zu lösen ist, eine Zukunftsvision zu entwickeln und aufzuzeigen, wo sich das Unternehmen kommunikativ nach der Umsetzung des Konzepts befinden wird. Geeignet ist hier der Entwurf Leipzigers, der empfiehlt, vom Zielkontext ausgehend alle möglichen Optionen durchzudenken, die sich unter Berücksichtigung der Dialoggruppen der Positionierung und möglichen Vorgehensweisen ergeben. Wenn man so will, ist das ein erster grober Lösungsansatz für das vorhandene Problem – vergleichbar etwa einer Überschlagsrechnung in der Mathematik, mit der erst einmal der Zielkorridor festgelegt werden soll, in dem die genaue Berechnung landen wird.

Nehmen wir dazu ein einfaches, sehr aktuelles Beispiel:

> Das fiktive Unternehmen „NoStaff" hat ein Problem, Techniker zu finden. Ziel ist es, durch Kommunikation möglichst viele junge Leute, die eine einschlägige Ausbildung gemacht haben, für das Unternehmen zu interessieren. Die Vision wäre demnach, dass durch geeignete Kommunikationsmaßnahmen die Auswahl an Bewerbern deutlich erhöht wird. Bei der Positionierung des Unternehmens haben wir verschiedene Optionen.
>
> Eine Möglichkeit ist, das Unternehmen als das innovativste der Branche, als das mit den besten Einstiegsgehältern oder mit den schnellsten Aufstiegsmöglichkeiten zu positionieren. Jetzt geht es darum, die Aufmerksamkeit der potenziellen Bewerber auf „NoStaff" zu ziehen. Dabei gibt es mehrere strategische Handlungsoptionen: Die Suche kann im Umfeld des Unternehmens stattfinden oder sie kann sich vom Standort völlig lösen. Nun sehen wir uns die Dialoggruppen näher an. Hier könnte man beispielsweise die Suche auf technische Universitäten und Fachhochschulen der Region eingrenzen oder auch auf geeignete Nachwuchskräfte, die derzeit noch in anderen Betrieben beschäftigt sind, ausweiten.
>
> Als mögliche Vorgehensweisen bieten sich aus einer wirklich sehr großen Vielfalt an Möglichkeiten beispielsweise der Aufbau langfristiger Beziehungen zu technischen Ausbildungseinrichtungen an, ein Rechenprogramm für das Lebenseinkommen (mit dem ein Vergleich zwischen der momentanen Situation und einer möglichen Wechselsituation zu „NoStaff" hergestellt und gleichzeitig der „Spieltrieb" von technikaffinen jungen Leuten genutzt wird) oder ein Studentencasting an. Schon aus dieser Erörterung von Entscheidungsalternativen ergeben sich sehr viele mögliche Optionen. Ausgewählt werden dann jene (maximal drei) Handlungsoptionen, die in sich konsistent, lösungsorientiert (also effektiv) und umsetzbar (also effizient) sind. Um auf Nummer sicher zu gehen, könnte nochmals eine kurze SWOT-Analyse durchgeführt werden, um die alternativen Handlungsszenarien auf ihre Stärken und Schwächen, Chancen und Risiken hin abzutesten.

Das Ergebnis könnte ein mögliches Handlungsszenario sein, dass „NoStaff" sich als das Unternehmen mit den besten Einstiegsgehältern positioniert, das Studenten aller Universitäten und Fachhochschulen einen attraktiven Berufseinstieg bietet. Dafür gibt es ein eigenes Studentencasting. Wie das im Detail aussehen soll, wird dann im Zuge der Umsetzungsanalyse festgelegt. Natürlich ließen sich auch andere Handlungsszenarien formulieren. Es müssen nur die einzelnen Teile anders zusammengesetzt oder andere Parameter in den einzelnen Szenariokomponenten eingesetzt werden.

Das Handlungsszenario setzt sich aus folgenden zielorientierten Komponenten zusammen: Der Vision dessen, was wir mit der Kommunikation erreichen wollen, Variationen für die Positionierung, strategischen Handlungsoptionen, Dialoggruppen und möglichen Vorgehensweisen.

3.   Strategische Analyse

Im zweiten Segment des Analyse- und Entscheidungsrades der Kommunikation wird bei der strategischen Analyse die Frage nach dem „Wie" beantwortet. Sie prüft die grundsätzlichen Möglichkeiten und Wege des Kommunikationsmanagements.

Strategie ist ein langfristiges, zielorientiertes theoretisches Konstrukt, durch das grundsätzliche Handlungsoptionen für einen permanenten Handlungsprozess vorgegeben werden. Eine Strategie setzt die übergeordneten Rahmen für ein taktisch operierendes Maßnahmenbündel fest. Eckpfeiler einer Strategie sind immer Ziel, Ort, Zeit, Intensität und Stoßrichtung. Einfacher gesagt:[22] Die Strategie ist der Weg zur Problemlösung, das „Wie" der Kommunikation, der kommunikative Hebel. Stephanie Schmidt hat dafür ein sehr eingängiges Bild geprägt: „Die Strategie ist der ‚Genpool der Kampagne'".

Bei der Festlegung der Strategie geht es um die Formulierung der Ziele, die Selektion der Dialoggruppen, die Bestimmung der Positionierung und schließlich um die Handlungsstrategie. Effizienz bei der Erreichung der angestrebten Problemlösung und Effektivität in der Umsetzung bestimmen die strategische Analyse. Das bedeutet, dass mit einem vertretbaren Aufwand an Budgetmitteln ein optimales Ergebnis erzielt werden kann. Was sind Kriterien der Brauchbarkeit einer Strategie? „Eine Kommunikationsstrategie ist nur dann brauchbar, wenn sie kommunikative Probleme beseitigt."[23] Oder anders formuliert: „Erfolg ist Art und Grad der Zielerreichung."[24]

In unserem Modell der integrierten Kommunikation werden die verschiedenen Dialoggruppen eines Unternehmens und die verfügbaren Medien in einer verbindlichen Strategie zusammengefasst. „Durch die bereichsübergreifende Verzahnung aller Kommunikationsmaßnahmen zu einem geschlossenen System sollen alle Einzelaktivitäten unverwechselbar konzentriert werden. Dadurch wird Einheitlichkeit und Kontinuität in allen Teilbereichen eines Unternehmens erreicht: one company – one voice."[25]

3.1 Ziele und Dialoggruppen

Obwohl Ziele und Dialoggruppen im Rahmen eines PR-Konzeptes grundsätzlich eigenständig zu definieren sind, empfiehlt es sich, beide Blöcke miteinander zu verknüpfen. Zur Veranschaulichung soll ein Modell dienen, das in diesem Abschnitt vorgestellt wird. Nicht nur mit den Dialoggruppen sollten die Ziele verknüpft werden, sondern auch – wie schon mehrfach betont – mit den allgemeinen Unternehmens- und Markenzielen. Ohne diese Synchronisierung schwimmt die Öffentlichkeitsarbeit irgendwo frei herum, hat keine fixe Verankerung im System.

Unternehmens- und Markenkommunikation dürfen einander nicht widersprechen (integrierte Kommunikation). Sie sind aber auch nicht deckungsgleich. Am deutlichsten drückt sich das in der Selektion der Anspruchsgruppen aus: Während die Zielgruppen der Markenkommunikation in erster Linie die Kunden sind, nimmt die Öffentlichkeitsarbeit ein breites Spektrum an Dialoggruppen ins Visier.

Die Kommunikationsziele werden mit den Dialoggruppen mit der Frage *„Was will ich bei wem erreichen?"* verknüpft. Das heißt, zuerst wird die Dialoggruppe und dann in der Dialoggruppe das zu erreichende PR-Ziel definiert. Das Ziel beschreibt den erwünschten Zustand der Kommunikations-Gemengelage nach Durchführung der Kampagne. Dieser Zustand muss quantifizierbar sein, wovon später noch die Rede sein wird. So viel schon vorweg: „Nur wer genau sagen kann, ob ein Ziel erreicht worden ist, kann den Erfolg oder Misserfolg einer Konzeption begründen oder weiß, wo er korrigieren muss. Vermutungen oder Annahmen lassen sich dieser Regel nicht unterziehen."[26]

Die exakte Festlegung der Dialoggruppen mit Prioritätenfestlegung ist schon deshalb notwendig, weil niemand unbegrenzte Mittel zur Verfügung hat. Da das so ist, muss aus betriebswirtschaftlichen Gründen eine Auswahl getroffen werden. Die zwei wichtigsten Kriterien, die die Auswahl leiten, sind die Verletzlichkeit des Unternehmens und das Einflusspotenzial einzelner Gruppen. „Sind Sie in einem Bereich besonders leicht angreifbar und vermag eine Teilöffentlichkeit einen großen Einfluss auf Sie auszuüben, sollten Sie der Beziehungspflege ... besonderes Augenmerk schenken." [27] Es wäre freilich vollkommen falsch, nur solche Gruppen ins Visier zu nehmen, die negativen Einfluss ausüben können. In der Praxis ist es meist viel wichtiger, die Dialoggruppen in die Kommunikationsstrategie einzubeziehen, die unterstützend wirken können.

Die Selektion der Dialoggruppen ist nicht zuletzt deshalb notwendig, weil niemand unbegrenzte budgetäre Mittel zur Verfügung hat. Die Auswahl erfolgt systematisch. Dafür wurden von der Kommunikationswissenschaft unterschiedliche Modelle entwickelt.

Sehen wir uns zunächst an, in welchem kommunikativen Umfeld die Menschen tätig sind. Grunig formulierte die Theorie der situativen Teilöffentlichkeiten. Danach bestehen Öffentlichkeiten aus Menschen mit einem vergleichbaren Level an Problembewusstsein, Wahrnehmung von Restriktionen und Involvement. Damit wird das Problembewusstsein zum Kriterium für die Abgrenzung von Teilöffentlichkeiten. Öffentlichkeit bedeutet im Kern, dass prinzipiell keiner vom Zugang ausgeschlossen ist, dass das Publikum nicht begrenzt ist. „Zum Charakter einer öffentlichen Situation reicht die Möglichkeit aus, dass ein fremder Beobachter anwesend sein kann. Öffentlichkeit ist im Wesentlichen ein Bewusstseinszustand."[28]

Helmut Scherer unterscheidet dabei drei Ebenen von Öffentlichkeit:

■ die Encounter-Ebene, bei der jeder von uns zum Akteur wird,

■ öffentliche Veranstaltungen und

■ Medienöffentlichkeit: Sie ist in gewisser Hinsicht bedeutsamer als die anderen Ebenen von Öffentlichkeit. Die Massenmedien können in erheblichem Maße die Reichweite von Öffentlichkeit steigern. Sie überwinden die zeitlichen, räumlichen und oft auch die finanziellen Beschränkungen der Teilnahme. Der Zugang zur Medienöffentlichkeit ist auf verschiedene Art und Weise möglich: Ein Unternehmen kann Raum bzw. Sendezeit in den Massenmedien kaufen und diesen mit selbst gestalteten Werbebotschaften füllen. Aber auch im redaktionellen Bereich können Unternehmen präsent sein. Hier kann man unterscheiden zwischen einer aktiven und einer passiven Rolle.

Windahl und Signitzer[29] unterscheiden vier verschiedene Typen:

1. Teilöffentlichkeiten, die bei allen Themen aktiv kommunizieren.

2. Apathische Teilöffentlichkeiten, die praktisch über kein Thema aktiv kommunizieren.

3. Teilöffentlichkeiten, die nur über ein Thema oder über einen sehr begrenzten Themenbereich aktiv kommunizieren.

4. Teilöffentlichkeiten, die nur über solche Themen aktiv kommunizieren, die praktisch die gesamte Bevölkerung betreffen.

Wenn man diese Einteilung zur Grundlage nimmt, so ist für Unternehmen in erster Linie der Typus 3 von Interesse, seltener wird es auch notwendig sein, sich mit Teilöffentlichkeiten der Kategorien 1 und 4 näher auseinanderzusetzen.

Die Frage nach den anzusprechenden Dialoggruppen lässt sich demnach aus mehreren Blickwinkeln beantworten:

▨ Liegt eine Betroffenheit vor?

▨ Besteht die Bereitschaft zur aktiven Kommunikation?

▨ Passen die soziodemografischen, Einstellungs- und Verhaltensmerkmale des Personenkreises zu meinem Kommunikationsansatz?

Dieser Ansatz ist insbesondere auch unter dem Aspekt der Auswahl von potenziellen Multiplikatoren, von Befürwortern oder Gegnern bedeutsam. Natürlich ist in jedem einzelnen Fall genau zu prüfen, welche Dialoggruppen mit welcher Zielsetzung angesprochen werden müssen. Keine Auflistung von Zielgruppen kann für Unternehmen erschöpfend sein. Jeder Fall liegt anders und erfordert eine genauere Analyse.

Es macht jedenfalls Sinn, Strukturen zu schaffen und dann für die einzelnen Kategorien konkret zu überlegen, wer dabei wichtig ist. Ein solches Einordnungsprinzip[30] von Zielgruppen ist aus dem kommunikationswissenschaftlichen Konzept des „two-step-flow of information" von Paul Lazarsfeld und Elihu Katz[31] abgeleitet. Es unterteilt die Zielgruppen in Absender, Mittler und Empfänger. Diese Einteilung ist deshalb interessant, weil es nicht nur den Empfänger in den Blick nimmt, sondern auch den Absender und den Mittler. Im Kontext unserer Überlegungen ist diese Ansicht wichtig, weil die Profilierung damit auch am Sender und dem Mittler und nicht nur beim Empfänger ansetzt. Die nachstehende Übersicht soll verdeutlichen, wie eine solche Aufteilung aussehen könnte. Die kreisförmige Anordnung der einzelnen Dialoggruppentypen und die wiederum durch Pfeile angedeutete Richtung der Botschaften berücksichtigt, dass die Informationsweitergabe keine Einbahnstraße ist: Die Absender diskutieren untereinander, geben eine Information an die Mittler weiter (wobei auch hier wieder eine interne Diskussion möglich ist) und diese wiederum kommunizieren mit den Empfängergruppen.

In diesem Modell können einzelne Dialoggruppentypen auch übersprungen werden. Es braucht also nicht immer einen Mittler, es muss nicht immer der Empfänger erreicht werden, umgekehrt kann die Feedbackschleife aber auch unmittelbar vom Mittler zum Absender gehen oder vom Empfänger zum Mittler sowie auch zum Absender. Dazu zwei Beispiele, wie sie täglich vorkommen:

> Die Geschäftsführung informiert ein Fachmedium über ein neues Produkt. Die Redaktion ist interessiert und holt sich zusätzlich Hintergrundinformationen ein, gibt also Feedback, das Interesse oder zu geringe Tiefe der Erstinformation signalisiert. Danach wird der Artikel publiziert, Leser reagieren, indem sie weitere Informationen beim Medium abfragen (ein Service, den einige Fachzeitschriften bieten) oder indem sie einen Leserbrief schreiben. Die Reaktion könnte aber auch dadurch erfolgen, dass eine direkte Anfrage an den Absender (also die Geschäftsführung, die Vertriebs- oder Marketingabteilung) erfolgt.

Der Aufsichtsrat beschließt ein Investitionsprogramm, das zuvor in intensiven Diskussionen zwischen den übrigen Unternehmensvertretern, insbesondere Geschäftsführung und Betriebsrat, ausgearbeitet wurde. Nach dem Beschluss wird eine Betriebsversammlung einberufen, weil die Investition auch zur Folge hat, dass einige Arbeitsplätze der Rationalisierung zum Opfer fallen. Die Belegschaft wendet sich an die Gewerkschaft und die Kommunalpolitiker, um Unterstützung für ihr Anliegen zu bekommen. Eine öffentliche Diskussion beginnt, in die letztlich auch die regionalen Printmedien, der Rundfunk und verschiedene Internetplattformen eingreifen.

Abbildung 10: *Die Selektion der Dialoggruppen grenzt die Handlungsvielfalt ein. Für jede ausgewählte Gruppierung wird ein Ziel formuliert, das es zu erreichen gilt.*

Bei jeder einzelnen Dialoggruppe stellt sich eine dreigeteilte Kontrollfrage:

- ◼ Ist die Dialoggruppe für mein Problem relevant (jeweils als Absender, Mittler oder Adressat einer Botschaft)?

- ◼ Ist Kommunikation im Hinblick auf mein spezielles Kommunikationsziel hin notwendig und wichtig?

- ◼ Kann die Dialoggruppe identifiziert und erreicht werden?

Der Auswahlprozess der Dialoggruppen erfolgt nach der Bedeutsamkeit für das Unternehmen. In den Blick genommen wird hier die Relevanz für das Kommunikationsproblem und das Kommunikationsziel. Schließlich muss auch die Erreichbarkeit berücksichtigt werden. Wer hier durch den Rost fällt, ist (vorerst) draußen.

So weit zur Systematik der Zielgruppenerfassung. Wie sieht die Empirie aus? Die Schweizer PR-Manager Alfred Köcher und Eliane Birchmeier haben PR-treibende Unternehmen befragt[32] und deren Zielgruppen nach Wichtigkeit analysiert. Nach dieser Untersuchung wäre der eigene Mitarbeiter der meistgesuchte Ansprechpartner der Unternehmen. Aus meiner Erfahrung heraus ist das nicht so. Diese Auffassung wird auch durch die Umfrage bestätigt, die ich bei den großen PR-Agenturen in Deutschland, der Schweiz und Österreich durchgeführt habe. Die Unternehmen stellen potenzielle Kunden und Stammkunden auf die oberste Stufe, denen sich mehr als 70 Prozent der Unternehmen mit ihren PR-Maßnahmen besonders annehmen. Die Plätze drei und vier belegen fast gleichauf die Fachmedien und die lokalen Tageszeitungen, die jeweils von rund zwei Drittel der Agenturchefs als Dialoggruppen genannt werden, die primär im Fokus der PR stehen. Erst danach kommen die eigenen Mitarbeiter, deren sich nach dieser Befragung nur knapp die Hälfte der Unternehmen besonders annimmt. Dazu passt sehr gut folgendes Zitat, das der internen Kommunikation ein Aschenputtel-Dasein bescheinigt: „In the past years internal communications have been the Cinderella of a company's communication activities and not a means of harnessing the creative energies and enthusiasm of staff."[33] Jedes vierte Unternehmen stellt in der Kommunikation auf den Hörfunk ab. Eine gewisse Bedeutung haben auch noch Sympathisanten und Anrainer, die ein Viertel bzw. Fünftel der Agenturen ansprechen. Alle anderen Dialoggruppen haben nur geringe Bedeutung.

Die wichtigsten Dialoggruppen von Unternehmen im deutschsprachigen Raum sind die Kunden, gefolgt von Fachmedien und die lokalen Tageszeitungen. Erst dann folgen die Mitarbeiter, der Hörfunk, Sympathisanten und Anrainer.

Jedes Unternehmen muss letztlich für sich selbst entscheiden, bei welcher Zielgruppe das eigene Profil geschärft werden soll. Aus dem vorher gesagten wäre die Zielgruppenaufstellung zu ergänzen um den Absender (Unternehmer, Manager, Pressesprecher etc.) und den Mittler (Journalisten, Multiplikatoren). Die genaue Definition, mit wem ein Unternehmen kommunizieren will, ist – wie bereits gesagt - nicht zuletzt aus betriebswirtschaftlichen Gründen ganz erheblich. Grundsätzlich gilt, dass die Unternehmenskommunikation alle Anspruchsgruppen im Blick behalten und in die Überlegung einbeziehen sollte. „Das setzt eine spezifische Ansprache entsprechend den jeweiligen Interessen, Zielen und auch Empfindlichkeiten voraus. Alle vorgeschlagenen Strukturierungen sind zudem rein schematisch. Sie können und sollen bei einem auftauchenden Kommunikationsproblem als Raster dienen, um sicherzustellen, dass keine relevante Bezugsgruppe vernachlässigt wird, situativ ist dann aber jeder Einzelfall zu analysieren. Es reicht jedenfalls nicht aus, die für den Kapitalmarkt bestimmte Kommunikation eins zu eins auch an die übrigen Stakeholder zu richten."[34]

Nachdem wir nun die Auswahl der Dialoggruppen für das Unternehmen vorgenommen haben, wenden wir uns der Definition der Ziele zu. Dabei können zwei grundsätzliche Einteilungen hilfreich sein. Zunächst die Zielhierarchie, dann die Zielkategorie. Erstere geht davon aus, dass es eine innere Ordnung der Ziele gibt, die meist in der Form einer Pyramide dargestellt wird. Je weiter oben in der Pyramide ein Ziel angesiedelt ist, desto langfristiger ist es ausgerichtet. Die Spitze der Pyramide bilden die gesellschaftlichen Werte. Darunter sind die unternehmenspolitischen Ziele angesiedelt, danach kommen die markenpolitischen Ziele. In unserem Kommunikationsrad finden sich diese primären Ziele in der Nabe wider. Die Pyramide verbreitet sich dann Richtung Kommunikations-, Bereichs-, Phasen- und Projekt- bis hin zu Maßnahmenzielen.

Die Ziele lassen sich hierarchisch ordnen: Ganz oben sind gesellschaftliche und unternehmenspolitische Werte angesiedelt, darunter die Marken-, Kommunikations- bis hin zu den Maßnahmenzielen. Entsprechend dem Ansatz der integrierten Kommunikation dürfen die einzelnen Ziele in der Hierarchie sich nicht widersprechen. Eingeteilt nach Kategorien sprechen wir von Wahrnehmungs-, Einstellungs- und Handlungszielen.

Im Sinne des Ansatzes der integrierten Kommunikation dürfen die weiter unten angesiedelten Ziele den weiter oben stehenden nicht widersprechen: Kommunikationsziele müssen die anderen unternehmerischen Ziele unterstützen, ohne dass die Möglichkeiten der Öffentlichkeitsarbeit überstrapaziert werden. Ziele müssen eine Kontrollfunktion haben, ihre Erreichbarkeit muss also gegeben sein. Laotses „der Weg ist das Ziel" hilft hier nicht weiter. Im Gegenteil!

Kommunikationsziele lassen sich auch in Kategorien einteilen:

■ **Wahrnehmungsziele**: In diese kognitive Kategorie gehört alles, was Aufmerksamkeit weckt, Bekanntheit schafft und Wissen vermittelt. Aufmerksamkeit ist – wie bereits dargelegt – eine knappe Ressource, aber Voraussetzung für alle Prozesse von Informationsvermittlung und -verarbeitung.

■ **Einstellungsziele**: Sie setzen auf der emotionalen Ebene an, wollen also Akzeptanz steigern, Image stärken und Sympathie schaffen. Akzeptanz ist Voraussetzung für das Schaffen von Handlungsspielräumen und organisatorischen Entwicklungen, und Reputation ist die zentrale Organisationsressource, die es zu mehren gilt.

■ **Verhaltensziele**: Diese konativen[35] oder „aktivierenden"[36] Ziele bewegen sich auf der operationalisierbaren Ebene. Dabei geht es um Präferenzen, also die Zuwendung und Zustimmung, die eine Organisation in allen Formen von Wettbewerb erfährt und um soziales Vertrauen als Basis für die Stabilität und Belastbarkeit von Beziehungen. Hier wird aber auch definiert, wie viele Besucher zu einer Veranstaltung kommen oder wie sich Einstellungen verändern sollen.

Die Zielformulierung unterliegt einigen wichtigen Prämissen:

■ Ziele müssen **realistisch** sein. Sie müssen mit den bereit gestellten Mitteln auch erreicht werden können, und sie dürfen nicht artfremd sein. Kommunikation kann Produktschwächen nicht wegdiskutieren, schlechtes Marketing kann nicht durch gute Kommunikation ersetzt werden.

■ Ziele sind immer **individuell abgestimmt** auf den jeweiligen kommunikationsspezifischen Veränderungsbedarf hin zu formulieren. Jedes Kommunikationskonzept ist deshalb auch einzigartig, weil es genau auf spezifischen Kontext hin zu formulieren ist.

■ Und schließlich müssen die Ziele **nachprüfbar** sein. Wenn sich der Kommunikationsverantwortliche mit dem Auftraggeber vorab auf eine Hürde geeinigt hat, die es erfolgreich zu überspringen gilt, dann ist nachher der gemeinsam erzielte Erfolg umso erfreulicher!

Um messbar zu werden, müssen die Maßnahmenziele sehr genau hinsichtlich Aufgabe, Zeitraum und erwünschtem Ergebnis definiert sein.

Die Aufstellung in Abbildung 11 versucht, Zielgruppen und Ziele in eine praktikable Übersicht zu bringen, die auf dem zuvor Gesagten aufbaut. Natürlich ist diese Übersicht wegen ihrer Mehrdimensionalität nur exemplarisch, da sie ansonsten zu komplex würde.

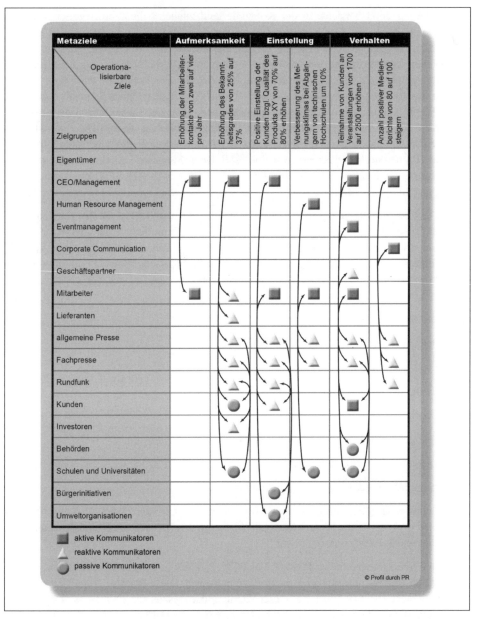

Abbildung 11: *Ziele und Dialoggruppen werden in dieser Übersicht in Relation gestellt. Metaziele werden beispielhaft in operationalisierbare Teilziele herunterge- brochen, die Dialoggruppen in aktive, passive und reaktive Bezugsgruppen eingeteilt. Dadurch entsteht ein enges Beziehungsgeflecht von Zielen und Di- aloggruppen.*

Zur Erklärung der Übersicht: In der Kopfzeile sind zunächst die Zielkategorien genannt: Einige Ziele dienen der Erhöhung des Grades der Aufmerksamkeit, andere wollen Einstellungsveränderungen herbeiführen, die dritten unmittelbar eine bestimmte Verhaltensweise hervorrufen. In den Spalten darunter sind exemplarisch jeweils zwei operationalisierbare Kommunikationsziele angeführt. Unter dem Metaziel „Aufmerksamkeit" wird etwa die Erhöhung des Bekanntheitsgrades von derzeit 25 auf 37 Prozent binnen Jahresfrist genannt. Diese Werte werden durch Umfragen erhoben. Zum Metaziel Einstellung passt etwa das momentan unter dem sehr aktuellen Thema Employer Branding wesentliche Ziel, dass die positive Einstellung der Studenten von technischen Hochschulen gegenüber dem Unternehmen um 10 Prozentpunkte verbessert werden soll. Beim Megaziel Verhalten könnte etwa als quantifiziertes Ziel stehen: „Wir wollen dieses Jahr 2 500 statt bisher 1 700 Kunden bei unseren Veranstaltungen sehen."

Dieser Teil der Tabelle ist besonders wichtig, da ohne Genauigkeit in diesem Bereich keine aussagekräftige Erfolgskontrolle möglich ist. Die klare Formulierung der Zielsetzungen ist aber auch hilfreich wegen seiner Transparenz gegenüber dem Auftraggeber bzw. der Geschäftsführung. Um es nochmals ganz klar zu sagen: Es ist falsch, folgende Formulierung für taktisch-operationale Ziele zu verwenden, auch wenn das sehr häufig der geübten Praxis entspricht:[37]

■ höhere Medienpräsenz

■ größere Akzeptanz im regionalen Umfeld

■ höhere Motivation der Mitarbeiter

■ Erleichterung der Kapitalbeschaffung

■ Erhöhung des Bekanntheitsgrades

■ eindeutiges Positionieren gegenüber dem Wettbewerb

■ Verringerung der Personalfluktuation

■ Kommunizieren der Identität des Unternehmens

Wenn schon eine höhere Medienpräsenz wünschenswert ist (was häufig der Fall ist), dann muss man sich der Mühe unterziehen, die bisherige Medienpräsenz zu messen und dann beispielsweise das Ziel so formulieren:

■ Unser Unternehmen war im Jahr 2007 in 14 Medien mit insgesamt 37 Beiträgen vertreten, die zu 75 Prozent positiv waren, zu 25 Prozent neutral. Diese Beiträge erbrachten ein Werbeäquivalent von 419 500 Euro. Unser Kommunikationsziel für 2008 ist es, die Zahl der Medien, die von unserem Unternehmen Notiz nehmen, auf 20 zu erhöhen. Die angestrebte Zahl an Artikeln liegt bei 50, die in gleichem Maß wie bisher einen positiven Grundtenor haben sollen. Wir streben ein Werbeäquivalent von 750 000 Euro an.

■ Die jüngste interne Befragung hat ergeben, dass die Mitarbeiter sich zu wenig informiert sehen. 58 Prozent der Befragten meinten, ihre Vorgesetzten würden sie zu wenig über strategische Unternehmensentscheidungen in Kenntnis setzen. Unser Kommunikationsziel muss es sein, die Zahl der schlecht informierten Mitarbeiter in der in einem Jahr zu wiederholenden Befragung auf 25 Prozent zu senken.

Die Forderung nach Messbarkeit von Kommunikationszielen kann aus verschiedenen Gründen auf Ablehnung stoßen. Die Einwände reichen von allgemeiner Abwehrreaktion seitens der PR-Verantwortlichen („da könnte ja herauskommen, dass wir unsere Versprechungen nicht einhalten können") über die Selbstbescheidung („wir wissen ohnehin um die Bedeutung der Öffentlichkeitsarbeit") bis hin zum Hinweis, dass keine ausreichenden Vergleichswerte vorhanden sind, die die Ausgangssituation beschreiben. In der Tat ist es häufig so, dass Unternehmen aus freien Stücken darauf verzichten, die Kommunikation zu evaluieren, weil sie das Budget für die dafür notwendigen Erhebungen nicht bereitstellen wollen. Dazu später mehr.

Zurück zur Übersicht in Abbildung 11: In der Spalte links sind die jeweiligen Dialoggruppen angeführt, und zwar als Zugehörige der Gruppe der Unternehmensvertreter, der Interessensgruppen oder der Mittler. Jede Dialoggruppe ist dann in der Spalte jeweils in ihrer Kommunikationsrolle gekennzeichnet. Ein Quadrat bedeutet, dass es sich um einen aktiven Kommunikator handelt. Teilaktive sind mit einem Kreis und teilpassive mit einem Dreieck markiert. Passive Dialoggruppen sind durch leere Felder erkennbar. Sie fallen demnach bei der jeweiligen Zielsetzung aus der näheren Betrachtung heraus. Daraus ergibt sich ein dichtes Beziehungsgeflecht, das in der praktischen Umsetzung dennoch vergleichsweise leicht separiert und nachvollzogen werden kann.

Da – wie gesagt – die Darstellung nur einen kleinen Ausschnitt aus den möglichen Dialoggruppenbeziehungen zeigen kann, möchte ich noch einige praktische und empirische Erkenntnisse hinzufügen. Zunächst zwei Beispiele, die zeigen sollen, dass bei der konkreten Umsetzung sehr genau analysiert werden muss:

Bei der internen Kommunikation stellt sich häufig die Frage, wie die Mitarbeiter erreicht werden können. In Produktionsbetrieben hat beispielsweise nicht jeder Beschäftigte Zugang zu einem PC. Der Dialog muss also mit zwei unterschiedlichen Gruppen von Mitarbeitern geführt werden: solchen mit und solchen ohne PC-Zugang. Wer nicht am Computer arbeitet, braucht andere Informationskanäle. Infoterminals etwa, das klassische „schwarze Brett", Flugblätter, einen Beileger zum Lohnzettel. Für beide Gruppen schafft die Mitarbeiterzeitung ein periodisches Update mit den wichtigsten unternehmenspolitischen Entwicklungen.

Aus kommunikationstaktischen Überlegungen wird es auch sinnvoll sein, die Mitarbeiter in hierarchische Ebenen zu gliedern und danach auch die Kommunikation entsprechend zu steuern. Führungskräfte müssen umfassendere Informationen erhalten, da sie ja als Multiplikatoren dienen. Wenn sie gefragt werden und auch nicht mehr wissen als das, was über die allgemein zugänglichen Kanäle kommuniziert wurde, dann werden sie sehr schnell in

> ihrer Position unglaubwürdig. Sie erleiden einen Reputationsverlust bei ihren Mitarbeitern. Das wiederum kann sehr rasch zu Konflikten mit der nächst höheren Hierarchieebene führen.

Ein anderes Beispiel sind die Medien.

> Es macht absolut keinen Sinn, alle Journalisten mit allen Informationen zu versorgen. Vielmehr muss genau unterschieden werden, ob es regional und fachlich Sinn macht, einer bestimmten Journalistin oder einem Journalisten eine Nachricht zukommen zu lassen. Ist sie nämlich für sie oder ihn nicht interessant, wird sie schnell im elektronischen Papierkorb verschwinden und mit hoher Wahrscheinlichkeit auch die nachfolgenden Presseinformationen, die dann aber vielleicht sehr wohl für den Adressaten interessant sein könnten. Auf diese Weise werden sehr rasch Kommunikationskanäle verstopft, die man dringend benötigen würde, um seine Botschaften zu kommunizieren.

Schließlich ein drittes Beispiel:

> Statt „Kunden" müsste genauer definiert werden: 20- bis 40-jährige männliche Kunden mit sportlichen Ambitionen im regionalen Einzugsgebiet der Stadt München oder 14- bis 19-jährige junge Frauen aus ländlichen Regionen, oder – um unser Beispiel von „NoStaff" nochmals aufzugreifen – Absolventen von technischen Universitäten und Fachhochschulen des Bundeslandes. Die Ausdifferenzierung hängt immer von der kommunikativen Aufgabenstellung ab.

Die Frage nach den Kommunikationszielen, die in der Praxis verfolgt werden, wird in periodischen Abständen gestellt. Ich behaupte, dass sich in den letzten Jahrzehnten deutliche Veränderungen ergeben haben, ohne dass ich das empirisch belegen könnte. Ich habe als Momentaufnahme PR-Verantwortliche und Agenturen gefragt, welche Ziele sie in der Praxis verfolgen. Am häufigsten wird genannt, dass es darum gehe, den Bekanntheitsgrad zu steigern, ein positives Image zu erzeugen. Aufbau und Erhaltung des Firmen- und Produktimages werden ebenso als vorrangig gesehen. Es gilt, neue Produkte bekannt zu machen, die eigenen Mitarbeiter zu informieren und zu motivieren sowie das Firmenansehen bei politischen und gesellschaftlichen Gruppierungen zu fördern. Darüber hinaus werden aber noch eine Reihe sehr differenzierter Ziele verfolgt.

3.2   Positionierung schafft Alleinstellung

Jedes Unternehmen, jedes Produkt und nicht zuletzt jede Person ist positioniert, wird als irgendwie anders gesehen als die anderen. Egal, ob gewollt oder ungewollt: „In einer Welt mit einer unüberschaubaren Produkt- und zunehmender Informationsvielfalt entscheidet mehr denn je der spontane Eindruck des Kunden über Kauf oder Nichtkauf eines Produktes. Gekauft wird nur noch, was mit dem subjektiven Wunschbild des Konsumenten übereinstimmt. Wer sich nicht selbst positioniert, wird positioniert. Und es ist schwer, eine Meinung zu ändern, die sich der Kunde gebildet hat."[38] Schließlich kommunizieren wir immer, auch wenn wir das gar nicht wollen. Und die Summe all dieser Botschaften ist dann die Positionierung.

Die bewusste Positionierung beantwortet die Frage: Wer bin ich und wie will ich wahrgenommen werden? Die Positionierung beschreibt die Zukunft des Unternehmens aus dem Blickwinkel der sie umgebenden Öffentlichkeit. „PR-Positionierungen sind also Niederschriften der in die Zukunft extrapolierten Unternehmenspolitik gemäß dem Wertekanon dieser Öffentlichkeit."[39] Sie ist mithin Identität stiftend, sie legt ein anzustrebendes positives Vorstellungsbild (Image) in den Köpfen der Zielgruppe fest. Claudia Cornelsen hat das in ihrem Buch über „PR-Gags, die Geschichte machten" in dem Titel zusammengefasst: „Lila Kühe leben länger."[40]

> **Positionierung ist der kommunikative Inhalt, der sich im Bewusstsein der relevanten Adressaten als eine bestimmte Meinung festsetzt und auch einen Einfluss auf deren Emotionen, Einstellungen und Verhaltensweisen ausübt. Die Kernfrage ist also: Welches Meinungsbild will ich vermitteln?**

Die Positionierung in der Kommunikation bestimmt die kommunikative Leitidee. Letztlich sollte daraus entstehen, was Cornelsen so formuliert hat: „... bestaunenswerte Meisterstücke der Legendenbildung, dank derer Ideen, Personen, Ereignisse sich unvergesslich in die Köpfe einbrennen – bis hinein ins letzte Dorf." [41]

An dieser Stelle kommt natürlich der berechtigte Einwand von Klein- und Mittelbetrieben, dass das doch nur etwas für globale Konzerne wäre. Diese Auffassung lässt sich aber sehr einfach entkräften. Entscheidend ist, wie ein Unternehmen bei seinen definierten Dialoggruppen positioniert ist. Wenn diese bei einem vorhandenen Bedarf zuerst an einen bestimmten Anbieter denken, dann ist das Ziel bereits erreicht.

> Was damit gemeint ist, soll am Beispiel des kleinen gallischen Dorfes „Kleinbonum" aus Asterix und Obelix veranschaulicht werden. Dort kennt jeder jeden und alle wissen, was der andere tut. Natürlich auch der Leser, für den Verleihnix der Fischhändler ist, der auf Frische und Qualität achtet, Miraculix ist der Druide (wenn Sie so wollen: der Apotheker), der für das Mixen des Zaubertrankes zuständig ist, Gutemine ist die First Lady des Dorfes, und Frau Methusalix wäre heute wohl die Journalistin, sorgt sie doch für die Weitergabe von Informationen.

Vier Fragen sind dabei zu stellen.

- Hat die Positionierung Alleinstellungscharakter? Hebt sie das Unternehmen also vom Mitbewerb ab?

- Steht die Positionierung für die Kernkompetenz des Unternehmens oder des Produktes?

- Wird mit der Positionierung ein innerer Bezug zu den definierten Zielgruppen hergestellt?

- Werden durch die Besetzung thematischer Lücken Neuigkeitswerte geschaffen, die bei den angesprochenen Dialogpartnern zu einer Verschiebung der Perspektiven führen?

Positionierung meint hier also: Abheben vom Mitbewerber im geografisch definierten Geschäftsbereich, Herausstellen der eigenen Stärken (aus der SWOT-Analyse), um sich so dem Idealbild der Dialoggruppen zu nähern. Der Unternehmensberater Arnold Weissman meint, dass Unternehmen, die sich für eine klare Positionierung innerhalb der Branchenstruktur entscheiden, nachweislich erfolgreicher sind als andere. Seine Lehre aus der Analyse erfolgreich positionierter Unternehmen: „Wenn man eine Sache gut machen will, kann man sie nicht für jeden machen."[42]

Eine Positionierungsstrategie kann auch sein, sich möglichst überraschend darzustellen (was nur bei trendigen Produkten für einen bestimmten Zeitraum funktioniert) oder aber in einer „Me-too-Position" ganz nahe am Mitbewerber. Eine andere Strategie setzt „kommunikative Kontrapunkte"[43]. Das heißt, dass zu einer dominanten Auffassung eine relativierende Gegenposition aufgebaut wird.

Sehen wir uns einmal näher an, was Unternehmen aus der Menge herausstechen lässt bzw. wodurch sie sich in ihrer Positionierung ein besonderes Profil verschafft haben. Weitgehende Einigkeit bei den von mir befragten Agenturen herrscht darüber, dass Profilierung nur erfolgreich sein kann, wenn eine „klare Positionierung und ein stringentes Themenmanagement" vorhanden sind.

Häufig genannt wurden folgende Positionierungsmerkmale: größter Konzern der Branche, Weltmarktführer, individuelle Betreuung der Kunden, international erfolgreich, führend in der Branche, Seriosität, breites Angebot bei günstigen Tarifen, innovativ, Vorreiter in der Technologie, einzigartiges Dienstleistungsportfolio, deutliche Wachstumsstrategie, starke traditionelle Werte, Konstanz und Bescheidenheit, Weltkonzern, nachhaltig wirtschaftend, überzeugende Qualität, hohe Identifikation von Mitarbeitern und Management, hohe Innovationskraft, kompetent, verantwortungsvoll oder günstig und gut.

Nimmt man diese Beschreibungen der Positionierung, so könnte man daraus den Schluss ziehen, dass die Positionierungsansätze doch eher traditionell sind bzw. als solche wahrgenommen werden: groß, innovativ, führend, kompetent oder günstig. Ein wenig erinnert diese Auflistung an das Motto des antiken Olympia: „Höher – schneller – weiter". Aber eines wird auch deutlich: Die als profiliert wahrgenommenen Unternehmen lassen sich im Grunde in wenigen Worten charakterisieren.

Amüsant ist, dass zwei Agenturchefs auch negativ positionierte Unternehmen angeführt haben: Die Charakterisierung eines großen deutschen Transportunternehmens wurde schlicht mit „arrogant" beschrieben, jene eines führenden Kreditinstitutes als „kundenunfreundlich".

Diese beiden Negativbeispiele werden gut zu tun haben, ihre Reputation wieder herzustellen. Für alle anderen Fälle gilt: Die Positionierung will genau überlegt sein. Einmal festgelegt, braucht es später einen enormen Aufwand, um eine allfällig notwendig werdende Umpositionierung zu bewerkstelligen. Wer sich als günstigster Anbieter im Segment positioniert hat, wird ein Problem haben, wenn später hochpreisige Ware verkauft werden soll. Wer den Qualitätsansatz in den Vordergrund stellt, bekommt bei Produktmängeln ein überdimensionales Problem, wer den besten Service auslobt, sollte ihn auch bieten können, und das umfangreichste Angebot muss auch tatsächlich vorhanden sein. Das heißt aber nicht, dass unternehmerische Neuerungen nicht zwangsläufig Eingang in die Positionierung und damit in die kommunikative Ausrichtung finden müssen: „Die Neupositionierung ist nach reiflicher Betrachtung der Umstände Überlebensstrategie im Markt. Ein Unternehmen, das gesellschaftspolitische, wettbewerbsrelevante oder beispielsweise technische Trends nicht antizipiert oder wenigstens rechtzeitig darauf reagiert, bleibt zurück. Märkte verändern sich ständig und damit auch Positionierungsräume und die Potenziale, die sich mit ihnen verbinden."[44]

3.3   Agenda Setting: Die Formulierung von Botschaften

Integrierte Kommunikation verlangt nach konsistenten, widerspruchsfreien, klaren und verständlichen Botschaften. Die Topografie der Kommunikationsthemen wird durch die Themenfelder und Dachbotschaften markiert, aus denen dann Teilbotschaften und Stories abgeleitet werden können. Wir haben es also mit einer Hierarchie von Botschaften zu tun: Kommunikative Leitidee – Kernaussagen – Einzelaussagen. Schließlich ist auch noch die Tonalität der Inhalte zu definieren. Bei der Arbeit an den Botschaften steht die Dialoggruppe im Vordergrund. Das bedeutet, dass die Sprache an die Bedürfnisse der Anzusprechenden anzupassen ist. Das erfordert Einfühlungsvermögen, Recherche über das kommunikative Umfeld der Zielgruppe und Anpassung in der Diktion. Es ist oft sehr effektiv, erst einmal zuzuhören, bevor man selbst spricht. Das gilt auch für die Öffentlichkeitsarbeit.

Die kommunikative Leitidee ist die kreative Zuspitzung der gewünschten Positionierung. Dazu einige Beispiele:

> Die Freiheit, die in den Zeiten, als Rauchen noch ein Kommunikationsthema war, durch den Marlboro-Cowboy symbolisiert wurde, wird heute mit den Flügel verleihenden Dosen von Red Bull verbunden. Deutsche Großbanken konzentrieren sich darauf, ihren Kunden zu erklären, dass sie „Beraterbanken" sind, ihre Schweizer Kollegen stellen in den Mittelpunkt, dass nur dort gehobenes Private Banking aus der Jahrhunderte langen Tradition heraus zu Hause ist. Dass „nur ein Mercedes ein Mercedes ist", spielt auf die Qualitätsanmutung an, während Mitbewerber BMW einfach „Freude am Fahren" vermitteln will.

> Der Holzwerkstoffhersteller EGGER formuliert: „Mehr aus Holz", die Testimonials der verschiedenen Sportmarken vermitteln allesamt, dass in den Schuhen und Trikots dieser Her-

steller die Schinderei im Training zum puren Spaß wird, dass daraus der ultimative körper-liche Kick entsteht. Um noch zwei aktuelle Beispiele aus der Politik zu nehmen: Der Kli-mawandel sorgt dafür, dass sich die Politiker nun um eine „gerechte Umweltpolitik" sorgen, die den CO_2-Ausstoß reduzieren soll. In der Schulpolitik lautet die Leitidee nach zermür-benden Pisa-Ergebnissen: „individuelle Förderung der Schüler."

Im Rahmen des Kommunikationskonzeptes muss der Horizont der Themen abgesteckt wer-den, zu denen ein Unternehmen Stellung bezieht. Die Erfahrung lehrt, dass sich Unternehmen mit dem vorausschauenden Abstecken von Botschaften sehr schwer tun. Die Fantasie reicht meist für Unternehmens- und Produkt-PR, darüber hinaus werden aber die Horizonte der Themen sehr verschwommen.

Die Beschäftigung mit den Botschaften („Issues") hilft beim Agenda Setting ebenso wie bei der Krisenprävention und dient ganz allgemein dem Wissens- und Kommunikationsmanage-ment.

Erfolgreiche Unternehmen legen im Leitbild ihre Strategie fest und umreißen damit auch ihre Dachbotschaften. Sie lassen sich auch aus den Analysen ableiten, die am Beginn der Erstel-lung des Kommunikationskonzeptes (z.B. SWOT-Analyse) erstellt wurden. Und sie sollten sich daran orientieren, was die jeweilige Dialoggruppe interessiert und nicht (nur) daran, was das Unternehmen gerne erzählen möchte: „Do not write about your company and your pro-ducts. Thought leadership content is designed to solve buyer problems or answer ques-tions."[45]

Aus der Botschaft und der kommunikativen Positionierung entsteht dann die Leitidee. „Ge-meinsam ist allen Ideen, dass sie spontan anreizen, im Kopf der Zielgruppe sofort ein Bild erzeugen und in der Erinnerung einen bleibenden Eindruck hinterlassen."[46] Entscheidend ist nicht, welche Inhalte und Absichten das Unternehmen zu kommunizieren versucht, sondern welches Bild in den Köpfen der Anspruchsgruppen entsteht, welches Profil sich das Unter-nehmen gibt.

Die Botschaften, die ein Unternehmen aussendet, müssen sich an der Interessenslage der jeweiligen Dialogpartner orientieren. Zu viele und zu heterogene Botschaften sind kontraproduktiv, weil sie ein diffuses Bild entstehen lassen, ähnlich dem von Schauspielern, die von Berufs wegen in viele verschiedene Rollen schlüpfen.

Dabei gilt, dass nicht zu viele Botschaften vermittelt werden. Denn die können die Angespro-chenen nicht im Gedächtnis behalten. Es entsteht eine babylonische Sprachverwirrung, ein diffuses Bild statt eines klar umrissenen Profils. Denken Sie an das Beispiel mit den Schau-spielern am Anfang des Buches.

Jens-Uwe Meyer vergleicht die Rezeption uninteressanter Botschaften mit dem Spamfilter: „Ausblenden und Abschalten zählt zu den elementaren Überlebenstaktiken im Informationsdschungel."[47] Botschaften müssen sich vom Einheitsbrei positiv abheben. Dazu bedarf es kreativer kommunikativer Ansätze – ein Hinweis, der gar nicht dick genug unterstrichen werden kann. Denn: Ohne Kreativität ist alles Nichts in der PR. Ein gutes Handwerkszeug ist Voraussetzung, um überhaupt reüssieren zu können, aber ohne die „Königsidee" schafft es die Botschaft nicht mehr zum Konsumenten. Das Internet hat diese Erkenntnis noch verstärkt. Was nicht speziell für den User geschrieben wurde, was nicht den Anforderungen der Suchmaschinen entspricht, wird nicht gefunden und damit auch nicht gelesen. Hier ist eine noch viel stärkere Orientierung auf die Nische notwendig als in der massenmedialen Kommunikation. „The new publishing model on the Web is not about hype and spin and messages. It is about delivering content when and where it is needed and, in the process, branding you or your organization as a leader."[48]

Diese Tendenz wird auch durch den Quoten- und Verkaufsdruck der Medien und die selektive Suche der Internetuser verstärkt. Wenn bei einem Thema die Konsumenten wegschalten oder nicht weiter lesen, hat das Thema keine „Karrierechance." Ein starker Indikator dafür, ob ein Issue die Chance auf eine Fortsetzungsgeschichte bietet, sind die Post-its der Hörer und Leser auf den Online-Plattformen der Medien und die diversen Blogs. Je mehr Einträge dort zu finden sind und je deutlicher Position bezogen wird, desto wahrscheinlicher ist es, dass das betreffende Medium weiter recherchiert. Andere Indikatoren für Themenkarrieren sind Aufgriffe regionaler Themen in überregionalen Medien oder gar in internationalen Leitmedien. Es kommt nicht selten vor, dass danach die Welle wieder in die regionale Berichterstattung zurückschwappt.

Das proaktive Herangehen an Themen ist eine Sache, Issues entstehen aber auch oft exogen und müssen dann entsprechend professionell behandelt werden. Neue Themen entstehen im Übrigen nur selten durch die mediale Berichterstattung. Die Medien greifen vielmehr nur das auf, wofür sich breitere Kreise zu interessieren beginnen. „Je eher man sich auf solche Debatten einlässt, desto ungewohnter zwar, aber auch desto leichter sind sie zu führen: nicht nur weil die Zahl der Teilnehmer am Gespräch um so überschaubarer bleibt, je früher es einsetzt, sondern auch weil die Gesprächsbereitschaft umso größer sein wird, je unfertiger das Gedankengebäude entwickelt ist, um das es geht."[49]

Je früher ein Unternehmen mithin kritische Themen erkennt, sie benennt und sie steuert, desto einfacher und billiger ist der Einfluss auf sie. Das besetzen positiv besetzter Issues hat auch signifikante Auswirkung auf die Unternehmensreputation.[50] Je stärker ein Issue wird, desto teurer wird jeder Einfluss auf Thema und Agenda. Ein Thema zu ignorieren, das die Öffentlichkeit bewegt, ist schon der Beginn einer Krise. Die Automobilindustrie beispielsweise hat mit Sicherheit die Vehemenz der CO_2-Diskussion und das daraus resultierende Momentum kommunikationspolitischen Handelns unterschätzt. Sonst wäre besonders bei den deutschen Premiumherstellern beizeiten eine vernünftige Kommunikations- und Lobbying-Strategie entwickelt worden.

Die Beobachtung der Entwicklung von unternehmensrelevanten Botschaften ist ein ganz wesentlicher Aufgabenbereich der PR. Rechtzeitiges Schwimmen auf oder sogar vor der Welle bringt mehr, als in der auslaufenden Gischt hin und her gebeutelt zu werden.

„Es ist unbedingt zu verhindern, mit bereits erodierten Themen in die Kommunikation zu gehen. Die Zielgruppe wird diese Nachlässigkeit mit mangelnder Aufmerksamkeit bestrafen."[51] Nachdem geeignete Themen identifiziert sind, müssen die ihnen zu Grunde liegenden Probleme analysiert werden, ihr Bezug zur eigenen Organisationsstrategie geprüft und schließlich die Umsetzung geplant werden.[52]

Anhaltspunkte, welche Themen relevant sein können, liefern folgende Charakterisierungen von Issues:

■ Ein Thema ist von öffentlichem Interesse.

■ Es gibt ein Konfliktpotenzial.

■ Es gibt einen Einfluss auf das Unternehmen oder die anzusprechenden Zielgruppen.

Mögliche Themen lassen sich nach fünf Wertigkeiten einteilen:

1. Latente Issues sind nur für eine kleine Zielgruppe von Interesse.

2. Potenzielle Issues stoßen bereits auf das Interesse einer interessierten Fachöffentlichkeit.

3. Aufkommende Issues werden durch Multiplikatoren aufgegriffen und auch medial verbreitet.

4. Aktuelle Issues sind solche, die eine inhaltliche Polarisierung aufweisen.

5. Kritische Issues sind solche, deren Widersprüche sich nur noch mühsam auflösen lassen und schlimmstenfalls sogar zu rechtlichen Auseinandersetzungen führen.

Jedes Thema kann sich in die nächste Stufe hinein entwickeln. Es lässt sich aber auch gezielt in die vorige Stufe hinunter transferieren. Statt passivem Zuschauen ist daher aktiver Einsatz gefragt. Issue Management zielt darauf ab, mögliche Diskrepanzen zwischen dem öffentlichen Anspruch und dem tatsächlichen Unternehmensverhalten selbst zu entdecken – bevor es andere tun und dabei negativ belegen. Im proaktiven Aufdecken und Agieren behält das Kommunikationsmanagement das Heft in der Hand und kann die Weichen mit relativ geringem Aufwand im Sinne des Unternehmens stellen.

Issues in den Medien zu platzieren funktioniert heute längst nicht mehr so wie vor einigen Jahren. Immer häufiger fragen sich Journalisten, was sie davon haben, wenn sie die gleiche Pressekonferenz wie alle anderen besuchen und danach das gleiche schreiben wie alle anderen Kolleginnen und Kollegen auch. Dafür werden oft exklusiv angebotene Stories sehr ausführlich dargestellt und bringen dem Absender mehr als die Dutzendware.

Es lohnt sich deshalb auch hier, die Frage zu stellen, für welches Medium, für welches Format, welche Rubrik, welche Redaktion sich für eine Geschichte besonders eignet. Jens-Uwe Meyer nennt das den „Chancenblick".[53] Das verlangt ein hohes Maß an eigenem journalistischem Denken, an Verständnis für die Arbeitsweise von Redakteuren, an Gefühl für medientaugliche Geschichten. Wenn diese drei Voraussetzungen gegeben sind, besteht eine gute Chance, dass eine angebotene Story auch tatsächlich aufgegriffen wird.

Die Realität sieht anders aus. Die meisten Presseaussendungen sind 08/15. Um der Kreativität auf die Sprünge zu helfen gibt es einige bewährte Methoden, die es leichter machen, eine Geschichte gegen den Strich zu bürsten, aus ihr das Ungewöhnliche herauszuholen und damit das zu bieten, was aus dem Rahmen fällt und die Chance bietet, in die Medien zu kommen. Jens-Uwe Meyer nennt das einen strukturierten Zugang zur verrückten Idee. Er wendet die so genannte Apfel-Methode an:

– Das **A** steht dabei für Assoziationen bilden und Analogien suchen. Dabei werden Gedanken rund um die verschiedenen Aspekte des Themas entwickelt und ähnliche Geschichten aus anderen Bereichen gesucht.
– **P** steht für Perspektivenwechsel und die Betrachtung aller Aspekte aus verschiedenen Richtungen sowie problemorientiertes Denken, also die Entwicklung von Themen ausgehend von Problemen und Bedürfnissen.
– **F** heißt Fragen über das Unternehmen und seine verschiedenen Seiten stellen.
– **E** bedeutet Ergebnisse kombinieren, bündeln und neu zusammenfassen.
– **L** steht für die Lösungen bewerten.

Schauen wir uns einmal ein wenig näher an, welche Issues Unternehmen kommunizieren. Ich habe dazu die Pressecorner von mehr als 300 Unternehmen aus den Bereichen Industrie, Tourismus, Handel, Kulturinitiativen, Gewerbe und Transport dahingehend untersucht, welche Themen kommuniziert werden. Die größere Zahl der näher angesehenen Pressearchive stammte von kleinen und mittleren Unternehmen, ergänzt durch einige Dutzend börsennotierte Großunternehmen. Die Qualität und Quantität der Medienarbeit variiert natürlich sehr stark und wäre eine nähere Betrachtung Wert. Grundsätzlich gilt, dass der Online-Medienbereich nicht nur für Journalisten interessant ist, sondern auch für Kunden und andere Interessenten. Diese Sites gehören deshalb auch zu den am meisten frequentierten. Finden sich dort viele Nachrichten, liegt die Annahme nahe, dass es sich um einen aktiven Teilnehmer im Markt handelt und damit auch um einen wichtigen Mitspieler im jeweiligen Wirtschaftsbereich.

> **Die schriftlichen Presseinformationen deutschsprachiger Unternehmen sind stark kopflastig, befassen sich in erster Linie mit klassischen Unternehmens- und Produktinformationen und werden im Schnitt ein- bis zweimal pro Monat versandt. Nur große Unternehmen mit hohem Innovationsgrad kommen auf mehr als 100 Presseinformationen im Jahr.**

Insgesamt wurden im Beobachtungszeitraum 2007 von den 300 beobachteten Unternehmen und Institutionen knapp 8 000 Pressemitteilungen auf die Homepage der untersuchten Unternehmen gestellt. Berücksichtigt man, dass eine Reihe kleinerer Unternehmen sich mit oft nur ein bis zwei Pressekontakten begnügen und bei vielen Unternehmen sowie Kultur- oder Tourismusorganisationen gar keine Medienarbeit auf der Homepage sichtbar wurde, so kann man als grobe Aussage festhalten, dass bei mittelständischen Unternehmen etwa ein- bis zweimal im Monat die Medien schriftlich kontaktiert werden. Die großen börsennotierten Unternehmen sind noch aktiver. Die Variationsbreite ist dabei natürlich sehr groß. Dazu einige Beispiele:

> Die Deutsche Bank stellt pro Woche rund zwei Presseinformationen online, eine ähnliche Frequenz weisen auch alle anderen großen Banken auf. Regionalbanken und Privatbanken wenden sich etwa alle zwei Wochen an die Medien. Ausreißer nach oben – mit über 100 jährlichen Presseinformationen, die dann auch auf der Homepage dokumentiert werden – sind in der von mir getroffenen Auswahl der Europapark Rust, SAP, eine ganze Reihe von Universitäten, die meisten Autohersteller, Telekom Austria, eine Reihe von Kultur- und Konzertveranstaltern, größere Industriebetriebe, die häufig auch einen starken Fachmedienfokus haben (z. B. Bayer, Nokia, BASF oder der Holzwerkstoffhersteller EGGER), große Verkehrsbetriebe wie die DB, SBB und ÖBB, die großen deutschen Flughäfen und die schon angeführten Großbanken. Interessant ist auch ein Blick auf die Modemarken. Benetton oder H&M notieren ziemlich gleich mit etwa 30 Presseaussendungen pro Jahr, während C&A sich auf ganz wenige Presseinformationen beschränkt und gar kein Pressearchiv aufweist.
>
> Die Taktung von zwei bis vier Presseinformationen im Monat halten auch große Speditionen, aber auch eine Reihe von börsennotierten Unternehmen (z. B. Wienerberger, Voest Alpine in Österreich, Baloise oder ABB in der Schweiz) ein. Etwa wöchentlich schreiben die Tourismusveranstalter TUI und Kuoni die Journalisten an.
>
> Als Fazit lässt sich ziehen, dass größere Unternehmen allesamt ihre Marktbedeutung richtig einstufen und recht häufig auf der Klaviatur der (schriftlichen) Medienarbeit spielen. Beim Blick auf die kleineren Unternehmen wird aber deutlich, dass hier noch enormes Steigerungspotenzial vorhanden ist.

Es war naheliegend, die Pressecorner auch in grobe Kategorien einzuteilen und die im Archiv vorhandenen Pressemitteilungen nach Meldungen über die Unternehmensentwicklung, Produkt-PR, Events, Personalia und Sonstiges zu unterteilen. Demnach fällt ein knappes Drittel der Meldungen in den Bereich der klassischen Unternehmenskommunikation. Hier werden also beispielsweise Unternehmensergebnisse bekanntgegeben, Investitionen oder Unternehmenskäufe angekündigt, Strategien zur Marktbearbeitung offenbart oder der Abschluss neuer Großaufträge kommuniziert.

Klassische Produkt-PR liegt bei dieser Erhebung unter den Issue-Kategorien etwa gleich auf. Etwas mehr als jede vierte Presseinformation bezog sich bei den untersuchten Unternehmen auf neue Produkte und Dienstleistungen, auf Spezialangebote, Produkt-Faceliftings und Ähnliches. Allerdings gibt es hier ganz starke Unterschiede. Bei touristischen Betrieben liegt beispielsweise diese Kategorie weit abgeschlagen hinter den Events zurück. Aber auch

Unternehmen aus den anderen Wirtschaftssparten wissen um die Bedeutung von Veranstaltungen. Da sie darauf setzen, die Zielgruppe in einem nicht produktaffinen Umfeld abzuholen, werden auch bei der dazu gehörenden Medienarbeit die Faktoren Spaß und Prominenz in den Vordergrund gerückt. Die Gäste werden in rund einem Fünftel der Pressemitteilungen zu Testimonials.

Personalnachrichten spielen bei den Unternehmen eine eher untergeordnete Rolle. Rund jede zehnte Nachricht befasst sich bei den untersuchten Unternehmen mit Personen des Unternehmens, mit Positions-Neubesetzungen, Karrieren, Jubiläen oder Begegnungen.

Mit diesen groben Überkategorien – also Unternehmens-, Produkt-, Event- und Persönlichkeits-PR – sind die Themen weitgehend erschöpft. Weniger als jede zehnte Pressemitteilung fällt aus diesem Rahmen heraus und greift bewusst andere Themen auf.

Die PR-Botschaften sind vielfach sehr kopflastig, einfache Sachverhalte werden kompliziert dargestellt und selbst kurze Sachverhalte langatmig erklärt. Immer wieder kommt es vor, dass besonders Techniker oder EDV-Experten auf der komplizierten Darstellung von Problemlösungen beharren. Sie sind so sehr von den eigenen Entwicklungen begeistert oder so sehr von dem Leid und den Fehlschlägen der Einzelhaft der Entwicklungsmonate geprägt, dass sie das Durchlittene mit jemandem teilen möchten. Dabei vergessen sie ganz, dass den Rezipienten überhaupt nicht interessiert, wie etwas funktioniert, sondern nur, was er selbst davon hat. Dieser „Egotrip" hat verheerende Auswirkungen auf die Rezeption solcher Texte: Sie werden von den Medien einfach ignoriert und haben damit nie die Chance, zum „User" vorzudringen.

Freilich geht es auch anders. Wenn Sie sich zum Thema: „Wie vermittle ich technisch schwierige Zusammenhänge so, dass sie auch für den interessierten Laien verständlich sind", einen Überblick verschaffen möchten, empfiehlt sich ein Blick in die Pressecorner der im TecDax notierten Unternehmen. Ich habe hier rund ein Dutzend Archive mit Pressemitteilungen durchforstet, wobei fast durchwegs sehr gut verständliche und auf die Zielgruppe abgestimmte Texte zu lesen waren. Natürlich kommen dabei manchmal auch die üblichen Produkt-Wortungetüme vor. In der Regel werden aber die verwendeten Begriffe verständlich erklärt und damit keine unüberwindbaren Kommunikationshürden aufgebaut.

Fakt ist, dass es ganz ohne „Kopfgeburten" in den Texten gar nicht geht. Denn die Medien selbst verlangen danach. Wie sagt doch Focus-Chefredakteur Helmut Markwort in Fernsehspots seines Blattes: „Fakten, Fakten, Fakten!" Eine Journalistenumfrage, die Pleon Publico Salzburg für den größten österreichischen Verbund von Seilbahnunternehmen, Ski amadé, durchgeführt hat, ergab ganz das gleiche Bild: Gewünscht sind in erster Linie „harte Informationen" über Investitionen, Zahlen von Lifteintritten und Ähnliches. Der postulierte Bedarf an Infos über Softfacts wie Schulung der Mitarbeiter, Special-Interest-Programme etc. fand sich auf dem Themen-Wunschzettel der befragten Journalisten unter „ferner liefen."

Harte Fakten als Recherchebasis für journalistische Artikel werden so wohl noch längere Zeit den Kern der schriftlichen PR-Arbeit bilden. Was deren Länge betrifft, sollte man sich immer wieder vor Augen halten, dass es auch prägnanter geht. Die Theorie des Pythagoras umfasste 24 Worte, das Archimedische Prinzip deren 67, die 10 Gebote kommen mit 167 und die amerikanische Unabhängigkeitserklärung mit 300 Worten aus.[54] Ein längerer Beitrag in den Hörfunknachrichten oder ein größerer dreispaltiger Artikel in einer Tageszeitung umfasst etwa 2 000 Zeichen. Wozu also Romane schreiben und an die Medien schicken?

3.4   Handlungsstrategie als Hebel zur Meinungsänderung

Die Handlungsstrategie ist das Verbindungsglied zwischen den bisher durchschrittenen Analysefeldern und den Maßnahmen. Sie muss den Hebel beschreiben, mit dem eine Meinungs- oder Einstellungsänderung funktioniert, wie sich die Ziele mit den jeweils definierten Zielgruppen erreichen lassen. Die Handlungsstrategie ist der Wegweiser zum Ziel. Der Begriff kommt aus der Militärsprache, und deshalb werden auch immer wieder militärhistorische Beispiele herangezogen. Die Berlinerin Stephanie Schmidt verwendet in ihren Seminaren für die Deutsche Presseakademie folgendes Beispiel: Hannibal wollte Rom erobern. Das ist die Zielsetzung. Er überquerte die Alpen mit Elefanten. Die Überquerung der Alpen entspricht dem strategischen Ansatz. Er hätte ja auch andere Wege einschlagen können. Die Entscheidung für die Elefanten war seine Maßnahmenfestlegung.

Die Handlungsstrategie ist der Kern der Konzeption, sie legt in aller Kürze, Klarheit und Plausibilität die Option fest, die umgesetzt werden soll.

Renée Fissenewert und Stephanie Schmidt haben bewährte Lösungsprinzipien aufgelistet, die als Lösungsprinzipien für ein PR-Konzept in Frage kommen. Diese 36 möglichen Strategeme – also Lösungsprinzipien – sind schon seit 2 500 Jahren in der chinesischen Kultur bekannt.[55] Die bekanntesten, die sogleich auch Bilder von erfolgreichen Beispielen im Kopf entstehen lassen, sind: Aus dem Nichts etwas erzeugen, hinter dem Lächeln den Dolch verbergen, ausgeruht den erschöpften Feind erwarten, im Osten lärmen, im Westen angreifen, auf das Gras schlagen, um die Schlange aufzuscheuchen, oder den Tiger in die Ebene locken, um ihn in unbekanntem Terrain zu fassen zu kriegen.

In der Militärsprache, aus der ja der Begriff der Strategie kommt, werden Schlagworte wie *Angriff, Verteidigung, Flucht, Verzögerung, Umgehung, Kräftebündelung* oder andere gebraucht. Auch daraus lassen sich Optionen für die Handlungsstrategie ableiten.

Nachstehend einige in der PR-Praxis häufig anzutreffende Handlungsstrategien. Entstanden ist diese Auflistung aus eigener Erfahrung, aus der Beobachtung funktionierender Kampagnen und aus der Analyse dutzender Konzepte, die Preise gewonnen haben oder publiziert wurden. Der besseren Übersicht wegen sind die Handlungsstrategien nach Lösungsprinzipien gegliedert. Diese (sicher längst nicht vollständige) Systematisierung unterteilt sich in Absender-, Empfänger-, Mittler-, Themen- und Umsetzungsorientierte Strategien. Dazu sind auch jeweils Beispiele angeführt, die zeigen sollen, was jeweils damit gemeint ist.

Absenderorientierte Strategien:

- Die **Top-Down-Strategie** geht davon aus, dass ein Thema von oben nach unten über die Hierarchie hin transportiert wird. Zuerst wird bei Meinungsbildnern eine Position aufgebaut, später dann in einer breiteren Öffentlichkeit. Themenkarrieren werden oft so gesteuert, dass etwa gezielt ein Interview in einem Medium mit hoher Reputation gegeben wird. Andere Medien zitieren dann aus diesem Interview, Interviewanfragen und Einladungen in Talkshows folgen. Der „Rückspiegel" im Hamburger Magazin zeugt allwöchentlich davon, wie das Prinzip funktioniert.

- Die **Bottom-up-Strategie** setzt auf informelle Informationswege, eine Handlungsstrategie die dem Internet-Zeitalter auf den Leib geschneidert ist. Edmund Stoibers 10-Minuten-Rede zum Transrapid wurde zum kabarettistischen Welterfolg, weil ein paar Andersdenkende ihm auf You-tube ein Denkmal gesetzt haben. Popstars wurden durch Erstveröffentlichung ihrer Werke im Internet „geboren", Bücher verkaufen sich durch Besprechungen von Lesern auf Amazon.

- Die **Kooperationsstrategie** verbindet zwei Marktakteure zu einer Win-Win-Situation. Als Beispiel können Gemeinschaftsausstellungen von Regionen auf großen internationalen Messen oder die Tourismuswerbung verschiedener Destinationen eines Landes an den Hotspots ihrer Herkunftsländer angeführt werden. Im Social Sponsoring verstärken Hilfsorganisationen ihre Kommunikationsaktivitäten durch enge Zusammenarbeit mit einem attraktiven Partner aus der Wirtschaft. In einigen Fällen kommt diese Strategie auch bei der Fusion von zwei gleich starken Unternehmen vor.

Empfängerorientierte Strategien:

- Auf Dialog setzt die **Einbindungsstrategie**. Auf einer Metaebene wird diese Strategie im Rahmen der österreichischen Sozialpartnerschaft seit Jahrzehnten erfolgreich eingesetzt, der deutsche Bundeskanzler Helmut Schmidt wollte Gleiches mit seiner „konzertierten Aktion" einführen. In der Wirtschaft wird die Einbindungsstrategie beispielsweise in Form von Anrainerplattformen (fast jeder Flughafen sucht so den Interessenausgleich), in der aktiven Einbindung von Projektbefürwortern etwa bei Infrastrukturprojekten oder in der Mitarbeiterinformation umgesetzt.

- Die Kampagne „Du bist Deutschland" ist einem Konzept gefolgt, das man als **Strategie des geteilten Erfolgs** bezeichnen könnte. Bei dieser Kampagne haben sich 2004 die großen Verlage zusammengetan, um gemeinsam gegen den Abwärtstrend anzukämpfen. Frei nach dem Motto John F. Kennedys: „Frag nicht, was dein Land für dich tun kann, sondern was du für dein Land tun kannst." Logisch daran angeschlossen hat die PR-Kampagne vor der Fußball-WM 2006, die das Team mit dem ganzen Volk verband. Das Ergebnis: Nicht elf Fußballer haben das deutsche Sommermärchen 2006 bewirkt, sondern eine ganze Nation, die gemeinsam Freude an diesem Fest erlebte. Regionen oder ganze Bundesländer setzen in ihren Standortkampagnen auf die Fürsprache stolzer Bürger. Diese Strategie wird auch häufig in der internen Kommunikation angewandt oder bei Firmenjubiläen, bei denen den Partnern (Mitarbeitern, Kunden, Lieferanten, Finanzinstitute etc.) das Gefühl vermittelt wird, dass sie Teil der Erfolgsgeschichte sind.

Mittlerorientierte Strategien:

- Die **Testimonialstrategie** legt ein Thema einem besonders bekannten Absender in den Mund. Bei dieser Form des „name dropping" wird auf Sympathie und Bekanntheit einer Person gesetzt, die sich auf das Unternehmen überträgt, ohne dass ein unmittelbarer Bezug zum Produkt vorhanden sein muss. In vielen Fällen kann der CEO selbst zum Testimonial des Unternehmens werden.

- Die **Empfehlerstrategie** nutzt die Aussagen von Menschen, die für die Zielgruppe glaubwürdig sind. Ausgewiesene Experten sprechen für ein Produkt, Ärzte unterstreichen die Wirksamkeit von Medikamenten, Formel 1-Piloten wie Mika Hakkinen oder Michael Schuhmacher vermitteln das Fahrerlebnis in den Gebrauchsfahrzeugen des Mutterkonzerns ihres Rennstalls.

- Die **Strategie der Befürworter** setzt bei den Bezugsgruppen an, die die größtmögliche Affinität zu einem Thema haben und den geringsten Widerstand entgegensetzen. Damit wird zugleich die Schweigespirale durchbrochen, weil mit der Einbindung der Befürworter eines Themas zugleich auch eine Art von Supporter-Lobby gebildet wird. Nehmen wir das Beispiel des Baus eines neuen Fußballstadions: Statt sich mit den Anrainern (und damit meist Gegnern) primär zu beschäftigen, werden die Fußballfans selbst zu begeistern versucht. Damit werden zustimmende Meinungen in der Öffentlichkeit generiert.

Umsetzungsorientierte Strategien:

- Extreme Offensive verlangt die **Strategie des kommunikativen Sperrfeuers**. Hier ist der Ausgangspunkt ein latentes kritisches Kommunikationsproblem, das sehr unangenehm werden kann, wenn es sich als aufkommendes Issue in den Medien wiederfindet. Bei dieser Strategie wird versucht, die Aufmerksamkeit auf Nebenschauplätze abzulenken, und damit von der kritischen Agenda abgelenkt. Bei diesen Optionen muss man sich allerdings wohl bewusst sein, dass diese auch scheitern kann, wenn das Thema doch noch den Weg in die Öffentlichkeit findet.

- Die **Strategie der Flucht** kommt sehr zum Leidwesen von Kommunikationsexperten sehr häufig vor. Wenn ein für ein Unternehmen unangenehmes Thema auftaucht, das sich zu einem Kommunikationsproblem verdichtet, kann es aber in der Tat eine adäquate Handlungsstrategie sein, sich dem Dialog zu entziehen. Manchmal kann es eben auch nützen, „bestehende Ressourcen durch Nicht-Kommunikation zu schützen und zu erhalten".[56]

- Die **Strategie der Provokation** verwenden Newcomer im Markt gerne, die den Alteingesessenen vorhalten, sie wären träge geworden, böten zu wenig Service oder seien zu teuer. Stark zugenommen hat diese Strategie mit dem Wegfall des Verbotes der vergleichenden Werbung. Peugeot stellte 2003 in einer Kampagne (die gegen die deutsche Autoindustrie gerichtet war) die Frage: „Raucher oder Nichtraucher?" und löste bei den Angesprochenen prompt erheblichen Rechtfertigungsdruck aus. Fünf Jahre später ließen die gallischen Autobauer Sushi, Weißwürste und eine Stange Baguette gegen eine Wand knallen, um zu zeigen, dass das französische Weißbrot am wenigsten Schaden beim Crashtest nimmt, während die anderen Nahrungsmittel spektakulär und in Zeitlupe auseinanderfliegen.

- Die **Strategie der Visualisierung** entsteht aus dem Bedürfnis, Bilder zu erzeugen, die sich mit einem Unternehmen verbinden. Ein Key-Visual wird eingeführt, das in den Mittelpunkt aller Kommunikationsmaßnahmen gestellt wird und damit bei den angesprochenen Dialoggruppen Assoziationen hervorruft. Ein Beispiel kann der mit knallgelben Segeln ausgestattete Dreimaster der Deutschen Postbank AG sein, der im Zuge des Börseganges eingesetzt wurde, die Mullbinde von Ärzten ohne Grenzen oder die Schleife am Revers, die auf die Aidskampagne hinweist.

- Die **Strategie der Haptik** setzt dagegen auf das Erlebnis des Erfühlens. Der Holzwerkstoffhersteller Egger hat 2007 eine neue Kollektion beschichteter Spanplatten vorgestellt, die sich durch eine ausgeprägte Struktur auszeichnen. Um diese Innovation erlebbar zu machen, wurden Container gebaut, in denen die Besucher – Journalisten, Kunden, Mitarbeiter – mit Händen und Füßen (für die eigene gebrandete Socken hergestellt wurden) die überdimensional nachgebauten Oberflächen „ertasten" konnten.

- Mit der **Strategie des Big Bang** wird ein Schwergewicht auf den Kampagnenstart gelegt. Das heißt: Alle Kraft fokussiert auf einen speziellen Tag, an dem ein möglichst großer Aufmerksamkeitswert erzielt werden soll. Gleichzeitig werden sämtliche Kommunikationsmaßnahmen gestartet, um damit im wahrsten Sinne des Wortes zum „Tagesgespräch" zu werden. Sehr gut zu beobachten ist diese Strategie bei Umbenennungen von Unternehmen. Der deutsche Energie-, Chemie- und Immobilien-Mischkonzern Evonik oder der österreichische Uniqa-Versicherungskonzern sind dafür gute Beispiele.

- Die **Strategie des Kontrapunkts** bricht mit herkömmlichen Denk- und Verhaltensmustern. Die als hart charakterisierte Hillary Clinton rang Anfang 2008 kurz vor der Vorwahl in New Hampshire mit den Tränen und schaffte es mit diesem Imagebruch tatsächlich, die Umfragewerte kurzfristig zu drehen. Das beste Beispiel aus der Wirtschaft ist die Kampagne von Dove. Während auf den Laufstegen halb verhungerte Models auftreten, setzt Unilever das Schönheitsideal „echter" – leicht molliger und auch nicht ganz junger – Frauen dagegen und macht damit Furore.

Themenorientierte Strategien:

- Sehr häufig – wenn auch meist unausgesprochen – wird die **Strategie der Themensetzung** verwendet. Dabei werden überraschende, neue Issues „erfunden". Umweltorganisationen sind darin Meister. Sie finden in Produkten plötzlich Ingredienzien, an die vorher kein Mensch gedacht hat, und konstruieren daraus Gesundheits- oder Ökologieprobleme. Forschende Unternehmen gewähren einen Einblick in ihre Entwicklungsarbeit und konstruieren daraus Zukunftsszenarien mit ganz neuen „Wünschen" der Verbraucher und bereiten so den Markt auf die Produkteinführung vor. Meinungsumfragen werden durchgeführt, um mit deren Ergebnissen eine „objektive" Ausgangsbasis für ein neu zu platzierendes Thema zu haben.

- Wenn sich kein „neues" Thema erzeugen lässt, kann die **Huckepackstrategie** einem Absender durch das Aufsetzen auf ein populäres Trägerthema zu Bekanntheit verhelfen. Hersteller von Solarkollektoren oder Pelletsheizungen nutzen die Aktualität der explodierenden Ölpreise und die Debatte über die notwendige Reduktion des CO_2-Ausstoßes. Im Prozess der Kleinanleger gegen die Deutsche Telekom, der auf größtes mediales Interesse stieß, schaffte es eine der zahlreichen Rechtsanwaltskanzleien durch ganz gezielte „Litigation PR", den Löwenanteil der Berichterstattung für sich zu erzielen. Pharmakonzerne nutzen die Diskussion um die Sanierung der finanzschwachen Krankenkassen dazu, ihre Generika zu pushen.

■ Schließlich darf nicht vergessen werden, dass es auch eine **Strategie der Gags**, der „queren" Ideen gibt. Der Meister dieser Strategie ist Stefan Raab. Seine Wok-WM musste auf Grund der Skurrilität einfach ein Erfolg werden. Die Hundeflirtbörse „Date a Dog" von Masterfoods, das Skispringen in Berlin oder New York für die Österreichwerbung, der Red Bull Flugtag, bei dem sich wagemutige „Piloten" mit selbst gebauten Flugmaschinen 6 Meter tief in die Donau stürzen sind weitere Beispiele für diese Strategie, die auf die Befindlichkeit unserer jungen Eventgesellschaft abzielen.

Die Liste lässt sich noch erweitern, der Erfindungsreichtum in der Entwicklung von Handlungsstrategien ist groß.

> **Aus dem Militärischen und der chinesischen Philosophie lassen sich Analogien zu Handlungsansätzen in der Kommunikation herstellen. Hier wurden die wichtigsten Strategieansätze in fünf Kategorien eingeteilt, die sich an Absendern, Mittlern, Empfängern, Themen oder an der Umsetzung orientieren.**

---

4.   Umsetzungsanalyse

Nach der Festlegung von Handlungsstrategie, Zielen, Zielgruppen, Botschaft und Positionierung geht es darum, das Profil durch PR-Maßnahmen zu schärfen. Wir befinden uns damit im dritten Segment des Analyse- und Entscheidungsrades der Kommunikation, in dem die Frage nach dem „Was" beantwortet wird.

Instrumente und Maßnahmen müssen mit den vorher fixierten Parametern übereinstimmen. Es macht keinen Sinn, ein Ziel zu formulieren und eine Zielgruppe zu benennen, die dann mit keiner entsprechenden Maßnahme angesprochen wird. Genauso ist es sinnlos, Maßnahmen zu formulieren, die nicht kongruent mit dem Budget sind. Die einzelnen Instrumente und Maßnahmen dürfen auch nicht isoliert voneinander geplant werden, da dies der Forderung der Integration nicht gerecht wird. Das klingt banal, ist es aber leider nicht.

Ein Fehler bei der Konzepterstellung ist, dass häufig versucht wird, durch Buntheit und Vielfalt mehr oder weniger kreativer Ideen zu blenden. Strategische Kommunikation bedeutet im

Gegensatz dazu die Suche nach realistischen und pragmatischen Lösungen. „Pragmatisch ist eine PR-Konzeption dann, wenn die aufgewendeten Mittel, um ein Konzept zu realisieren, in einem wirtschaftlich sinnvollen Verhältnis zu den erwarteten Resultaten stehen."[57]

Unterwerfen Sie sich nicht dem Zwang zur „Vollständigkeit". Niemand kann alle Kommunikationsbedürfnisse abdecken. Dazu reichen selbst die Mittel des potentesten Unternehmens nicht. Also: Mut zur Lücke! Wenn das Budget enden wollend ist, dann muss man sich halt entscheiden, bestimmte Ziele oder Dialoggruppen zu vernachlässigen. Entscheidungen sind auch für eine Vielzahl weiterer Alternativen zu treffen: „PR-Planungsprozesse sind permanente Selektionsprozesse, bei denen auf der Basis fachlicher Entscheidungsprämissen fortlaufend kommunikationspolitische Entscheidungen getroffen werden."[58] Es ist ohnedies so, dass man es nicht allen recht machen kann. Was bedeutet das in der Praxis? Wir legen die Instrumente entlang der Zeitachse fest, schauen, inwieweit die Dialoggruppen erreicht und die Ziele erfüllt werden können und vergewissern uns schließlich, ob der ausgearbeitete Katalog Platz findet in unserem Budget. Im Sinne unseres Konzeptes der integrierten Kommunikation muss durch die Nutzung der Synergien der differenzierten Kommunikationsinstrumente der Erfolg erhöht werden.

Aktivitäten müssen auf der Zeitachse so ausgerollt werden, dass sie einander verstärken und sich nicht konterkarieren. Es gibt nichts Schlimmeres als die Situation, dass eine wesentliche Zielgruppe sich übergangen fühlt, weil sie zu spät informiert wurde bzw. weil sie über die Medien vor vollendete Tatsachen gestellt wird.

Besonders bedeutend ist dies bei dezentralen Organisationen, bei Franchisegruppen oder bei additiven Kommunikationsbemühungen von Herstellern und Händlern. Um diese nicht zu abstrakt zu machen, dazu ein paar Beispiele:

> Dezentrale Organisationen sind etwa die Raiffeisen- und Volksbanken oder der Sparkassensektor. Hier gibt es eine Dachkommunikation und dazu einen Kommunikationsbaukasten, der auf regionale und lokale Ebene heruntergebrochen wird. Die einzelnen Gruppenmitglieder können von den angebotenen Instrumenten des Kommunikationsmix Gebrauch machen, müssen es aber nicht.

> Ein anderes Beispiel: Der Fachverband der Tischler in Niedersachsen hat 2008 eine Dachkampagne gestartet, die den Innungstischler als Problemlöser vorstellt. Damit die Kampagne möglichst breit getragen wird, werden auch den Innungen und Mitgliedsbetrieben Kommunikationstools an die Hand gegeben, sodass auch sie von den Aktivitäten des Fachverbandes direkt und durch individuell, lokal heruntergebrochene Aktionen profitieren können. Ob die einzelnen Mitglieder diese Möglichkeiten nutzen, liegt ganz bei ihnen.

Bei Franchisegruppen ist in der Regel der Spielraum geringer. Sie sind meist vertraglich gebunden, bestimmte Kommunikationsmaßnahmen zu setzen. Sehr komplex ist das Thema auch bei enger Verbindung von Hersteller und selbständigem Handel. Ein Beispiel dafür sind die Autohändler und die Marken, die sie vertreten. Spätestens seit der Gruppenfreistellungsverordnung der EU und der damit verbundenen Verbreiterung der Produktrange bei vielen Autohäusern ist eine integrierte Kommunikation schwierig geworden.

4.1   Instrumente und Maßnahmen

Nach diesen allgemeinen Bemerkungen zur taktischen Phase der Kommunikationsplanung gilt es, die Instrumente und Maßnahmen der Öffentlichkeitsarbeit näher ins Blickfeld zu nehmen. Häufig werden Instrumente und Maßnahmen vermischt. Deshalb hier eine kurze Erläuterung zu den PR-Instrumenten, die sich grundsätzlich in drei Ebenen teilen lassen:

■ Die „Polity-Ebene": Zu ihr gehören Corporate Design, Corporate Identity und Corporate Behavior.

■ Über dieser Basis sind jene Instrumente angeordnet, die gesellschaftlich und sozial ausgerichtet sind. Dazu gehören Public Relations, Public Affairs und Internal Relations.

■ Die dritte Ebene der Kommunikationsinstrumente sind marken- und produktbezogen. Hierzu zählen Product Publicity, Advertising, Sales Promotion, Direct Marketing und Sponsoring.

Die ersten beiden Ebenen wirken sich auf das Corporate Image aus, die dritte Ebene auf das Brand Image.

Im Überblick stellt sich dieser konzeptionelle Ansatz der Kommunikationsinstrumente folgendermaßen dar:

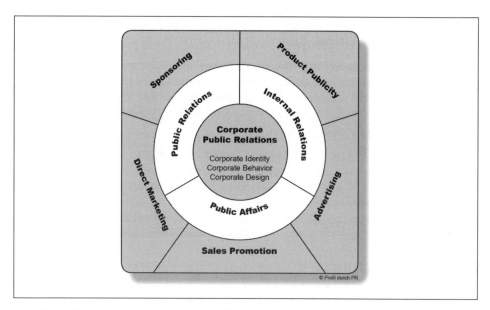

Abbildung 12: *Die ersten beiden Ebenen der kommunikativen Instrumente wirken sich auf das Corporate Image des Unternehmens aus, die äußere Ebene auf das Markenimage.*

Nach dem Konzept der integrierten Kommunikation ist es erforderlich, das gesamte Bündel an Instrumenten zu beachten, denen wiederum ein breites Spektrum an Maßnahmen zugeordnet werden kann. Maßnahmen gliedern sich also in den Instrumentenkasten ein. Die Grenzen zu anderen Disziplinen werden dabei überschritten. Längst ist Öffentlichkeitsarbeit geöffnet in Richtung Werbung, Direct Marketing, Lobbying, Product Placement, Verkaufsförderung und Merchandising. Und natürlich ist PR nicht nur Medienarbeit, wenngleich sie ein wesentlicher Faktor mit einem enormen Multiplikationshebel ist. Journalisten sind die wichtigsten Multiplikatoren für Unternehmensbotschaften. Gute Kontakte zu ihnen aufzubauen und zu erhalten gehört zu den wesentlichsten Aufgaben der Öffentlichkeitsarbeit. Für die Medienbeziehungen wurde laut einer Untersuchung der PR Week[59] am meisten Geld ausgegeben. Als Maßnahmen gehören Pressegespräche, Pressekonferenzen, Hintergrundgespräche, Medienlobbying, TV-Visibility-Programme oder Hörfunk-PR hierher.

Öffentlichkeitsarbeit bedient sich auch der Möglichkeiten der Dialogkommunikation im Sinne einer persönlichen Ansprache von Zielgruppen, des Sponsorings, des Eventmarketings (dazu zählen auch Symposien und Tagungen, Ausstellungen, Aktionstage und Workshops), des Corporate Publishing (Geschäftsberichte, Kundenmagazine, Newsletter, Kompetenz- und Buchveröffentlichungen), der neuen Medien (Content Management des Internetauftritts, Online-PR, SMS, E-Mail on demand) und nicht zuletzt natürlich der internen Kommunikation.

Bei der Konzepterstellung ist es auch bei der Auswahl der Instrumente und Maßnahmen wesentlich, Struktur in die Vielfalt zu bringen. Dies kann auf vier verschiedenen Wegen passieren:[60]

Maßnahmen lassen sich in vier Kategorien einordnen:

- **Nach Instrumenten: Alle Maßnahmen werden den Instrumenten zugeordnet.**
- **Entlang der Zeitachse aufgereiht: Die Kommunikation wird in Etappen realisiert, und die Maßnahmen werden diesen Phasen zugeordnet.**
- **Nach Zielgruppen strukturiert: Die definierten Zielgruppen bilden das Raster für die Maßnahmen.**
- **Nach Bedeutung festgelegt: Wenige zentrale Maßnahmen dominieren, dazu gibt es Zusatzaktionen und Maßnahmen „nice to have".**

Aus der Erfahrung heraus ist es am sinnvollsten, sich für jede Zielgruppe genau zu überlegen, mit welchen Maßnahmen das definierte Ziel am kostengünstigsten erreicht werden kann.

Nehmen wir ein Beispiel:

> Wir haben uns zum Ziel gesetzt, eine Hotelgruppe neu zu positionieren. Sie soll von ihrem bisherigen 3-Sterne-Image wegkommen und als 4- bis 5-Sterneanbieter am Markt auftreten. Zielgruppe sind gehobene Einkommensschichten im deutschsprachigen Raum. Als Themenstrategie setzen wir zu Beginn auf eine Kombination aus Testimonial-, Top-Down-

und Huckepackstrategie. Ein Star-Architekt wird eingesetzt, um seine Planungen für die neuen Häuser der Gruppe zu erläutern. Er stellt die Projekte in den hochwertigen Architekturzeitschriften vor, in der Erwartung, dass die Berichte in weiterer Folge auch für Lifestylemagazine interessant sind, die über die Architekturberichte auf die neuen Hotels aufmerksam werden. Sie werden eingeladen, die fertigen Häuser zu besuchen und über die neue Luxuskomponente der Gruppe zu berichten. Natürlich wird das Ganze dann auch noch mit Direktmarketing kombiniert, indem Stammgäste angeschrieben werden. Sie erhalten die neuen Hotelunterlagen, bekommen Mails mit Artikeln über die neuen Häuser usw. Das Ganze zieht sich über einen Zeitraum von zwölf Monaten und wird mit beispielsweise 150 000 Euro budgetiert.

Eine DIN A4-Seite sollte in der Regel ausreichen, um jede Einzelmaßnahme mit den genannten Unterpunkten und den zu kommunizierenden Themenschwerpunkten darzustellen. Alternativ kann auch die Maßnahme verbal formuliert werden, Zielsetzung, Zielgruppe, Timing und Budget können dann in einer gesonderten Übersichtstabelle aufgeführt werden. Das macht vor allem dann Sinn, wenn man sich einen raschen Überblick über den Jahresplan und seine Abfolge verschaffen will.

In beiden Fällen jedenfalls wird deutlich, ob der Maßnahmenplan vollständig ist – ob also für alle Ziele auch Maßnahmen geplant sind, ob wir alle definierten Zielgruppen ausreichend ansprechen etc. – und ob es zeitliche Kollisionen gibt.

Die folgende Übersicht ordnet den Maßnahmenkatalog nach direkten und indirekten Aktivitäten. Das ist auch deshalb wichtig, weil direkte Kommunikation gern als sehr probates Mittel des Beziehungsmanagements vernachlässigt wird und zu einer aussterbenden Art zu werden droht. Das direkte Gespräch ist bei jungen Menschen zweite Wahl geworden. Erst wird eine E-Mail oder eine SMS geschrieben, und nur wenn das nichts nutzt, wird zum Telefon gegriffen. Allerdings meist nur widerwillig. Dabei ist gerade die persönliche Beziehungspflege mit Kunden, Analysten, Mitarbeitern oder Journalisten ein wesentlicher Bestandteil des Erfolges. Wer sich abkapselt oder zum „SMS-Legastheniker" wird, kann kein Profil gewinnen. Das zeigen die Ergebnisse meiner Umfrage bei den PR-Agenturen ebenso wie die täglich erlebte Praxis.

Maßnahmen direkter Kommunikation		
Interne Zielgruppen	**Medien und Journalisten**	**externe Zielgruppen**
Gespräch	Einzelgespräche	Einzelgespräche
Ausstellung	Pressegespräch	Gesprächskreise
Betriebsausflug	Hintergrundgespräch	Diskussionsgruppen
Betriebsfest	Redaktionsbesuch	Workshops
Betriebsversammlung	Pressekonferenz	Akademien
	Journalistenreise	Symposien
	Symposien	Podiumsdiskussionen
	Podiumsdiskussionen	Kongresse/Fachtagungen
	Kongresse/Fachtagungen	Messen
	Messen	Werksführungen
	Werksführungen	Ausstellungen

Quelle: Reineke/Pfeiffer: PR Check-up

Maßnahmen indirekter Kommunikation		
Interne Zielgruppen	**Medien und Journalisten**	**externe Zielgruppen**
Schwarzes Brett	Leserbrief	Events
Briefe	Pressemitteilung	Informationsveranstaltungen
Gruppeninformation	Pressemappe	Anzeigen
Flugblätter	Pressestammtisch	Firmenbroschüren
Telefon-Hotline	Exklusivbericht	Produktbroschüren
Mitarbeiterpublikationen	Journalistenpreise	Geschäftsberichte
Kummerkasten	Journalistenwettbewerbe	Internet-Homepage
Internet-Homepage	Internet-Homepage	Internet-Foren
Internet-Foren	Internet-Foren	Teilnahme an Chatgroups
Teilnahme an Chatgroups	Blogs	Sponsoring
	Teilnahme an Chatgroup	Product Placement
		Merchandising/Licensing

Quelle: Reineke/Pfeiffer: PR Check-up

Abbildung 13: *Die Maßnahmen lassen sich in direkte und indirekte einteilen, also in solche, die eines Mittlers bedürfen, und solche, die in erster Linie auf das persönliche Gespräch setzen.*

Es sei noch einmal betont, dass es keinen Sinn macht, alle angeführten Aktivitäten[61] in den Maßnahmenplan hineinzuverpacken. Das Gegenteil ist der Fall. Die besten Konzepte konzentrieren sich auf wenige Maßnahmen und fokussieren auf einige Stärken. Es gehört zu den Anfängerfehlern, von allem ein wenig zu nehmen und damit im Grunde gar nichts zu erreichen. Profil gewinnt nur, wer sich fokussiert und strukturiert vorgeht.

Sehr fokussiert gaben sich auch die befragten PR-Agenturen bei der Frage: „Wie würden Sie die Bedeutung der folgenden Maßnahmen für die Profilierung eines Unternehmens einschätzen?"

■ An erster Stelle wurde die Persönlichkeit des CEO genannt (also keine Maßnahme im definierten Sinne). Über 90 Prozent sehen ihn als sehr wichtig, der Rest zumindest eher wichtig. Entsprechend werden von den Agenturen unter den Detailmaßnahmen auch unter anderem „Personensetting" und „Positioning" des CEO oder „Speaker Placement" extra angeführt.

■ Fast gleichauf mit der Positionierung des Firmenchefs liegt die Medienarbeit. Auf die offene Nachfrage, welche Maßnahmen hier besonders wichtig und erfolgreich sind, wird die proaktive Kontaktpflege zu Opinion Leadern in den Medien, die Pflege von Medienkontakten ganz allgemein, die systematische, langfristige, seriöse, und vertrauensbildende Zusammenarbeit mit den Journalisten besonders betont. Ein Agenturchef hat dazu noch extra unterstrichen, dass es besonders wichtig sei, einen „glaubwürdigen, kompetenten und möglichst charismatischen Sprecher" zu installieren.

■ Platz drei nimmt schon die Internetarbeit ein.

■ Direct Marketing fällt dahinter schon weit zurück. Bei Sponsoring verschiebt sich das Bild noch weiter Richtung weniger wichtig (zwei Drittel der Befragten sehen dieses Instrument als mittelmäßig bedeutend oder weniger wichtig).

■ Events sind dagegen für deutlich mehr als die Hälfte der Befragten eher wichtig bzw. sehr wichtig.

■ Eine bedeutende Rolle wird auch dem Corporate Publishing zugeschrieben. Kundenmagazinen, Geschäftsberichten, Newslettern etc. werden hohe Bedeutungen für den Erfolg beigemessen.

■ Ausdrücklich erwähnt wird von einer Reihe von Agenturchefs auch das Thema Corporate Social Responsibility. Dass dieses Thema bei rund einem Drittel der Befragten ungestützt angeführt wird, unterstreicht die wachsende Bedeutung des Konzepts, auf freiwilliger Basis soziale Belange und Umweltbelange in ihre Unternehmenstätigkeit und in die Wechselbeziehungen mit den Stakeholdern zu integrieren.

■ Schließlich werden auch noch Interne Kommunikation, Product Placement, Networking und Lobbying (darunter zählen auch Crosspartnerschaften), virale Kommunikation, Podcasts, Qualitätsmanagement und Celebrity Dressing als bedeutende PR-Maßnahmen genannt.

■ Bei der Nachfrage nach den wichtigsten und den Erfolg garantierenden Maßnahmen wurde ein zusätzliches Thema angesprochen, nämlich das Reporting.

Bei der Konzeption der Maßnahmen ist ganz sicher kein purer Aktionismus gefragt. Vielmehr muss es Schwerpunkte geben und auch Zeiten der Stille. Deekeling/Arndt ziehen hier den durchaus passenden Vergleich mit dem Kirchenjahr[62] heran, das neben den hohen Feiertagen auch Zeiten der Vorbereitung, der Stille und der täglichen Routinen kennt. Im Unternehmen sind das Pflichttermine wie die Bekanntgabe der Jahres- und Halbjahresergebnisse, große Messen, eigene Kundenevents, Führungskräfteklausuren, Jubiläen oder Betriebsversammlungen. Dieser Wechsel von Kommunikation und „aktivem Schweigen" hat auch einen Vorteil:

Die Anlässe, an denen kommuniziert wird, erhalten mehr Aufmerksamkeit, die Botschaften werden deutlicher vernommen.

4.2   Evaluation

Was die Wirkung der Öffentlichkeitsarbeit betrifft, so sei ein aus den USA stammender Stoß-seufzer zitiert, der da lautet: *„Measuring P.R. effectiveness is only slightly easier than measuring a gaseous body with a rubber band.“* Das will sagen: Die Effizienz der Kommunikation ist schlecht berechenbar. Dieser Meinung begegnet man laufend. Vielfach wird von Unternehmen auch freiwillig darauf verzichtet, den Erfolg der eigenen Öffentlichkeitsarbeit zu hinterfragen, darauf wurde bereits hingewiesen.

In der kommunikationswissenschaftlichen Literatur setzt sich allerdings zunehmend die Meinung durch, dass die Überprüfung der Ergebnisse unter dem Gesichtspunkt der Effizienzbewertung immer wichtiger wird. Das setzt voraus, dass schon bei der Konzepterstellung operationalisierbare Ziele formuliert werden, die kongruent zu den unternehmerischen und markenpolitischen Zielen sind. So wird der Erfolg einsehbar, belegbar, spürbar und auch messbar.

Ausführlich wurde erläutert, dass es schon im Rahmen des Planungsprozesses Kontrollpunkte gibt, an denen überprüft wird, inwieweit die einzelnen Schritte adäquat für die Lösung des Kommunikationsproblems sind. Die Planung und der laufende Prozess werden so einem permanenten Controlling unterzogen. Die Evaluation am Schluss des Analyseprozesses dient dazu, eine Bestätigung zu liefern, dass mit den eingesetzten finanziellen, sachlichen und personellen Mitteln die größtmögliche kommunikative Wirkung erzielt wird. Die Evaluation muss mithin den Managementprozess der Kommunikation in allen Stufen und auf allen Ebenen steuern und regeln sowie verlässliche Größen für die Korrektur laufender Programme und damit die Justierung künftiger Planungen schaffen.

Bruhn hat drei Typologien von Erfolgskontrolle erstellt: Wirkungs-, Effizienz- und Prozesskontrolle.[63] Bei der Prozesskontrolle geht es in erster Linie darum, den Ablauf der Projekte zu beurteilen. Bei der Wirkungskontrolle wird der Grad der kommunikativen Zielerreichung unter die Lupe genommen und bei der Effizienzkontrolle wird ein Kosten-Nutzenvergleich erstellt.[64]

> **Die Evaluation ermöglicht die Erstellung einer Kosten-Nutzen-Bilanz und liefert konkrete Hilfestellungen bei Entscheidungen während eines Kommunikationsprozesses. Erhoben werden die Resonanz der Maßnahmen, die Möglichkeit zur Verbesserung der Medienpräsenz und die Auswirkung einer Kampagne auf das Image des Unternehmens.**

Die Maßnahmen können und sollen auf vier Ebenen überprüft werden, die die eingangs formulierten Zielkategorien im Auge haben. Gegenstand der Messung ist also die Zielerreichung hinsichtlich der kognitiven Effekte (Wahrnehmung), der affektiven Effekte (Einstellung) sowie der Verhaltensänderungen. Subthemen dazu sind:

- **Resonanz:** War die Botschaft wahrnehmbar (z.B. aber nicht nur in den Medien)?

- **Direkte Zielgruppenwirkung:** Wurde die Botschaft verstanden, war sie glaubwürdig und wurde sie behalten?

- **Indirekte Zielgruppenwirkung:** Wurde das Image verbessert und das Verhalten verändert?

- **Betriebswirtschaftliche Wirkung:** Gab es eine Markenwertsteigerung, eine Immunisierung gegen negative Botschaften, eine Steigerung im Verkauf?

Riccarda Dümke nennt drei Methoden zur Messung der Effektivität von PR:[65]

- **Kethum's effectiveness yardstick (KEY):** Hier wird auf drei Stufen gemessen. Zuerst wird der PR-Output registriert, also die Mediencoverage. Danach das Erreichen der definierten Dialoggruppen und schließlich wird die Veränderung von Einstellungen gemessen. Methoden sind hier unter anderem Inhaltsanalyse, Fokusgruppen und qualitative Interviews sowie Vorher-Nachher-Befragungen.

- **Advertising Value Equivalents (AVE):** Hier werden die Abdrucke in Printmedien bzw. Beiträge in TV- bzw. Hörfunk in Werbeäquivalente umgerechnet. Ein Inserat würde 5 000 Euro kosten, also entspricht ein gleich großer Beitrag diesem Wert. Bisweilen wird auch ein Multiplikator eingesetzt, weil redaktionelle Beiträge zweifellos wesentlich wertvoller sind als Inserate. Allerdings wird diese Methode auch stark kritisiert, weil sie nichts darüber aussagt, ob die Dialoggruppe auch tatsächlich erreicht wurde.

- **Medien-Resonanzanalyse:** Die Medien-Resonanzanalyse untersucht, ob der mediale Filter passiert wurde, ob und wie intensiv die Dialoggruppen erreicht wurden, ob die Kernbotschaften transportiert und ob die Kommunikation besser aufgenommen wurde als die des Mitbewerbs. Diese Form der Untersuchung ist ein gutes Steuerungsinstrument für die Themen: Welche Botschaften werden aufgegriffen und welche nicht? Wer dominiert im Wettbewerb um die Logenplätze der Aufmerksamkeit der für das eigene Unternehmen relevanten Themen?

Die Medien-Resonanzanalyse ist zwar weit verbreitet und wird gerne angewandt, sie ist aber für sich alleine genommen zur Erfolgsmessung strategischer integrierter Kommunikation untauglich: „PR professionals who rely on clip counts will never escape the tactical role."[66] Diese Feststellung ist Wort für Wort zu unterstreichen: Mit dem Zählen von Millimetern und Werbegegenwerten verabschiedet sich die PR von ihrer strategischen Funktion. Sie macht sich kleiner, als sie tatsächlich ist.

Diane Thieke vertritt zu Recht die Auffassung, dass Messmethoden eine direkte Verbindung zu den Zielen und Strategien des Unternehmens haben und zudem zukunftsorientiert sein müssen. Zukunftsorientiert sind mehrstufige Kombinationen von Medien-Resonanzanalysen, Imageuntersuchungen und dialogorientierte Befragungen über Kampagnen und Maßnahmen. Das könnte zum Beispiel mittels Gruppendiskussionen, Beobachtungen, schriftliche oder mündliche Befragungen oder Meinungsumfragen geschehen. Damit gelingt auch gleich wieder der Einstieg in die nächste Runde der Analyseebene. „Wer Integration zu Ende denkt, muss sich auch auf neue Evaluationsansätze einlassen", fordert Karin Kirchner[67].

Solche Ansätze wären das Verhalten und die Assoziationen der Bezugsgruppen, die Entwicklung des Markenwertes oder des Wertes der bestehenden und künftigen Kundenbeziehungen. Bei der Evaluation des Verhaltens helfen Datenbanken, in denen Interaktionen gespeichert sind, Assoziationen werden mit Methoden der Sozialforschung gemessen. Die Marktwertanalyse evaluiert den ökonomischen Nutzen einer Marke auf der Basis historischer Gewinndaten, die auf die nächsten Jahre hochgerechnet werden. Ähnlich ist auch die Evaluierung des Wertes von Kundenbeziehungen. Hier wird von der Annahme ausgegangen, dass der Wert der Marke in der Beziehung zum Kunden liegt.

Integrierte Kommunikation muss zudem stärker die Auswirkungen auf die Reputation eines Unternehmens betonen. Mehrdimensionale Methoden zur Feststellung des Erfolgs entsprechen geübten Managementmethoden wie etwa der Balanced Scorecard. Dieser Ansatz, den Internorm-Geschäftsführer Silvio Spiess in seinem Beitrag für dieses Buch vorstellt, misst die Aktivitäten des Unternehmens im Hinblick auf die Erreichung von Visionen und Strategien und ist aus kommunikativer Sicht sehr interessant, weil auch hier ein integrativer Ansatz verfolgt wird. Ausführlich dargestellt wird die Verwendung von Balanced Scorecards für die Evaluation von Kommunikationsmaßnahmen von Nanette Besson.[68] Die Balanced Scorecard bemisst den PR-Erfolg anhand des Effekts auf Einstellungen und die Wirkung der einzelnen Instrumente einerseits und die Effizienz der Investition in der Konzeption sowie im Prozess selbst.

Wenn die Messmethoden näher an den Unternehmenszielen liegen (und sich z.B. Mitarbeiter- und Kundenzufriedenheit, Risikomanagement oder Mitbewerber-Benchmarks befassen), werden sie vom Management auch verstanden und akzeptiert. Mit derartigen Methoden richtet sich der Blick in die Zukunft und wird damit sehr viel strategischer.

Wir haben nun das Analyse- und Entscheidungsrad für Kommunikation einmal durchlaufen. Über dieses Rad legt sich nun gewissermaßen ein zweiter Kreis: jener der persönlichen Kommunikation durch den „Talking head". Ohne den strategisch geplanten Auftritt des Unternehmers oder CEO bleibt das Profil unscharf. Beschäftigen wir uns also nun mit den zwölf Erfolgsfaktoren dieses persönlichen Kommunikationsauftritts.

Anmerkungen

1   Peter Szyszka: Kommunikationskonzepte. Das AE-Modell der strategischen PR-Planung. In: PR-Magazin 1/2008, S. 61.

2   Klaus Schmidbauer, Eberhard Knödler-Bunte: Das Kommunikationskonzept. Konzepte entwickeln und präsentieren. Potsdam 2004, S. 13.

3   Benedikt Steinschulte im Gespräch mit dem Autor am 14. November 2006 in Villach.

4   John Marston: Modern Public Relations, New York 1979.

5   http://www.dprg.de/statische/itemshowone.php4?id=39 .

6   Klaus Schmidbauer, Eberhard Knödler-Bunte: Das Kommunikationskonzept. Konzepte entwickeln und präsentieren. Potsdam 2004, S. 33 ff.

7   Wolfgang Reineke, Gerhard A. Pfeifer (Hrsg.): PR Check-up. Arbeitshandbuch Öffentlichkeitsarbeit. Checklisten für die Praxis. Essen 2000, S. 78 ff. sprechen statt von operativer Bereich von Maßnahmenplanung, ansonsten ist auch dieses Modell ganz ähnlich dem von Leipziger.

8   Horst Avenarius: Public Relations. Die Grundform der gesellschaftlichen Kommunikation. Darmstadt 1995, S. 198 f.

9   Jürg W. Leipziger: Konzepte entwickeln. Handfeste Anleitungen für bessere Kommunikation. Mit vielen praktischen Beispielen. Frankfurt, 2. Auflage 2007, S. 11.

10   Peter Szyszka: Kommunikationskonzepte. Das AE-Modell der strategischen PR-Planung. In: PR-Magazin 1/2008, S. 61.

11   Wolfgang Reineke, Wolfgang Gollub, Claudia Schunk: Gesamtkommunikation. Konzeption und Fallbeispiele. Heidelberg 1996, S. 17.

12   Peter Szyszka: Analyse und Entscheidungsmodell strategischer PR-Planung: Befunde und Entwurf. In: Peter Szyszka, Uta-Micaela Dürig (Hrsg.): Strategische Kommunikationsplanung. Konstanz 2008, S. 37-74.

13   Zum Thema perioden- und ereignisbezogene Planung: Gerhard Bütschi: PR-Metaplanung. Die Entwicklung einer heuristischen Entscheidungsmethode zur Bestimmung der Grundsätze einer PR-Planungskonzeption. Bern, Stuttgart, Wien 1998, S. 99 ff.

14   Lukas Tschopp: Optimierung von PR-Konzeptionen: Befunde und Schlussfolgerungen. In: Peter Szyszka, Uta-Micaela Dürig (Hrsg.): Strategische Kommunikationsplanung. Konstanz 2008, S. 77.

15   Rene Fissenewert, Stephanie Schmidt: Konzeptionspraxis. Eine Einführung für PR- und Kommunikationsfachleute – mit einleuchtenden Betrachtungen über den Gartenzwerg. Frankfurt, 2. Auflage 2004, S. 33.

16   Jürg W. Leipziger: Konzepte entwickeln. Handfeste Anleitungen für bessere Kommunikation. Mit vielen praktischen Beispielen. Frankfurt, 2. Auflage 2007, S. 31.

17   Joachim Bürger: Wie sage ich's der Presse. Landsberg am Lech 1986, S. 62 ff.

18   Schmidbauer/Knödler-Bunte: Das Kommunikationskonzept. Potsdam 2004, S. 88 ff.

19   Siehe dazu den Kriterienkatalog von Henny Steininger unter http://www.edditrex.de/scripts/consulting/swot_analyse.pdf.

20   Rene Fissenewert, Stephanie Schmidt: Konzeptionspraxis. Eine Einführung für PR- und Kommunikationsfachleute – mit einleuchtenden Betrachtungen über den Gartenzwerg. Frankfurt, 2. Auflage 2004, S. 52 ff.

21 zum Nachfolgenden: Jürg W. Leipziger: Konzepte entwickeln. Handfeste Anleitungen für bessere Kommunikation. Mit vielen praktischen Beispielen. Frankfurt, 2. Auflage 2007, S. 48 ff.

22 Sehr eingänglich von Stephanie Schmidt im Seminar PR-Konzepte der Deutschen Presseakademie formuliert.

23 Jürg W. Leipziger: Konzepte entwickeln. Handfeste Anleitungen für bessere Kommunikation. Mit vielen praktischen Beispielen. Frankfurt, 2. Auflage 2007, S. 87.

24 Arnold Weissman: Die großen Strategien für den Mittelstand. Die erfolgreichsten Unternehmer verraten ihre Rezepte. Frankfurt/New York 2006, S. 13.

25 Markus Hofmann, Claudia Landmann: Der integrierte Integrationsprozess. Herausforderung zwischen Markt und Unternehmen. In: Rupert Ahrens, Helmut Scherer, Ansgar Zerfaß (Hrsg.): Integriertes Kommunikationsmanagement. Konzeptionelle Grundlagen und praktische Erfahrungen. Ein Handbuch für Öffentlichkeitsarbeit, Marketing, Personal- und Organisationsentwicklung. Frankfurt am Main 1995, S. 107.

26 Rene Fissenewert, Stephanie Schmidt: Konzeptionspraxis. Eine Einführung für PR- und Kommunikationsfachleute – mit einleuchtenden Betrachtungen über den Gartenzwerg. Frankfurt, 2. Auflage 2004, S. 63.

27 Albin Wallinger: PR Management by Matrix. Harrislee 1994, 24 ff.

28 Helmut Scherer: Unternehmen in öffentlichen Auseinandersetzungen. Strukturmerkmale öffentlicher Kommunikation als Herausforderung für die integrierte Unternehmenskommunikation. In: Rupert Ahrens, Helmut Scherer, Ansgar Zerfaß (Hrsg.): Integriertes Kommunikationsmanagement. Ein Handbuch für Öffentlichkeitsarbeit, Marketing, Personal- und Organisationsentwicklung. Frankfurt am Main: IMK, 1995, S. 60.

29 Sven Windahl, Benno Signitzer, Jean T. Olson: Using Communication Theory. An Introduction to Planned Communication. London, Newbury Park, New Dehli 1993, S. 90 beziehen sich hier auf Dewey, Grunig und Hunt (1984).

30 Schmidbauer, Knödler-Bunte: Das Kommunikationskonzept. Potsdam 2004, S. 114.

31 Katz, Elihu and Lazarsfeld, Paul F.: Personal Influence. The Part Played by People in the Flow of Mass Communications. New York 1955.

32 Alfred Köcher, Eliane Birchmeier: Public Relations? Public Relations! Zürich, 2. Auflage 1995.

33 Ricarda Dümke: Corporate Reputation – why does it matter? How communication experts handle corporate reputation management in Europe. Saarbrücken 2007, S. 17.

34 Egbert Deekeling, Olaf Arndt: CEO-Kommunikation. Strategien für Spitzenmanager. Frankfurt/New York 2006, S. 50.

35 Eine Konation (lat.: conatio – das Bemühtsein, Anstrengung) ist eine entscheidungsbezogene Absicht bzw. Intention, eine Handlung vorzunehmen. Siehe zum vorher gesagten: Schmidbauer, Knödler-Bunte: Das Kommunikationskonzept. Potsdam 2004, S. 129 ff.

36 Jan Flaskamp, Klaus Schmidbauer: Kommunikation als Gesamtkunstwerk. Praxisleitfaden für die Umsetzung von integrierter Kommunikation. Berlin 2003.

37 Zitiert nach Wolfgang Reineke, Gerhard A. Pfeifer (Hrsg.): PR Check-up. Arbeitshandbuch Öffentlichkeitsarbeit. Checklisten für die Praxis. Essen 2000, S. 95.

38 Arnold Weissman: Die großen Strategien für den Mittelstand. Die erfolgreichsten Unternehmer verraten ihre Rezepte. Frankfurt/New York 2006, S. 112.

39 Gernot Brauer, Econ Handbuch Öffentlichkeitsarbeit. Düsseldorf, Wien, New York, Moskau 1993, S. 291.

40 Claudia Cornelsen: Lila Kühe leben länger. PR-Gags, die Geschichte machten. Frankfurt/Wien 2001.

41 Claudia Cornelsen: Lila Kühe leben länger. PR-Gags, die Geschichte machten. Frankfurt/Wien 2001, S. 11.

42 Arnold Weissman: Die großen Strategien für den Mittelstand. Die erfolgreichsten Unternehmer verraten ihre Rezepte. Frankfurt/New York 2006, S. 112.

43 Jürg W. Leipziger: Konzepte entwickeln. Handfeste Anleitungen für bessere Kommunikation. Mit vielen praktischen Beispielen. Frankfurt, 2. Auflage 2007, S. 122 ff.

44 Rene Fissenewert, Stepahnie Schmidt: Konzeptionspraxis. Eine Einführung für PR- und Kommunikationsfachleute – mit einleuchtenden Betrachtungen über den Gartenzwerg. Frankfurt, 2. Auflage 2004, S. 97.

45 David Meerman Scott: The New Rules of Marketing and PR. How to Use News Releases , Blogs, Podcasting, Viral Marketing & Online Media to Reach Buyers Directly. Hoboken 2007, S. 138.

46 Schmidbauer, Knödler-Bunte. Das Kommunikationskonzept. Potsdam 2004, S. 171.

47 Jens-Uwe Meyer: Kreative PR. Konstanz 2007, S. 8.

48 David Meerman Scott: The New Rules of Marketing and PR. How to Use News Releases , Blogs, Podcasting, Viral Marketing & Online Media to Reach Buyers Directly. Hoboken 2007, S. 35.

49 Gernot Brauer, Econ Handbuch Öffentlichkeitsarbeit. Düsseldorf, Wien, New York, Moskau 1993, S. 363 ff.

50 May-May Meijer, Jan Kleinniejenhuis: Issue News and Corporate Reputation Applying the Theories of Agenda Setting and Issue Ownership in the Field of Business Communication. In: Journal of Communication 56/2006, S. 543-558.

51 Schmidbauer, Knödler-Bunte. Das Kommunikationskonzept. Potsdam 2004, S. 159.

52 Horst Avenarius: Public Relations. Die Grundform der gesellschaftlichen Kommunikation. Darmstadt 1995, S. 212.

53 Jens-Uwe Meyer: Kreative PR. Konstanz 2007, S. 53, 63-106.

54 Nachgezählt haben das Michael Norton und Purba Dutt: Getting started in communication: a practical guide für activists and organisations. London 2003, S. 136.

55 Rene Fissenewert, Stepahnie Schmidt: Konzeptionspraxis. Eine Einführung für PR- und Kommunikationsfachleute – mit einleuchtenden Betrachtungen über den Gartenzwerg. Frankfurt, 2. Auflage 2004, S. 102 ff.

56 Peter Szyszka: Analyse und Entscheidungsmodell strategischer PR-Planung: Befunde und Entwurf. In: Peter Szyszka, Uta-Micaela Dürig (Hrsg.): Strategische Kommunikationsplanung. Konstanz 2008, S. 68

57 Schmidbauer, Knödler-Bunte: Das Kommunikationskonzept. Potsdam 2004, S. 17.

58 Peter Szyszka: Analyse und Entscheidungsmodell strategischer PR-Planung: Befunde und Entwurf. In: Peter Szyszka, Uta-Micaela Dürig (Hrsg.): Strategische Kommunikationsplanung. Konstanz 2008, S. 65.

59 Zitiert nach Ricarda Dümke: Corporate Reputation – why does it matter? How communication experts handle corporate reputation management in Europe. Saarbrücken 2007, S. 16 f.

60 Siehe dazu unter anderem Jan Flaskamp, Klaus Schmidbauer: Kommunikation als Gesamtkunstwerk. Praxisleitfaden für die Umsetzung von integrierter Kommunikation. Berlin 2003, S. 65.

61 Die vorstehenden Übersichten sind an Wolfgang Reineke, Gerhard A. Pfeifer (Hrsg.): PR Check-up. Arbeitshandbuch Öffentlichkeitsarbeit. Checklisten für die Praxis. Essen 2000, S. 115 angelehnt und um eigene Punkte ergänzt.

62 Egbert Deekeling, Olaf Arndt: CEO-Kommunikation. Strategien für Spitzenmanager. Frankfurt/New York 2006, S. 90 ff.

63 Manfred Bruhn: Integrierte Unternehmens- und Markenkommunikation. Strategische Planung und operative Umsetzung. Stuttgart 2003, S. 300.

64 Ausführlich dazu: Manfred Bruhn: Integrierte Unternehmenskommunikation. Stuttgart, 2. Auflage 1995, S. 243 ff.

65 Ricarda Dümke: Corporate Reputation – why does it matter? How communication experts handle corporate reputation management in Europe. Saarbrücken 2007, S. S 28 ff.

66 Diane Thieke: Talk to Me: Making Public Relations Meaningful to Business Executives. In: The Strategist, Spring 2007, S. 34.

67 Karin Kirchner: Das 20-Faktoren-Modell für erfolgreiche Integration. In: Torsten Schwarz, Gabriele Braun (Hrsg.): Leitfaden Integrierte Kommunikation. Norderstedt 2006, S. 99.

68 Nanette Aimée Besson: Strategische PR–Evaluation. Erfassung, Bewertung und Kontrolle von Öffentlichkeitsarbeit. Wiesbaden 2003.

Kapitel 4: Zwölf Erfolgsfaktoren der CEO-Kommunikation

Das Image eines Unternehmens haben wir mit Mosaik aus aufgeschnappten, bruchstückhaften, ineinander verwischten Details verglichen. Die Aufgabe der Kommunikation ist es, diesem Mosaik im Laufe der Zeit immer klarere Konturen zu geben, Selbstbild und Fremdbild des Unternehmens so weit wie möglich in Deckung zu bringen. Das heißt nicht, dass sich Unternehmen auf Kuschelkurs begeben sollen, sich sklavisch an ihre Umgebung anpassen müssen. Im Gegenteil: Das Profil braucht Kanten und Ecken. Nur so bekommt es einen hohen Widererkennungswert.

Eine besondere Rolle bei der Ausprägung des Profils und als Multiplikator der Unternehmensbotschaften spielt naturgemäß die Person, die das Unternehmen nach außen vertritt. Das ist je nach Rechtsform der Eigentümer selbst, der Geschäftsführer oder der Vorstandsvorsitzende. Um in der weiteren Diskussion die Darstellung nicht zu verkomplizieren, verwende ich den in der Literatur inzwischen üblich gewordenen Begriff des CEO (Chief Executive Officer). Gemeint sind natürlich auch hier Frauen und Männer gleichermaßen. Um Missverständnissen vorzubeugen: Das ist kein Plädoyer für die One-Person-Show. Vielmehr ist es im Unternehmen nicht viel anders als in einer guten Ehe, wo es auch gilt, in „guten wie in schlechten Zeiten" zueinander zu stehen und gemeinsam ein Ziel zu verfolgen. Eigentümer, Management und Mitarbeiter müssen als gutes Team zusammenspielen. Das zeigen auch empirische Untersuchungen, von denen noch die Rede sein wird.

Der CEO hat dennoch eine besondere Stellung in der internen und externen Kommunikation. Unternehmen und ihre Spitzenrepräsentanten werden meist als eine Einheit gesehen. Es gibt einen Overflow von der Person auf das Ganze und umgekehrt. Es gibt auch eine enge Korrelation zwischen der Reputation eines Unternehmens und dem „Gewicht des Faktors CEO"[1]: „For most stakeholders, a CEO is not only running a company, he *is* the company. The CEO gives the company a face and should reveal the values and visions the company is known for, announce clear goals and deliver the company's strategy in a credible way. Therefore, a CEO needs to carefully manage his/her own reputation when caught in the public spotlight and representing the company."[2] Er ist also das Gesicht des Unternehmens, muss die Linie vorgeben und dafür sorgen, dass klar wird, wohin die unternehmerische Reise geht. Seine Reputation und die des Unternehmens hängen ganz eng zusammen. Dabei gibt es erfolgskritische Faktoren, die in diesem Kapitel näher beleuchtet werden. Dazu zunächst eine Überblicksgrafik:

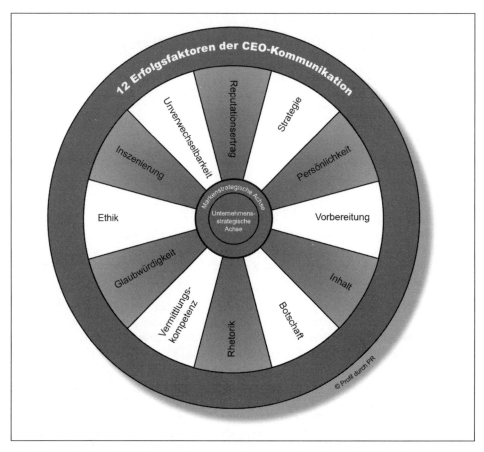

Abbildung 14: *Die CEO-Kommunikation ist durch eine Vielzahl von Erfolgsfaktoren ge-*
prägt.

1.   Einbindung in die Kommunikationsstrategie

Die Wechselwirkung zwischen Individuum und seinem beruflichen Umfeld ist unbestritten.
Also ist logisch daraus ableitbar, dass die CEO-Kommunikation den strategischen Vorgaben
der Öffentlichkeitsarbeit folgen muss, wenn es nicht zu einer gegenseitigen Beeinträchtigung
kommen soll. Die Profilierung eines Unternehmens kann nur funktionieren, wenn der „Kapi-
tän" die kommunikativen Hebel in die Richtung stellt, in die sich das eigene Schiff bewegt
und wenn er sich den Spielregeln der integrierten Kommunikation unterwirft.

Was für die gesamte Unternehmenskommunikation gilt, trifft natürlich auch für die persönliche Kommunikation zu. Sie will sorgfältig geplant sein (vgl. die in Kapitel 3 dargestellte Vorgangsweise bei der Erstellung eines PR-Konzepts). Das Analyse- und Entscheidungsrad der Kommunikation ist auf die Persönlichkeits-PR anwendbar, wenngleich manche Nuance zu beachten ist. Analyse der Kommunikationslage, Festlegung der Ziele, Entwicklung einer Story, Fixierung der Ansprechpartner, Definition der eigenen Rolle und die Festlegung der Bühnen, auf denen agiert werden soll, sind integrale Bestandteile der Betrachtung. Und nicht zuletzt: Reflektion des Zusammenhangs zwischen Unternehmensimage und eigener Persönlichkeit.[3]

> **Die CEO-Kommunikation muss eine Teilmenge der Unternehmenskommunikation darstellen, ohne dass die Agenda zu hundert Prozent die Gesamtkommunikation abdecken muss und soll.**

Kommunikation ist dort am wirkungsvollsten, wo es dem CEO und seinem Stab gelingt, „seine Corporate Agenda mit seiner Corporate Communications Agenda und beide mit seiner Persönlichkeit so zu verbinden, dass ein stimmiges, verlässliches, belastbares und widerspruchsfreies Bild entsteht und eine Corporate Story mit hoher Überzeugungskraft erzählt wird."[4]

Strategische CEO-Kommunikation unterscheidet sich von Corporate Communications durch den Faktor Mensch. Der Kopf an der Spitze des Unternehmens vermittelt das, wofür er steht, durch seine Person, seine Lebensgeschichte, seine Selbstinszenierung. Wenn das alles vorausgedacht ist, kann vom Allgemeinen zum Besonderen übergegangen werden. Dazu gehören mit Sicherheit auch die Definition der eigenen Rolle und die Vorbereitung des Auftritts selbst. Wachtel spricht davon, dass Medienarbeit Vertrieb ist und das Bild von Organisationen an der Wirkung von Köpfen hängt.[5]

Doch auch die Schnittmenge der Kommunikationskreise ist strategisch festzulegen. Wer sagt was zu welchem Thema? Es macht durchaus Sinn, wenn Vorstands- oder Geschäftsführungskollegen ihre Fachthemen vortragen, wenn der Pressesprecher Side-Events abdeckt, Produktmanager ihr Spezialgebiet vertreten oder sich Eigentümer zu den sie betreffenden Fragen zu Wort melden. Manchmal wird in kritischen Situationen auch versucht, durch „Arbeitsteilung" den CEO ein wenig aus der Schusslinie zu nehmen.

Ebenso wichtig ist die Festlegung der Dialoggruppen. Leslie Gaines-Ross[6] empfiehlt die Anfertigung einer Skizze der wichtigsten Stakeholder, denen der CEO seine Aufmerksamkeit widmen muss. Dazu kann ohne weiteres die Übersicht in Abbildung 10 verwendet werden, da sich daraus die jeweils priorisierten Interessengruppen ableiten lassen. Ihr ist auch darin zu folgen, dass gerade in den ersten Monaten nach Übernahme der Position die Mitarbeiter oberste Priorität haben, da in Veränderungsprozessen, die mit neuen Köpfen an der Spitze eines Unternehmens immer ein gerüttelt Maß an Unsicherheit entsteht.[7]

Zur strategischen Entscheidung gehört auch die Beantwortung der Frage nach der Positionierung. Wir erinnern uns: Bei Unternehmen resultiert die Positionierung aus der Summe aller
Botschaften, die ausgesendet werden. Nicht anders verhält es sich beim CEO. Er wird an
seinen Aussagen gemessen, wobei jedes Wort gerade zu Beginn einer Amtszeit auf die Gold-
waage gelegt wird. Für die Positionierung verbleibt relativ wenig Zeit: Dabei offenbaren sich
auch strategische PR-Fehler: „Auf der Suche nach der schnellen Medienpräsenz wird zu
wenig darauf geachtet, welcher Platz in der Positionierungslandkarte einer Branche noch frei
und daher nachhaltig ist. Zum Zeitpunkt der Erkenntnis, dass man auf einem vom Mitbewerber ausgetrampelten Pfad ohne Chance auf öffentliche Differenzierung und somit PR-Nutzen
für das eigene Unternehmen unterwegs ist, gilt man bei den Eigentümern und Mitarbeitern
möglicherweise bereits als ‚lame duck‘,“ [8] formuliert Helmut Brandstätter, der sechs Jahre bei
ntv und zuvor als ORF-Redakteur viele Kometen frühzeitig verglühen sah.

Es geht also auch beim CEO um die Organisation von Wahrnehmung: „Ziel ist das Management von Erwartungshaltungen. Das erfordert zwar Zeit, die aber gut investiert ist. Denn
später Probleme auszubügeln, die durch einen fehlenden Kommunikationsplan entstanden
sind, kostet meist ein Mehrfaches an Zeit.“[9] Denken ist zweifelsfrei auch hier Handeln in
kleinen Energieeinheiten. Was in dieser Phase an Energie in die Festlegung der Strategie
investiert wird, rechnet sich später in der Umsetzung.

2.   Die eigene Persönlichkeit als Marke positionieren

Den Erfolgsfaktor Persönlichkeit in der CEO-Kommunikation möchte ich einführen, obwohl
es dazu meines Wissens keine eingehenden kommunikationswissenschaftlichen Studien gibt.
Wenn von Persönlichkeit die Rede ist, dann im Kontext mit „Personal Identity“ in Korrelation zur Corporate Identity. Dann wird die Persönlichkeit zusammengesetzt aus Verhalten,
Kommunikation und Design.[10] Ich denke, dass diese Dimensionierung zu eng ist und es sich
lohnen würde, interdisziplinäre Studien anzustellen, um die Rolle der Persönlichkeit in der
Kommunikation eingehender zu erforschen. Paul F. Lazarsfeld hat einmal gesagt: „In der
Gesellschaft sind wir nicht das, was wir sind, sondern das, wofür wir gehalten werden.“ Hier
spielt der Sozialwissenschaftler auf etwas an, was wir schon unter dem Begriff „Image“
diskutiert haben. Die Psychologen – deren ureigenstes Forschungsgebiet die Entwicklung der
Persönlichkeit ist – definieren den Begriff als Gesamtheit dessen, was Gemüt und Charakter
eines Individuums ausmacht. Er umschreibt die *relativ zeitstabilen Verhaltensmuster eines
Menschen.*

An die Spitze eines Unternehmens wird nur in Ausnahmefällen jemand berufen, der nicht die
entsprechenden Voraussetzungen mitbringt, zu denen sicher auch gehört, eine Persönlichkeit
zu sein. Das suggerieren auch die meisten Stellenangebote, die kaum ohne den Hinweis aus-

kommen, dass für eine bestimmte Spitzenposition eine „Persönlichkeit" gesucht wird. Die nachstehende Formulierung, die von der Eidgenössischen Finanzmarktaufsicht gewählt wurde, um ihren CEO zu suchen, findet sich in dieser oder ähnlicher Form in Myriaden von Stellenanzeigen: „Ihre Führungs- und Change-Management-Erfahrung zeichnet Sie aus. Sie kommunizieren überzeugend. Sie sind eine integrative Persönlichkeit, treffen komplexe Entscheidungen und setzen diese nach innen und außen um. *Als unabhängige, integere Persönlichkeit mit charismatischer Ausstrahlung bauen Sie ein professionelles Verhältnis [zu den Partnern] auf.*"[11]

Laut einer Befragung von Führungskräften[12] entscheiden Personalmanager bei der Beurteilung externer Jobbewerber am häufigsten nach dem „Eindruck". Sie sagen, dass für 87 Prozent die Persönlichkeit am wichtigsten ist, wiewohl kaum jemand in der Lage sein wird, Gemüt und Charakter, geschweige denn zeitstabile Verhaltensmuster eines Menschen in einem Bewerbungsgespräch auszuloten. Es ist also in der Regel ein sehr subjektives Entscheidungskriterium. An zweiter Stelle steht im Übrigen laut dieser Befragung die Kommunikationsfähigkeit und erst dann das Fachwissen.

Im Laufe der Karriere spielt die Persönlichkeit sicher eine Rolle – zumal dann, wenn Spitzenpositionen aus dem eigenen Haus heraus besetzt werden. Dazu passt, dass jeder Manager im Laufe seiner Karriere in der Regel eine Reihe von Persönlichkeitsbildungsseminaren besucht. Human Ressources Manager gleichen mit derartigen Schulungsmaßnahmen offenbar aus, was der CEO von Lekkerland, Christian Berner, so formuliert hat: Was in der Unternehmensleitung auf Manager zukomme, habe oft „mehr mit dem Common Sense zu tun, als mit der reinen Lehre. Wenn es nachher um Führung geht, dann profitieren Sie mehr von Ihrer Einstellung, von der Erziehung und Ihrer Persönlichkeit, als von Dingen, die Sie an der Uni gelernt haben."

In der Rheinischen Post hat der Führungskräfte-Coach Hans-Michael Klein aus Essen einen Konnex von Persönlichkeit und dem „Willen zur Macht" hergestellt: „Erfolg ist immer eine Frage von Persönlichkeit. Und diejenigen, die oben sind, die wollten auch nach oben."[13] Weiter heißt es dort: „Es geht um Macht und Machterhalt. Es geht darum, wer in Konferenzen zuerst und am längsten redet. Darum, wer glanzvolle Auftritte hinlegt, und darum, wer dem Rivalen im entscheidenden Moment den Teppich unter den Füßen wegzieht. Und es geht darum, wer beim Anblick des Nächsthöheren auf der Karriereleiter bissig wird - und warum."

Die Literatur über die „Ich AGs" und über „personal branding" ist kaum noch überschaubar.[14] Auf einen Nenner gebracht geht es dabei um Folgendes: „Regardless of age, regardless of position, regardless of the business we happen to be in, all of us need to understand the importance of branding. We are CEOs of our own companies: Me Inc. To be in business today, our most important job is to be head marketer for the brand called You"[15], schrieb dazu die Zeitschrift *Fast Company*.

> **Der CEO muss nicht nur Persönlichkeit haben, sondern diese auch als eigenständige Marke positionieren, die mit der Markenstrategie des Unternehmens in keinen Konflikt geraten darf.**

Die Zentrierung auf die eigene Person hat natürlich auch ihre negativen Seiten. Ich möchte an dieser Stelle auf ein interessantes Buch verweisen, das die Bedeutung der Persönlichkeit von Mitarbeitern und Führungskräften für Unternehmen beschreibt. Die Autoren von „Egonomics", David Marcum und Steven Smith, beziffern die Kosten zu stark oder zu schwach ausgeprägten Egos auf 6 bis 15 Prozent des Umsatzes. Natürlich schildern sie darin auch, wie die Balance von Demut, Neugier und Wahrhaftigkeit gefunden werden kann. Aus kommunikativer Sicht ist das Resümee einiger geschilderter Episoden interessant: „Good leaders keep their minds open. Great leaders open the minds of others in the most intense circumstances, even against the odds of prejudice, politics and habits."[16]

Menschen, die als erfolgreiche Kommunikatoren gelten, werden in der Literatur Persönlichkeitsattribute zugeordnet wie: *emphatisch, entspannt* und *unterstützend*. Journalisten charakterisieren profilierte Unternehmer häufig auch als *charismatisch*. Sie sind eher an anderen als an sich orientiert. Sie sind in der Lage, flexibel auf verschiedene Situationen zu reagieren, und orientieren sich am Kommunikationsstil des Gegenübers. Schließlich sind sie auf Interaktion bedacht, also fähig, einen Kommunikationsprozess in Gang zu halten. Frauen haben hier zweifellos Vorteile gegenüber Männern. Da an der Spitze von Unternehmen heute immer noch weit mehr Männer als Frauen stehen, mag ein Grund dafür sein, dass Kommunikation bisweilen schlecht funktioniert oder zu gering bewertet wird.

Dabei ist das Vermitteln von Standpunkten, von Orientierung eine ganz wesentliche Managementfunktion – nach innen wie nach außen gleichermaßen. Die Mitarbeiter wollen ebenso überzeugt sein von dem, was sie jeden Tag tun, wie Eigentümer, Kunden oder die sonstigen Stakeholder, die Interesse daran haben, die Unternehmenspolitik zu verstehen. Das verlangt der Person an der Spitze des Unternehmens in einem hohen Maße Vermittlungskompetenz ab.

3.   Entscheidungen richtig vermitteln

Unternehmensentscheidungen können nicht mehr aus dem Elfenbeinturm dekretiert werden, sie müssen den Stakeholdern erklärt werden. Das funktioniert nur, wenn der CEO über entsprechende Vermittlungskompetenz verfügt. „The days are long past when managers could contentedly withdraw to their ivory towers and communicate important decisions by proclamation."[17] Es ist eine Managementaufgabe, gegenüber den Mitarbeitern, Kunden, Aktionären und der Gesellschaft dafür zu sorgen, dass alles klar wird.

Knapp und Vangelisti nennen vier Voraussetzungen für einen erfolgreichen Kommunikator:[18]

- **Wissen:** Einerseits muss ein guter Kommunikator natürlich wissen, wovon er spricht, andererseits aber auch den Prozess der Kommunikation durchschauen. Er muss in der Lage sein, den Prozess zu gestalten, und erwartbare Reaktionen der übrigen Beteiligten antizipieren und menschliches Verhalten allgemein gut einschätzen können.

- **Erfahrung:** Je mehr unterschiedliche Situationen jemand bewältigt hat oder in denen er gescheitert ist, desto sicherer können Verhaltensmuster für künftige Situationen abgeleitet werden. Erfahrung gibt aber auch Mut, Neues anzupacken.

- **Motivation:** Der Wunsch, sich auszudrücken, verstanden zu werden. Das lässt den Kommunikationspartner erkennen, dass man hinter einer Sache steht.

- **Positive Haltungen:** Es ist entscheidend, wie man sich einer Situation nähert. Wer an eine Kommunikationsaufgabe mit innerem Widerwillen herangeht, wird sie auch schlecht lösen.

Nimmt man die Studie der Freien Universität Berlin über die Rolle des CEO in der Unternehmenskommunikation zum Maßstab, so müsste man zum Schluss kommen, dass die beiden letzten Punkte zu kurz kommen. Denn nur rund die Hälfte der CEO wendet zwei bis fünf Stunden pro Woche dafür auf, um zu kommunizieren, was sie in der restlichen Zeit tun, ein Drittel sogar weniger als eine Stunde! Diese Zahlen „zeigen deutlich, dass dem CEO immer noch eher Executive als Entertainment zuzuordnen ist"[19]. Dabei wurde empirisch nachgewiesen, dass Nachrichten von Unternehmen, deren CEOs in der Öffentlichkeit geschätzt werden, häufiger wahrgenommen werden. Nach Maßgabe dieses Befundes, formulierte Marco Casanova, der einst Boris Becker als Unternehmer zu positionieren versuchte, müsste „der CEO, der sein Unternehmen mit größtmöglichem Erfolg führen will, sich vom „Chief Executive Officer" zum „Chief Entertainment Officer" wandeln ... Vermittlungskompetenz scheint wichtiger zu sein als Sachkompetenz."[20] Dieser Meinung widersprechen im übrigen Deekeling und Arndt zu Recht ganz vehement.[21] Sachkompetenz ist ein ganz wesentlicher Erfolgsfaktor. Ohne sie ist alles andere gar nichts.

Der frühere „Capital"-Redakteur Günter Ogger hat in seinem Buch über die „Nieten im Nadelstreif" diagnostiziert: Die CEOs sind meist nicht am Publikum orientiert, und zwar weder in Sprache, Auftreten noch den Argumenten.[22] Stefan Wachtel konstatiert eine Defensive, die aus „subjektivem Unvermögen" heraus erwächst.[23] Und Deekeling/Arndt, die deutsche DAX-Topmanager in den Fokus ihrer Betrachtungen gestellt haben, sehen deren kommunikative Spielwiese am liebsten von Investoren, Anlegern und Analysten besetzt, während Medien, Politik, Öffentlichkeit, Führungskräfte und Mitarbeiter „als etwas Jobfremdes gesehen werden."[24] Der Grund dafür liegt – das werde ich noch näher erläutern – im Gefangensein in der Welt der Zahlen und Fakten. Das aber macht die Vermittlung von Inhalten oft spröde und unverständlich.

Heinz Stahl und Florian Menz kritisieren in ihrem „Handbuch Stakoholderkommunikation", dass häufig ein „Sender-zentriertes statt eines Empfänger-zentrierten Kommunikationsmodells" eingesetzt werde, also schlicht zu wenig auf die Erwartungen und Bedürfnisse der

Leute eingegangen werde, die erreicht werden sollen. Sie verwenden dabei ein martialisches Gleichnis: Eine Entscheidung werde wie eine Kanonenkugel in die Organisation geschossen, ohne die Wirkung des Einschlages zu kennen.[25] Auch die Inhalte würden immer „beliebiger", weil unbrauchbare Worte verwendet würden, die ihres Inhalts durch ständigen Gebrauch beraubt wurden. Kompetenz, Vision, Strategie oder Technologie seien solche Begriffe. Das Resultat sei Wagheit.

Ich behaupte, dass es oft sehr segensreich und für die Verständlichkeit positiv wäre, wenn Geschriebenes oder Gesagtes öfter der Qualitätskontrolle durch Jugendliche unterzogen würde. Wie das dann aussieht, haben die österreichischen Zeitungs- und Zeitschriftenverleger bei einem bemerkenswerten Experiment erfahren: Sie haben Teenagern die Aufgabe gestellt, die aktuellen Ausgaben ihrer Tageszeitungen zu lesen und alles rot zu unterstreichen, was sie nicht verstanden haben. Es ist leicht zu erraten, wie die Seiten ausgesehen haben: sehr bunt!

Wenn Sie selbst einmal einem Kind ein Buch oder ein Märchen vorgelesen haben, werden Sie spontan wissen, warum diese Form des „Controlling" sehr hilfreich ist. Gute Kinderbücher sind klar formuliert und logisch. Sie regen die Fantasie an und lassen klare Bilder in der Vorstellungswelt ihrer jungen Leser oder ganz jungen Hörer entstehen. Schlechte Kinderbücher erkennen Sie als Vorleser sofort daran, dass das zuhörende Kind Ihnen ein Loch in den Bauch fragt. Wir Erwachsene sind da leider durch unsere Bildung und Sozialisation anders konditioniert. Wenn etwas unlogisch oder unverständlich ist, versuchen wir dem Inhalt die fehlende Logik zu verpassen, und wenn es gar zu blöd ist, legen wir das Buch zur Seite, lesen einen Artikel nicht mehr zu Ende oder schalten bei einem uninteressanten Vortrag auf „Durchzug".

> **Vermittlungskompetenz beinhaltet auch das Eingehen auf das Sprachniveau und die Erwartungshaltungen der Rezipienten. Viele Missverständnisse würden erst gar nicht entstehen, wenn öfter einmal nachgefragt würde, wie das Gesagte angekommen ist.**

Polemisch formuliert: Die Chefs sind oft mehr die Verwalter als die Gestalter und Vermittler dessen, wo der Weg hingeht. Aber: Kommunikation muss als Teil der unternehmerischen Agenda verstanden werden. Sie gehört zum Jobprofil und kann nicht delegiert werden. Der britische Kommunikationsberater Lord Watson of Richmond hat gesagt: „Heute erkennen die meisten CEOs die Notwendigkeit, mit allen wichtigen an einem Unternehmen interessierten Gruppen (Stakeholder) zu kommunizieren. Ihre Fähigkeiten, dies erfolgreich zu tun, unterscheiden sich jedoch erheblich – die Herausforderung, der sie sich gegenübersehen, wächst ständig."[26] Der kompetenteste CEO muss ja nicht unbedingt der langweiligste sein.

Je komplexer unternehmerische Ziele sind, desto mehr Aufwand und Mühe müssen auf Planung und Umsetzung der kommunikativen Agenda verwendet werden. Durch professionelles Auftreten bei Vorträgen und Diskussionen, bei Meetings und Pressekonferenzen kann ein CEO stark an Profil gewinnen. Bisweilen wird sein Auftreten bei derartigen Veranstaltungen sogar prägend für das gesamte Bild des Unternehmens in der Öffentlichkeit. Ihm wird gerade bei diesen Gelegenheiten, aber auch im engen Kreis der Geschäftsführung oder bei Mitarbeiterveranstaltungen Vermittlungskompetenz abverlangt.

Gerade in Veränderungsprozessen oder Krisen spielt der CEO eine ganz besonders herausragende Rolle. Denn dann – am Wendepunkt einer Entwicklung – wird es umso notwendiger zu erklären, wo es danach hingehen soll. Es ist also ganz klar, dass gerade hier der Kopf an der Spitze des Unternehmens besonders wichtig ist, denn nur er kennt (in der Regel) den Masterplan, wie es weitergehen soll, und er hat auch den kompletten Überblick und zudem die Steuerungshoheit. Vermittlungskompetenz (nicht zuletzt auch gegenüber den Mitarbeitern) ist damit ebenso wichtig wie Sachkompetenz.[27]

Sachkompetenz ist eine wesentliche Voraussetzung, sie schafft Vertrauen auf der Sachebene. Mindestens ebenso wichtig ist aber die Emotion. Deshalb Vorsicht vor dem Daten-Overkill bei Vorträgen vor internen oder externen Zuhörern.

In die Vermittlungskompetenz spielt auch die Präsentationstechnik hinein. Sehr häufig gerät die öffentliche Präsentation zur Power Point gestützten Datenschlacht. Bisweilen erscheint es so, als würde die Qualität der Rede an der Anzahl der gezeigten Slides gemessen. Der absolute Overkill passiert meistens bei internen Informationsveranstaltungen. Da wird jeder Winkel des Unternehmens mit Daten und Fakten ausgeleuchtet, bis die Sternchen vor den Augen flimmern. Jeder Kommunikationstrainer erklärt, dass es wichtiger ist, die Emotion anzusprechen als (nur) den Verstand. Karen Friedman hat das so formuliert: „Stop trying to jam 10 pounds of information into a 2-pound bag just to prove that you know your stuff.“[28] Die Zuhörer erinnern sich an den Gesamteindruck eines Vortrages und nicht an die Fakten. Und wenn schon Fakten, dann sollten sie durch Beispiele, Bilder und Erkenntnisse untermauert werden, die sich auf eine gemeinsame Erfahrungswelt beziehen.

Unternehmen werden heute auf die Kunden fokussiert. Da fällt es dann besonders auf, wenn sich ihre Repräsentanten bei öffentlichen Auftritten gerade darum nicht kümmern: Sie sprechen dann unanschaulich, unansprechend und nicht selten unverständlich. Das Resultat hat einmal der frühere Intendant des Bayerischen Rundfunks, Robert Lemke, so auf den Punkt gebracht: „Ob sich Redner darüber im Klaren sind, dass 90 Prozent des Beifalls, den sie beim Zusammenfalten ihres Manuskripts entgegennehmen, ein Ausdruck der Erleichterung sind?“

4.   Auch Naturtalente brauchen Vorbereitung

Das Bombardement mit Daten hat einen simplen Hintergrund. Damit kann gezeigt werden, dass die Hausaufgaben brav gemacht wurden. Das Datenfundament sorgt für Sicherheit. Wirkungsmacht beim Gegenüber hat diese Vorgangsweise aber keine. Trotzdem ist diese Form der Informationsvermittlung häufig anzutreffen. Damit sind wir beim nächsten Erfolgsfaktor: Wie werden CEOs auf ihre Aufgabe vorbereitet? Durchlaufen sie eine gezielte Rhetorikausbildung? Lassen sie sich für den Auftritt in den Medien trainieren? Oder sind sie einfach nur „Naturtalente"? Letzteres verneint Roger Haywood[29]: „No manager can claim to have 'natural' public relations skills any more than a natural talent for law, personnel, finance or production. The development of a worthwhile public relations policy needs as much thought, attention and professional skill as does the financial, personnel or any other business discipline."

Dieses Argument, dass Public-Relations-Fähigkeiten nicht als natürliches Talent in die Wiege gelegt werden, hat sicher etwas für sich, auch wenn es in der Persönlichkeit angelegte Unterschiede gibt, was das Talent zur Kommunikation und die Freude am Auftritt vor Publikum betrifft. Mit den professionellen Kommunikationsfähigkeiten, von denen Haywood spricht, werden Führungskräfte in der Regel viel zu selten auf ihrem Weg auf der Karriereleiter konfrontiert. In der Ausbildung an den Schulen und Universitäten wird nach wie vor viel zu wenig Wert auf den gesamten Komplex des persönlichen Reputationsmanagements gelegt.[30] Später steht dann der fachliche Bereich im Vordergrund, denn der zählt letztlich beim Weiterkommen.

> **Es gibt keine Public-Relations-„Naturtalente". Der öffentliche Auftritt, das persönliche Reputationsmanagement will ebenso gelernt und trainiert sein wie jede andere fachliche Kompetenz auch.**

Wenn der Karriereschritt an die Spitze des Unternehmens geschafft wurde, muss die Basis passen. Denn dann tritt ein, was Gaines-Ross schlicht Überforderung nennt. Sie spricht von einem „Schocksyndrom"[31], das den CEO überkommt, sobald das tatsächliche Ausmaß an Verantwortung und vorhandenen Problemstellungen bewusst wird. Da bleibt dann ganz sicher keine Zeit mehr, sich mit den Nebenschauplätzen abzugeben, wie dem Arbeiten an den eigenen Kommunikationsfähigkeiten. Gerald M. Levin, ehemaliger CEO von Time Warner, meinte gar: „Es gibt keine Ausbildung zum CEO; das ist eine ganz außergewöhnliche Sache."

Das stimmt natürlich so nicht. Natürlich gibt es eine sinnvolle Vorbereitung auf den Job und auch auf die anstehenden Kommunikationsaufgaben, wenn auch nicht als „Last-Minute"-Rettungsaktion. Sehen wir uns kurz die Ergebnisse meiner Befragung der großen PR-Agenturen an. Welche Maßnahmen sehen sie am wichtigsten an, um das persönliche Profil von Spitzenmanager durch Weiterbildung zu stärken? An erster Stelle steht hier die Persönlichkeitsbildung, die fast alle Agenturchefs nennen. Dahinter folgt – genannt von zwei Dritteln der Befragten – das Medien- und Präsentationstraining. Weniger als die Hälfte sieht auch noch hohes Engagement im Beruf – also learning by doing – als Erfolg versprechend an. Fachliche Weiterbildung und Rhetoriktraining ist nur für jeden Fünften wichtig.

> **In der Vorbereitung von CEOs auf ihre Funktion als Sprecher des Unternehmens sehen die befragten PR-Agenturen an erster Stelle die Persönlichkeitsbildung, dann Medien- und Präsentationsbildung und erst an dritter Stelle die fachliche Weiterbildung.**

Die Agenturen sehen also die Bildung kommunikativer Fähigkeiten als sehr bedeutend an. In der Realität stehen die Dinge leider anders. Das Bewusstsein, dass in die Kommunikation investiert werden muss, ist sehr schwach ausgeprägt. Nur ein Viertel der durch die Universität Berlin befragten CEOs hat ein Medientraining absolviert, mehr als 40 Prozent meinen, sie hätten das nicht nötig.[32] Gehandelt wird oft erst dann, wenn es einen gewissen Leidensdruck bei öffentlichen Auftritten gibt, wenn Manager suboptimal beim Rezipienten ankommen. Dann wird professionelles Training und Coaching gesucht, um die Attraktivität des Auftritts zu fördern. Authentizität, Ansehnlichkeit und Anhörbarkeit im Auftritt, Kongruenz zwischen Person und Rolle werden dabei eingeübt.[33]

Die Zahl der Buchtitel[34], das Angebot an Rhetorikseminaren und Medientrainings ist gewaltig. Dort werden Tipps gegeben und Checklisten publiziert, was alles zu beachten ist, wenn ein Manager vor die Kamera tritt, wenn ein Radio- oder Printjournalist ein Statement einfordert oder wenn es darum geht, in einer Rede vor Publikum zu überzeugen. Die erfolgreichsten Manager arbeiten laufend an sich.

Stefan Wachtel meint, man solle das nicht als „Arbeit am Schein"[35] geißeln, vielmehr sei die „Attraktion schon immer der Auftrag der PR" gewesen. Überlebt hat sich der Versuch, Menschen so lange umzustylen und zu inszenieren, bis sie nicht mehr sie selbst sind. Der frühere österreichische Bundeskanzler Viktor Klima wird ewig in Erinnerung bleiben als Kunstfigur, die zuletzt nur noch deplatziert wirkte. Erst die geografische und intellektuelle Distanz ließ den nunmehrigen argentinischen VW-Chef wieder zur früheren Hochform auflaufen. Viele große Politiker kann man sich nicht vorstellen als Produkt von Spin Doktoren. Konrad Adenauer, Helmut Kohl, Bruno Kreisky waren eben so, wie sie sich gaben. Aber Margret Thatcher ließ sich zum Mitglied der Upperclass umtrainieren und -stylen. Lothar Kolmer schreibt dazu sarkastisch: „Am Ende fiel sie auf ihr frisiertes Bild von sich selbst herein – nicht unüblich."[36]

Das Infotainment ist die Fortsetzung des antiken Erbauens und Unterhaltens (delectare), die Fortsetzung des schon von den griechischen und römischen Rhetoren gelehrten Belehrens (docere).[37] Das Bild, das in die Wohnzimmer geliefert wird, ist aber schonungslos. Hölzernes, nervöses Auftreten, Sprachschwächen und Unsicherheit werden schonungslos gezeigt.

Als hätten die Gefilmten einen Strichcode auf der Stirn, lassen sich alle Gefühlsregungen abscannen. Wenn sich Unternehmer auf TV-Auftritte vorbereiten, geschieht dies deshalb auch meist auf dem Hintergrund der Rezeptionsforschung, die für das Fernsehen gemacht wird. Das heißt: Die Sprache und die Inhalte einer Rede spielen eine verschwindend geringe Rolle. Die Stimme und vor allem das nonverbale Verhalten übernehmen eine Hauptrolle. Dieses empirische Ergebnis des amerikanischen Psychologieprofessors Albert Mehrabian[38], das besagt, dass der Sprachinhalt 7 Prozent, die Stimme 38 Prozent und das nonverbale Verhalten 55 Prozent der Gesamtwirkung einer Rede ausmacht, ist zwar insbesondere bei Rhetorikern nicht unumstritten. Die Tendenz ist aber ganz sicher richtig.

In der Tat spielt das nonverbale Verhalten eine enorme Rolle. Am Besten macht das der Sketch „Die Nudel" von Bernhard Victor (Vicco) Christoph Carl von Bülow – vulgo Loriot – deutlich, der im Restaurant sitzend seiner leider 2007 verstorbenen kongenialen Partnerin Evelyn Hamann seine Liebe erklärt und dabei permanent ein Stück Spaghetti über das Gesicht verteilt. Die Angebetete starrt ihm nur fassungslos ins Gesicht und versucht, Loriot auf das Problem aufmerksam zu machen. Der lässt sich aber in seinem Redefluss nicht bremsen. Als Zuseher weiß man nachher absolut nichts über das gesprochene Wort, dagegen sehr genau, wo die Spaghetti im Laufe der Zeit im Gesicht klebte.

Die angesprochenen Beispiele sind symptomatisch für den Befund, dass Informationen allein nicht ausreichen. Auch wenn PR-Verantwortliche nach wie vor sehr inhaltsverliebt zu sein scheinen, wie dies eine Befragung zeigt.[39] Ich interpretiere dies anders als die Studienautoren. PR-Verantwortliche spielen in der Regel eine große Rolle bei der inhaltlichen Vorbereitung von Medienauftritten oder von Präsentationen vor Publikum. Selten aber geht ihr Einfluss so weit, dass sie dem CEO sagen (können), dass er dieses gut und jenes schlecht macht bei seinen oder ihren Auftritten. Das Gesamterscheinungsbild ist mithin für die Kommunikationsprofis oft nicht im Fokus, weil es nicht beeinflussbar scheint. Sie sind sich zwar der Relevanz von Gestik, Mimik, Körpersprache und Stimme theoretisch bewusst, haben aber keine Möglichkeit, diese Faktoren des Gesamtauftritts massiv zu beeinflussen.

Dem Inhalt von Medienauftritten oder von Präsentationen vor Publikum wird immer noch viel mehr Aufmerksamkeit geschenkt als der Inszenierung und dem nonverbalen Verhalten. Dadurch werden viele Chancen verpasst, wirklich zu überzeugen.

Die meisten Manager, die bei ihrem Auftritt von der Kamera aufgezeichnet werden und sich erstmals am Bildschirm sehen, reagieren überrascht bis erschrocken auf das, was sie geboten bekommen. Überrascht darüber, dass man ihnen jede Emotion von den Augen ablesen kann, dass sie ein offenes Buch sind, in dem jeder Zuseher lesen kann. Erschrocken, weil sie meist erkennen, wie wenig es ihnen gelingt, ihre Botschaft so zu vermitteln, dass sie den Zuhörer zu überzeugen vermag.

Das Fernsehbild hält schonungslos einen Spiegel vor und nagt bisweilen schon sehr am Selbstbewusstsein. Vielleicht drücken sich deshalb viele Führungskräfte davor, sich dieser Form der Vorbereitung zu unterziehen. Die Alternative basiert auf dem Prinzip Hoffnung und Selbstgenügsamkeit: „Es wird schon nichts passieren, und es muss reichen, was ich meinen Dialogpartnern an kommunikativen Fähigkeiten zu bieten habe."

Es mag sein, dass nicht nur die Hoppalas Anderer[40] zur Vorsicht gemahnen. Oft sind auch negative Erlebnisse bei Auftritten vor Publikum verantwortlich dafür, dass viele Manager in das geschriebene Wort flüchten. Die E-Mail- und SMS-Kultur tut ihr Übriges dazu. Bevor zum Hörer gegriffen wird, um jemanden anzurufen und seine authentische Meinung über die Stimme zu erspüren, werden ein paar nichts sagende Zeilen abgeschickt, die ebenso freibleibend beantwortet werden. Es braucht hier dringend der Bewusstseinsbildung und ein Umdenken in der Aus- und Fortbildung. Unternehmen ohne überzeugende Vermittlung ihrer Anliegen werden am publizistischen Marktplatz ins Hintertreffen geraten.

Dieser Befund trifft sich mit der zentralen These von Stefan Wachtel in dessen Buch Rhetorik und Public Relations[41]: PR sind über Jahrzehnte von der schriftlichen Inhaltsvermittlung her gekommen. Es heißt nicht umsonst *Presse*sprecher, weil der Beruf viel mit Text zu tun hat. Das wird auch weiterhin so bleiben. Aber mit dem zunehmenden Gerangel um das nicht größer werdende publizistische Angebot werden das gesprochene Wort und dessen möglichst überzeugender Vortrag immer bedeutender. Das beginnt schon beim „Verkauf" einer Geschichte an einen Journalisten und setzt sich im überzeugenden Vortrag, im Gespräch mit Kunden oder in der Vermittlung von Unternehmenszielen an Mitarbeiter fort.

5. Die Sprache der Wirtschaft besteht nicht nur aus Zahlen

Die Notwendigkeit, zu überzeugen, zu motivieren und positive Schwingungen zu erzeugen, wird größer. Die Erwartungshaltungen steigen beim Publikum. Kurzum: Rhetorik wird ein immer wichtigerer Erfolgsfaktor in der CEO-Kommunikation. Entgegen diesem Postulat wird bei Vorträgen, Diskussionen, Meetings, Mitarbeiterinformationen, aber auch an unseren Schulen und Universitäten gegen all das, was die elektronischen Medien täglich vorexerzieren und die Medien- und Rhetoriktrainer vermitteln, permanent verstoßen.

Anachronismen und Leerläufe werden produziert, die nichts mit der Realität einer fern bedienten TV-Gesellschaft zu tun haben. Der kategorische Imperativ des Medienzeitalters muss lauten: „Kommuniziere so, dass andere anschließen können." Angeschlossen wird in der Rhetorik an zu erwartende innere Faktoren: Erfahrungen, Aversionen, Wünsche, Hoffnungen, Befürchtungen und Werbebotschaften. Wir befinden uns hier wieder auf dem Terrain der antiken Rhetorik, in der die Topik einen allgemeinen Gesichtspunkt zu finden, nicht strittig ist und damit die Glaubwürdigkeit der Argumentation stützt. Von diesem wertneutralen Punkt aus lassen sich verschiedene Zielsätze ableiten und Argumente finden.

Wolfgang Klages über die Begeisterung des Zuhörers: „Persönliche Ausstrahlung wird dem Redner sehr nützlich sein. Ein Charakterkopf mit Ecken und Kanten, der das offene Wort nicht scheut, verleiht der Rede von vornherein Erlebniswert. Um die Spannweite der rhetorischen Mittel auszuschöpfen, ist Temperament unverzichtbar."[42] Und er zitiert Qinitilian: „Nur Feuer kann einen Brand entfachen, nur Feuchtigkeit uns durchnässen, und nichts kann auf anderes abfärben, wenn es selbst die betreffende Farbe nicht gibt."

Die Rhetorik in der Wirtschaft (und in der Politik) wird durch vom Redner antizipierte Erwartungshaltung bei den jeweiligen Zuhörern beeinflusst. Als These formuliert: Die antizipierte Erwartungshaltung der Zuhörer bestimmt die Inhalte einer Rede. Viele Reden von Spitzenmanagern großer Unternehmen werden so formuliert, dass sie ins Format der Medien passen. Hier orientieren sich die Redenschreiber daran, was TV und Hörfunk – sekundär auch die Printmedien – hören wollen. So werden auch die Inhalte an den (vermeintlichen?) Wünschen des Publikums ausgerichtet, das laut Rezipientenforschung am liebsten von Neuigkeiten, Überraschungen, Sensationen, Skandalen und Krisen liest. Die Politik reagiert mit verbaler Überzeichnung, die Unternehmen ziehen sich meist auf das Terrain der neuen Produkte oder der Zahlen zurück, wie ich anhand der ausgewerteten Pressecorner Hunderter Unternehmen weiter oben belegt habe. Sie möchten nicht anecken, entwickeln deshalb kaum Konturen und Kanten in ihrer Rhetorik. Wenn ein Manager einmal aus diesem Muster ausbricht, steckt meistens auch ein Quäntchen politischer Ambition dahinter.

Wie sieht die „Sprache der Wirtschaft" aus?[43] Auch dazu habe ich eine Reihe von Unternehmern befragt. Eines der Ergebnisse: Jeder bewegt sich thematisch dort, wo er sich „wohl fühlt." Für Manager gilt in der Regel, dass sie sich am wohlsten im Feld der Zahlen und Fakten über das Unternehmen fühlen und deshalb ihre Reden eher in einem nüchternen Stil halten. Dies wird auch durch die Rekrutierung von Führungskräften unterstützt, die – wenn sie im eigenen Unternehmen auf der Karriereleiter nach oben steigen – meistens auf Grund der fachlichen Kompetenz und nicht der rhetorischen Brillanz erfolgt. Der beste Wertpapierverkäufer wird zum Vorstand einer Bank, der gewiefteste Innenrevisor oder Produktmanager macht Karriere. Die Fähigkeiten, die im „erlernten" Bereich gefragt waren, müssen aber keinesfalls auf der höheren Stufe der Karriereleiter die wichtigsten sein.

> **Sprachliche Ausdrucksfähigkeit spielt bei der Karriere keine große Rolle, fachliche Leistung wird belohnt. Entsprechend wird die Möglichkeit zur rhetorischen Weiterbildung in den Unternehmen eher selten genutzt.**

Von den von mir befragten Managern sagte die Hälfte, rhetorische Fähigkeiten spielten eine geringe und jeder zehnte sogar, sie spielten gar keine Rolle. Gleich gering ist die Anzahl derer, die überzeugt sind, dass sprachliche Ausdrucksfähigkeit eine sehr große Rolle spielt.

Dieses Ergebnis deckt sich im übrigen mit den Analysen von Unternehmens- und Personalberatungsunternehmen, die Karrieren in der Wirtschaft meist auf fachlicher Leistung in einem bestimmten Bereich (Vertrieb, Controlling, Technik, Produktentwicklung etc.) basiert sehen. Knapp zwei Drittel dieser Betriebe bieten ihren Mitarbeitern eine Rhetorikausbildung an. Über die Hälfte der befragten Unternehmer meinte jedoch, dass diese Ausbildungsangebote nicht in ausreichendem Maße genutzt würden. Nur etwa ein Fünftel der Befragten ist überzeugt, dass Rhetorikprogramme ausreichend in Anspruch genommen würden.

Die fachlich fundierte Karriere triumphiert – so die These der Unternehmensberater. Der Rhetor, der mehr das Ganze im Blick hat, ist in der Wirtschaft eine Spezies, die an der Spitze relativ selten anzutreffen ist. Das ist auch einer der Gründe, warum Rhetorikausbildung oder Medientrainings meist erst dann angeboten und genutzt werden, wenn der persönliche Leidensdruck vorhanden ist, Manager also als Vermittler von Unternehmenspolitik in der Öffentlichkeit gefordert sind. Dann werden in der Regel Trainings gebucht, um das nachzuholen, was im Laufe der Fachkarriere nie verlangt wurde.

Die Frage, woran Unternehmer und Manager in ihren Ausführungen in öffentlichen Reden gemessen werden, beantworten Journalisten und Chefs von PR-Agenturen so:

- ehrliche, glaubwürdige Information über den Betrieb

- fachliche Kompetenz

- Fakten, Wirtschaftsdaten, positive Ergebnisse

- innovative Wirtschaftsideen, Lösungsvorschläge

- souveräne Kenntnis des Marktes und der wirtschaftlichen Rahmenbedingungen

„Authentizität und Sympathie sind zwar auch von Bedeutung, spielen aber eine untergeordnete Rolle. Mit sprachlichem Niveau kann man zwar auch beeindrucken, doch liegt dort sicherlich nicht der Schwerpunkt", lautete eine symptomatische Antwort.

Entgegen dieser Momentaufnahme wage ich die These, dass die Rhetorik als Gesamtkunstwerk des Auftritts vor Publikum an Bedeutung zunimmt, ja zunehmen muss. Denn: Eine leblose Sprache gebiert leblose Unternehmenspolitik, und kraftloses Reden mündet in kraftlosem Handeln. Da passt es ins Bild, dass Journalisten und Kommunikationsverantwortliche den CEOs anraten, neben mehr Offenheit und Transparenz auch Lockerheit und Enthusiasmus zu wagen.[44] An praxisorientierten Ratgebern fehlt es jedenfalls nicht.[45] Es fehlt auch nicht an Selbsterkenntnis, zumal dann, wenn durch rhetorische Sprünge in den Fettnapf Aktienkurse in den Keller rasseln.

Die Rhetorik als Teil des Gesamtkunstwerks des öffentlichen Auftritts wird weiter zunehmen. Wer leblos spricht, bringt auch eine leblose Unternehmenspolitik hervor.

Da der Leidensdruck steigt, kann es nur besser werden. Die Duldsamkeit des Publikums wird in Zeiten, in denen der Videoclip mit einem Bildschnitt alle paar Sekunden zum internalisierten Standard wird, mit Floskel dreschenden, unlogisch argumentierenden Dilettanten immer geringer. Die Wirkungsweise des Fernsehens auf die Rezeptionsgewohnheiten ist enorm. Unternehmer sind selbstverständlich auch teilnehmende Beobachter in der täglichen TV-Soap Opera. Wolfgang Klages hegt Zweifel am Befund, dass das Fernsehen keine klassische Rhetorik mehr erlaube: „Muss es vielleicht nur dafür herhalten, rhetorisches Unvermögen zu entschuldigen? Gibt es nicht mehrere Beispiele, in denen das Fernsehen die Wirkung einer Rede erhöht hat? Möglicherweise leuchtet dieses Medium rednerische Schwächen ja bloß stärker aus ... Sicher, was die direkt beteiligten Zuhörer begeistert, berührt den distanzierten Fernsehzuschauer weniger. Aber das Fernsehen verwandelt eine gute Rede nicht in eine schlechte, sondern fördert ihren nachträglichen Widerhall. Lehrsätze der klassischen Rhetorik lassen sich auch im Fernsehen erfolgreich anwenden."[46]

Für Unternehmer, die ihr Anliegen öffentlich vertreten wollen, gilt (Gott sei Dank) nicht, was eine in Deutschland im April 2006 publizierte Studie herausgefunden hat: Langweiliger Unterricht ist ideal, um die Fantasie der Schüler anzuregen. In der rhetorischen Wüste des Lehrenden werden sozusagen die Gedanken der Zuhörer zur fantasievollen Oase. So sehr es sich lohnt, über diese These im Zusammenhang mit schulischer Ausbildung nachzudenken, so wenig eignet sich dieser Befund für das Wirtschaftsleben. Hier ist in Zukunft noch viel mehr Anstrengung hineinzulegen. Die Mechanismen der Medien, die Erwartungshaltung der Zuhörer bei Vorträgen, die Ansprüche der Kunden und Mitarbeiter an die Überzeugungsfähigkeit von Managern steigt. Und sie werden zunehmend daran gemessen, ob ihnen diese Überzeugung gelingt.

6.   Botschaften mit Bedacht wählen

Ein wesentliches Erfolgskriterium der CEO-Kommunikation liegt im gezielten Einsatz ausgesuchter relevanter Botschaften, die zielgruppen- und mediengerecht ausgesucht werden. In der zitierten Studie der Freien Universität Berlin sagten mehr als 80 Prozent der befragten Kommunikationsverantwortlichen, dass Unternehmen ein persönliches Gesicht brauchen, um in der Öffentlichkeit nachhaltig zu wirken, und dass der CEO – unabhängig von seinem Erscheinungsbild – vor allem durch inhaltliche Aussagen überzeugt.[47] Fazit: Wer die „talking heads" versteht und ihnen glaubt, ist dem Unternehmen verbunden.

Hier schließt sich der Bogen zum vorangegangenen Erfolgsfaktor der CEO-Kommunikation: Das, was und in welcher Intensität über die Firmenbosse an Informationen verbreitet wird, bedarf sorgfältiger Abwägung. Auch die Botschaften, die vom CEO selbst vermittelt werden, müssen mit Bedacht gewählt werden.

Welche Inhalte werden kommuniziert, wie werden sie gefunden? Die Issues, die von Unternehmen thematisiert werden, habe ich im dritten Abschnitt des Buches bereits anhand der Analyse von Pressecornern im Internet beschrieben. Corporate Communications, aber auch Themen, die sich mit der Rekrutierung und Abberufung von Spitzenmanagern befassen, ressortieren beim CEO. Andere Issues können – gerade in großen Unternehmen – durchaus auch von anderen Mitgliedern des Vorstandes oder den Verantwortlichen für Corporate Communications kommuniziert werden.

> **Der CEO hat Deutungsmacht und auch Deutungsverantwortung. Er muss deshalb seine Botschaften sehr sorgfältig auswählen.**

Widmen wir uns der Frage, wie die Botschaften auf die Agenda kommen. Deekeling und Arndt beschreiben das so: „Beinahe alle Informationen, die den CEO erreichen, wurden in den Tiefen der Organisation zusammengestellt und aufbereitet und sind durch den 'Blick', durch das Mindset der Organisation geprägt. So entsteht schnell eine selbstreferentielle Wahrnehmung, die eine gewisse Tendenz zum Autismus aufweist. Dies muss noch gar nicht bedeuten, dass Informationen geschönt werden, es reicht bereits eine Filterung entsprechend den organisationseigenen Wahrnehmungsmustern, um eine eigene Weltsicht zu etablieren, die einen unverstellten Blick auf das Unternehmen und seine Umwelt unmöglich macht."[48]

In jedem Unternehmen können diese Verhaltensmuster erlebt werden. Über die Jahre entwickeln sich redundante Schleifen im Berichtswesen, Hackordnungen bei Besprechungen, informelle Übereinkünfte. Selbst Sitzordnungen bei größeren Besprechungsrunden haben ihre Bedeutung. Einmal aufgebrochen, stellen sich oft ganz überraschende Ergebnisse in der internen Kommunikation ein.

Unternehmer können hier viel von der Politik lernen: Die Zahl der über Jahre erfolgreichen Politiker, die sich später immer mehr mit einem kleinen Zirkel von Einflüsterern abzuschotten begannen und deshalb vom Wähler aus dem Amt getrieben wurden, ist sehr groß. Ihnen wird dann immer der arabische Herrscher Harun al Rashid vorgehalten, der sich unerkannt unters Volk mischte, um zu hören, wie seine Regierungsentscheidungen gesehen werden. Zuzuhören schadet jedenfalls keinem Unternehmer und Manager.

> **Die Auswahl der Botschaften erfolgt in den Unternehmen nach den immer gleichen Mustern. Im Laufe der Zeit entstehen redundante Schleifen in inneren Zirkeln. Neue Impulse entstehen hingegen durch Zuhören und Nachfragen bei den Menschen, für die die Botschaft produziert wird.**

Bei der Formulierung von Botschaften ist auch auf das Sprachniveau zu achten. Dieses wurde in den vergangenen Jahren deutlich gesenkt. Untersuchungen aus den USA zeigen, dass in den achtziger/neunziger Jahren das Verständnisniveau eines 20- bis 30-Jährigen notwendig war, um den News folgen zu können. Heute liegt das Anspruchsniveau für Nachrichtensendungen in den USA auf demjenigen eines 9-Jährigen.[49] Ansonsten, so befürchten die TV-Macher, würde abgeschaltet.

Hierzulande haben wir diesbezüglich noch ein höheres Niveau, aber der Trend ist klar vorgegeben und zeigt in dieselbe Richtung. Egal, ob wir das Postulat der Verflachung des Anspruchsniveaus akzeptieren oder nicht. Jeder Redner sollte sich bewusst sein, dass er in seinen Wortmeldungen in die Sprachwelt des Zuhörers vordringt, die heute eine andere ist als vor 20 Jahren.

Wer sich je eine der unsäglichen Talkshows im deutschsprachigen Privatfernsehen angesehen hat, der weiß, dass wir uns rhetorisch dorthin bewegen, wo George Bernard Shaw in einer herrlichen Satire die USA gesellschaftspolitisch schon vor Jahrzehnten wähnte: In der Dekadenz.

Das mediale Umfeld hat auch Auswirkungen auf die Vermittlung von Unternehmenspolitik. Manager werden – sofern sie sich in die Hände von Medien- oder Rhetorikexperten begeben – darauf hin trainiert, in der öffentlichen Rede[50] einen emotionalen Zugang zum Zuhörer und Zuseher zu finden, ihm kurze und knappe Erklärungen zu geben und vor allem am Schluss eine fertige Lösung zu offerieren. Dieser „Dreisatz", der heute in der Rhetorikausbildung von Moderatoren vermittelt und in der Folge in Medientrainings an Unternehmer wie Politiker in gleichem Maße weitergegeben wird, ist – wie das Meiste in der Rhetorik – nicht neu. Cicero hat den Einstieg so formuliert: „Ehe wir zur Sache kämen, gelte es zunächst, die Herzen der Zuhörer zu gewinnen."[51] Der Einstieg bezieht sich auf die unmittelbare Situation oder stellt gemeinsame Erfahrungsebenen her zwischen Redner und Zuhörern. Rhetorische Fragen eignen sich hier besonders: „Haben Sie auch manchmal das Gefühl, dass ...?" Eine provokative These kann die Aufmerksamkeit für die Rede ebenso schaffen wie die Betonung von Gemeinsamkeiten.

Der Dreisatz meint, dass der Referent bei der Vorbereitung der Rede sich zuerst Gedanken machen soll, was seine wichtigste Botschaft ist. Diesen Zielsatz soll er zuerst formulieren und notieren. Danach soll er sich Gedanken machen, wie er in das Thema einsteigt, um seine Zuhörer an sich zu fesseln. Bei diesem emotionalen Einstieg soll eine gemeinsame Ebene zwischen Referent und Publikum hergestellt werden, Ich-Bezogenheit geschaffen, Aha-Erlebnisse vermittelt werden. Erst danach werden im dritten Schritt die Argumente gesucht, die die eigene Botschaft unterstützen.[52]

7. Die Lust an der Selbstinszenierung gehört mit zum Jobprofil

Bei der Bezeichnung des siebten Erfolgsfaktors der CEO-Kommunikation hat mich ursprünglich die Lust an der Überzeichnung überkommen. Ich wollte ihn nämlich „Exhibitionismus" nennen. Karl Nessmann von der Universität Klagenfurt hat mich dann aber davon überzeugt, dass Selbstinszenierung dem Thema eher gerecht würde. Fakt ist, dass seit den späten 1990er Jahren der Hang der Medien, Unternehmer und Spitzenmanager auf die Bühne ins Scheinwerferlicht zu stellen, sprunghaft angestiegen ist. Um das tun zu können, bedarf es immer zweier Mitspieler: Den, der etwas sehen will, und den, der etwas herzeigen will. Ohne einen gewissen Drang zum Scheinwerferlicht funktioniert dieses Spiel nicht.

> **Die Lust am Auftritt, am Sprechen vor Publikum, am Bad in der Menge und am eigenen Bild in den Medien gehört zum Job. Wer das nicht will, ist an der verkehrten Stelle im Unternehmen eingesetzt. Es ist aber wie in der Medizin eine Frage der Dosierung.**

Selbstinszenierung setzt hohe Ansprüche. Brigitte Biehl formuliert das so: „Live-Kommunikation ist theatrale Kommunikation und damit ein Spezialfall: Betritt ein CEO die Bühne, so tritt er in einen semiotischen Raum ein und kommuniziert bereits, ohne ein Wort gesagt zu haben. Gestik und Mimik werden vom Auditorium automatisch nach Anzeichen von Gefühlen und speziell Unsicherheit abgesucht. Es entsteht eine Stimmung, die wir als Atmosphäre bezeichnen."[53]

Wir alle können laufend beobachten, was Jens-Uwe Meyer so beschreibt: „Viel Show mit wenig Inhalt schlägt häufig viel Inhalt mit wenig Show."[54] „Theatralisierung greift zunehmend auf die Welt der Wirtschaft über – vor allem, wenn es darum geht, ein Image aufzubauen und Vertrauen zu schaffen", schreibt Biehl.[55] Die Theater- und Kommunikationswissenschaftlerin hat sich Managerauftritte angesehen und die Inszenierungsstrategien auf einen Nenner gebracht: „Topmanager müssen nicht nur strategische Planer, sondern auch überzeugende Selbstdarsteller sein – Business ist Show-Business."

Da ich schon die Metapher mit der Bühne verwendet habe, möchte ich auf einen Aspekt hinweisen, der den Bogen zur integrierten Kommunikation und der dort postulierten Dialogfunktion der Kommunikation herausstreicht. Genau das wird bei den meisten Auftritten nicht vermittelt. Oft wird vielmehr der Eindruck verstärkt: Wir da oben, Ihr da unten. Unterstrichen wird dieser Eindruck durch die erhöhte Bühne, die helle Ausleuchtung des Rednerpults, während die Zuhörer im Halbdunkel verharren. Das hat dann mehr von emphatischer Verlautbarung als von Dialogkommunikation an sich. Oft verrät die Auftrittsinszenierung sehr viel mehr über die persönliche Gesprächskultur, als das der Betroffene selbst glaubt.

Fakt ist aber: Die Medien verlangen nach Gesichtern, die für eine Geschichte stehen. Viele Wirtschaftsmagazine publizieren in der einen oder anderen Form die „Köpfe des Jahres". Was für die Yellow Press die Königshäuser und die Beckhams dieser Welt sind, ist für Fortune und Co. „das obere Ende der Nahrungskette" in den Unternehmen.[56] Die Medien wollen zitierbare Aussagen, Originaltöne, kurz: Es soll „menscheln"[57], wie das Gernot Brauer formuliert hat. In der Ära der primären Betonung des Shareholder Values wurden die CEOs zu Medienstars hochstilisiert.

Etwas, was vor gut zehn Jahren noch selten der Fall war: Horst Avenarius schrieb noch 1995: „Die gängigen Popularitätsattribute der Politiker haben in der Wirtschaft keine Zugkraft: Wie die Bosse zu Hause eingerichtet sind, welche Vornamen und Vorlieben die Frau, die Kindern haben, wo und wie man seine Urlaube verbringt, welche Hunde man hält, kurz alles Private bleibt außen vor. Boulevardpresse und Lifestylezeitschriften kommen hier nicht zum Zuge."[58] Heute werden die „Bosse" natürlich in Homestories präsentiert, der bestgekleidete Manager des Jahres gekürt und der Lebensstil neidvoll begutachtet. Kein Wunder, dass die Spitzenmanager sich wie Popstars fühlen, sich ebensolche Gagen zugestehen oder genehmigen lassen und dennoch kapitale Böcke schießen. Sie dürfen sich dann aber auch nicht wundern, wenn sie auf der gleichen Bühne, auf der sie zuvor den Applaus geerntet haben, ausgepfiffen werden. „Der Weg vom Superstar zum Sündenbock ist oft ganz kurz"[59], formuliert das Helmut Brandstätter.

Ein wunderbares Beispiel, wie das klingt, findet sich im Editorial einer der jüngeren Ausgaben von w&v: „Wiedeking ist gleich Erfolg ist gleich Porsche. Doch die Gefahr, dass die Führungsroboter eines Tages zu sehr menscheln, ist einfach zu groß. Hilmar Kopper ist gleich Peanuts ist gleich Panne. Und Klaus Zumwinkel? Ob der oberste Postmann in Liechtenstein zweimal klingelt oder nie, ist dem Briefmarkenkäufer ziemlich egal. Aber nur, wenn er den obersten Postchef nicht kennt. Bei Gutmensch Zumwinkel ... sinkt der Image-Wert der Deutschen Post an Tag eins nach dem Steuerskandal um über 20 Prozent. Seither erholt sich der Wert wieder, weil da doch so ein Neuer als Chef sitzt. Wie hieß der gleich wieder? Hoffentlich wird Frank Appel nicht so bekannt wie sein Vorgänger. Falls er eines Tages zu menscheln beginnt."[60] Dieses exemplarische Urteil ist grausam und wäre unmenschlich, würde es nicht Personen treffen, die für ihr Tun ein ordentliches „Schmerzensgeld" bezahlt bekommen.

Es wäre fatal, würde das alles dazu führen, dass sich die CEOs wieder kommunikativ einzuigeln beginnen. Der Interview-Boykott, wie ihn deutsche Bundesliga-Fußballclubs bisweilen zur Bestrafung unliebsamer Berichterstatter üben, ist keine Lösung. Es gilt halt auch hier, das richtige Maß zu finden. Statt Staralüren zu entwickeln, sollten Firmenchefs sich in den Dienst des Unternehmens stellen und nicht das Unternehmen dazu verwenden, den eigenen Marktwert zu pushen.

Es steht umgekehrt aber auch den Medien schlecht an, eine von ihnen selbst inszenierte Personality-Show zu geißeln. CEO-Starmaniacs wird es nämlich auch in Zukunft geben, weil unsere Mediengesellschaft nach Menschen mit Strahlkraft lechzt und weil Unternehmen ohne Führung nie funktionieren werden. Die Vermittlung von Visionen, von realisierbaren Zielen und den dazu notwendigen konkreten Umsetzungsschritten ist aber auch ganz ohne Personenkult eine der wesentlichsten, wenn nicht die wichtigste Aufgabe der Frau oder des Mannes an der Spitze eines Unternehmens.

8.   Bedeutsamkeit sorgt für steigende Aufmerksamkeit

Die Medien umkreisen immer die gleichen Promi-Planeten. Das gilt auf lokaler Ebene genauso wie auf internationaler. Lediglich das publizistische Verbreitungsgebiet ist ein anderes. Will heißen: Der in einer Kleinstadt bedeutende Unternehmer kommt immer wieder in seiner Regionalzeitung vor, der CEO eines DAX-Unternehmens findet internationale Aufmerksamkeit – zumindest in den Wirtschaftsmagazinen.

Zwischen der Prominenz des CEO und der Häufigkeit der Medienberichterstattung über das von ihm repräsentierte Unternehmen gibt es eine klare Korrelation.[61] Ich habe diesen Zusammenhang schon weiter oben als Ökonomie der Aufmerksamkeit beschrieben. Die These, dass Bedeutsamkeit Aufmerksamkeit nach sich zieht, ist empirisch belegt und permanent erlebte Praxis. Selbst die früher aus Diskretionsgründen fast schon mit einem priesterlichen Schweigegelübde angetretenen Schweizer Privatbanken bemühen sich heute um die Herstellung von Öffentlichkeit. Der Grundsatz, dass ein Unternehmen möglichst still und unscheinbar zu führen sei, gilt heute nicht mehr.

Man könnte von einer Art Seismograph der Bedeutsamkeit sprechen: Das Pegel der Medienberichterstattung schlägt immer aus, wenn eine Person oder eine Institution als wichtig erachtet wird. Wenn dieser Status erst einmal erreicht wird, dann beginnt sich die Spirale der Aufmerksamkeit erst richtig zu drehen. Einmal ins Visier der Medien geraten, geht es erst richtig los. Denn: Worüber immer wieder berichtet wird, erscheint auch wichtig. Wir haben mit unserer Agentur Pleon Publico in Salzburg die Freude, Paris Hilton als Testimonial für Rich Prosecco zu promoten. Der Medienrummel ist regelmäßig riesig. Hunderte Abdrucke pro Event sind die Regel. Warum das so ist, beantwortet Jens-Uwe Meyer (um einen Dritten als unverfänglichen Zeugen anzuführen) so: „Die Erklärung ist recht einfach. Weil jeder über sie berichtet."[62]

> **Die Medien brauchen Köpfe, die den Zusehern, Zuhörern und Lesern bekannt sind. Erfolg allein genügt dabei nicht. Es muss auch bereits ein öffentliches Profil vorhanden sein. Wenn das so ist, dreht sich die Aufmerksamkeitsspirale immer weiter.**

Ich vertrete die Auffassung, dass der Hype um einzelne Personen deshalb so groß ist, weil die Medien nicht genügend Köpfe haben, die gezeigt werden können und die sich auch noch zu artikulieren wissen. Nehmen wir einfach die gerade sehr angesagten Kochshows: Da werden immer die gleichen Leute zu unterschiedlichen Sendezeiten in unterschiedlicher Zusammensetzung an die Kochtöpfe der Fernsehnation gestellt. Johannes B. Kerner hat erkannt, dass das alles nur dadurch zu toppen ist, wenn gleich mehrere Haubenköche gemeinsam vor die Kamera treten.

So ist das auch bei Politik- oder Wirtschaftsevents. Je größer der Promifaktor, desto höher steigt der Pegel der Berichterstattung. Fein zu beobachten ist die These, dass die Ansammlung von Prominenten automatisch zum Medienhype führt, bei diversen Events. Journalisten wollen da schon regelmäßig im Vorfeld wissen, wer da sein wird. Fallen die richtigen Namen, ist journalistisches Interesse sichergestellt. Erfolg allein hilft dabei gar nichts. Der oder die Betreffende muss auch bereits einen „Namen", also öffentliches Profil haben. Auf diese Art setzt sich die Spirale weiter in Bewegung: Der profilierte Unternehmer wird erwähnt, interviewt, fotografiert und gefilmt. Um danach als noch wichtiger zu gelten und so weiter.

Mit der Medienpräsenz stellt sich bei den Stars auch eine positive Einstellung der Öffentlichkeit ein. Letztere – also ein positives Image – können auch „Hidden Champions" vorweisen, hohe Medienpräsenz weisen auch polarisierende CEOs auf, die Angelsachsen nennen sie „Controversial Leaders". In der Politik übernehmen diese Funktion meistens ganz bewusst die Generalsekretäre. In der Wirtschaft sind CEOs, die auf negative Einstellung in der Öffentlichkeit und insbesondere bei Journalisten treffen, eher problematisch. Denn: „Die Medien haben die Macht zu segnen oder zu kreuzigen."[63] Und bisweilen warten Journalisten regelrecht auf den Fehler eines ungeliebten – aber mächtigen – Spitzenmanagers, um dann umso gnadenloser über ihn herzufallen.

9.   Die erzählten Geschichten müssen auch glaubwürdig sein

Unternehmen schreiben jeden Tag an ihrer Biografie, und deren CEOs sind in diesem Sammelband die tragenden Autoren. Die Geschichte, die dabei erzählt wird, enthält das, was dem Unternehmen und seinen handelnden Personen wichtig erscheint, was prägend war und ist. Glaubwürdig ist diese Geschichte dann, wenn die Erzählung der Zusammenhänge und Verbindungen, der Entwicklung und Überzeugungen glaubwürdig ist. Und das ist sie nur dann, wenn sie auch gelebt wird. Dieser Erfolgsfaktor der Glaubwürdigkeit wird zunehmend wichtiger. Menschen reagieren sehr sensibel, wenn „die Geschichte, die jemand über sich und die Welt erzählt, nicht mit dem, was der Erzähler tut, übereinstimmt", sagt der Ethiker Clemens Sedmak. Der Maßstab für Glaubwürdigkeit ist also das Übereinstimmen von Sein, Schein und Tun.

Besonders in Veränderungsprozessen in Unternehmen, die durch einen hohen Grad an Verunsicherung insbesondere der Mitarbeiter, aber auch anderer Stakeholder gekennzeichnet sind, kommt es auf die Glaubwürdigkeit der Kommunikation des CEO an. Susanne Arndt und Michael Reinert beschreiben drei Faktoren, die dabei eine Rolle spielen:[64]

■ **Umsetzungskraft:** Eine gewisse Radikalität in der konsequenten Durchsetzung und Verteidigung der eingeschlagenen Strategie, auch gegen mögliche Widerstände.

■ **Fehlerehrlichkeit:** Wer sich verändert, sitzt Irrtümern auf, erlebt Rückschläge, muss Korrekturen vornehmen. Wer unbeirrt am Falschen festhält, nur um nicht in den Verdacht der Inkonsequenz zu kommen, wird immer unglaubwürdig.

■ **Reflexion:** Die Wahrnehmung, die Erwartungen und Interessen der Stakeholder müssen permanent mit der eigenen Agenda und der künftigen Dramaturgie abgeglichen und optimiert werden.

Glaubwürdigkeit ist dann gegeben, wenn konsequent, aufrichtig, selbstreflektierend und offen durch den CEO kommuniziert wird. Es muss Übereinstimmung mit den Werten des Unternehmens geben, und Sagen und Tun müssen authentisch sein.

Dieser Erfolgsfaktor Glaubwürdigkeit verlangt auch danach, dass das Verhalten die Werte widerspiegelt, für die der CEO selbst und das Unternehmen als Ganzes stehen. „People want authenticity, not spin"[65], hat das David Meerman Scott kurz beschrieben. Diese Frage wurde im Rahmen einer Studie der Freien Universität Berlin beleuchtet.[66] Mit einem interessanten Ergebnis: Die befragten Kommunikationsverantwortlichen der Unternehmen sahen bei fast allen abgefragten Parametern die Werteausprägung beim CEO stärker als beim gesamten Unternehmen. Besonders hohe Werte wurden den Chefs etwa bei Innovation, Dynamik und Kreativität, bei Qualität, Kundenorientierung, Glaubwürdigkeit und Führungsanspruch beigemessen.

Viel höher wurden die Werte des CEO gegenüber dem Gesamtunternehmen bei Internationalität, Gewinn- und Wachstumsorientierung und natürlich beim Führungsanspruch gesehen. Der CEO lebt mithin die Werte seines Unternehmens vor. Allerdings haben, so könnte man jedenfalls die Ergebnisse der Untersuchung interpretieren, Unternehmen Werte, die langfristig vorhanden sind und bei einem Wechsel an der Spitze nicht über Bord geworfen werden.

Glaubwürdigkeit heißt nichts Anderes, als dass jemand würdig ist, dass man ihm glaubt, und hängt sehr eng mit Vertrauen zusammen. Zentral für den Aufbau personalen Vertrauens innerhalb eines Unternehmens ist die Ausgestaltung der Beziehungen zwischen Führungskräften und Mitarbeitern. Die notwendigen Schritte[67] dort hin sind:

■ Berechenbarkeit für den Mitarbeiter durch Konsistenz und Stabilität ihrer personalen Merkmale

- Ehrlichkeit und Aufrichtigkeit einschließlich der Fähigkeit, Fehler einzugestehen

- Einhaltung von Versprechen

- Zielklarheit und Deutlichkeit der Aussagen zur Abwendung unbeabsichtigter Vertrauens-defizite

- Bereitschaft zur vollständigen Information

- Bereitschaft zur Verantwortungsübertragung und Kontrollverzicht

- Bekämpfung von Gerüchten durch Information

- Fehlertoleranz und Verzicht auf (voreilige) Schuldzuweisungen

- Wahrung von Erfolgs- und Urheberrechten von Mitarbeitern

- Wahrnehmung und Abbau von Ängsten und Widerständen durch Gespräche

- Strikte Wahrung von Vertraulichkeit

In letzter Zeit haben viele Topmanager Vertrauen verloren. RTL News hat Ende Februar 2008 eine Befragung publiziert, die zu dem Ergebnis gekommen ist, dass 84 Prozent der Deutschen den Managern misstrauen.[68] Seit 2007 ruft der Verlag Rommerskirchen die Leser des „journalist" auf, die Glaubwürdigkeit der 30 „Dax-Lenker" zu beurteilen. Das Ergebnis ist alles in allem wenig schmeichelhaft. Selbst der „Sieger" dieser Auswertung im Oktober 2007, BMW-Chef Norbert Reithofer, kommt auf ein gutes „Befriedigend" (2,6 nach dem deutschen Schulnotensystem). Verlierer Josef Ackermann wird „Mangelhaft" beurteilt (5,2).

In den letzten Jahren haben viele Topmanager an Glaubwürdigkeit und an Vertrauen verloren. Das hängt nicht zuletzt damit zusammen, dass unternehmerische Entscheidungen nicht ausreichend begründet werden und damit Verunsicherung schaffen.

Die Gründe für die schlechten Beurteilungen sind mehrdimensional. Zunächst sind die Befragten natürlich zutiefst verunsichert, wenn sie von Rekordgewinnen und gleichzeitigen Entlassungen hören. Die Hintergründe dafür werden kaum bis gar nicht kommuniziert, und dann schwindet auch die Glaubwürdigkeit. Wenn dann auch noch die Authentizität fehlt, wird die Gefolgschaft verweigert. „Gefolgschaft entscheidet über die Fähigkeit von Unternehmen zur Anpassung, zur schnellen Reaktion, zur Umgestaltung. Unglaubwürdigkeit dagegen gefährdet den Unternehmenserfolg. Die Inszenierung eines CEO in komplexen unternehmerischen Transformationsprozessen ist deshalb heute eine Aufgabe, die sich nicht mehr auf geschickte Auftrittsgestaltung beschränkt. Die Agenda eines CEO, sein Managementstil, die ersten unternehmerischen Entscheidungen, seine Personalentscheidungen – alles wird zum Symbol."[69]

Am leichtesten nachprüfbar wird Glaubwürdigkeit im eigenen Unternehmen. Nicht zuletzt deshalb ist die interne Kommunikation von so ungemein großer Bedeutung. Die von mir durchgeführte Befragung hat gezeigt, dass die Mitarbeiter in der Kommunikation nicht so im Fokus stehen, wie das immer wieder gefordert wird. Wenn aber die Mitarbeiter nicht genau wissen, wohin das Unternehmen steuert, wie es dorthin kommt und wie jeder einzelne dazu beitragen kann, kann es leicht zum beschriebenen "credibility gap" kommen. Zumal dann, wenn nach außen etwas kommuniziert wird, was mit der erlebten Realität nicht im Einklang steht. Wenn diese Botschaften wieder zurück in das Unternehmen gespielt werden, ist zumindest Irritation die Folge. Hier rächt es sich ganz besonders, wenn gegen fundamentale Regeln der integrierten Kommunikation verstoßen wird.

10. Unverwechselbarkeit schärft das Profil des CEO

Jedes Unternehmen sollte versuchen, eine eigene Persönlichkeit zu entwickeln, habe ich eingangs geschrieben. Dasselbe gilt für den CEO, er sollte Unverwechselbarkeit anstreben. Ideal wäre es, wenn sich Unternehmer oder Manager klar abheben würden von ihren Marktbegleitern, wenn nicht längst ausgetretene Pfade beschritten würden, die andere in der Branche schon für sich reklamieren können: „Auftreten, Symbolik, Gestik, Sprache und Mimik müssen unverwechselbar sein, ein eigenes Profil zeigen, die Arbeit muss eine eigene Handschrift erkennen lassen."[70] Bekannte Persönlichkeiten bündeln in ihrem Namen außergewöhnliche Attribute, die sie zu Unikaten machen. Sie lösen Bilder im Kopf aus. Genau so wie das Produktmarken auch tun.

Die Realität ist leider eine andere. Eine Umfrage aus dem Jahr 2004 von Burson-Marsteller ergab, dass nicht einmal die Hälfte der Vorstandsvorsitzenden der DAX-30-Unternehmen ein klares Bild in der Öffentlichkeit abgab. Das Experiment mit den Bildern von Prominenten, das ich geschildert habe, bringt bei Unternehmern ein erschreckendes Ergebnis: Kaum jemand kennt die Namen, weiß sie zuzuordnen. Wie sieht das erst bei kleineren Unternehmen aus, die gar nicht diese Bühnen zum Auftritt vorfinden, wie dies für die Topunternehmen gilt? Ich behaupte, sie haben in ihrem geografischen und sozioökonomischen Umfeld die viel besseren Voraussetzungen, sich ein ganz eigenes Profil zu geben, da sie unmittelbarer wirken können.

Deekeling und Arndt sprechen von den CEOs der Börsenschwergewichte als „geklonte Wesen," die uniform in ihren Anzügen auftreten und die immer gleichen Begriffsfloskeln verwenden. Dabei wären die Voraussetzungen, mit dem gesprochenen Wort Wirkung zu erzielen, so gut wie nie zuvor. Erstens hat das Wort von Unternehmern heute mehr Gewicht als vor ein paar Jahrzehnten, als die Wirtschaftsberichterstattung längst nicht diesen Stellenwert hatte wie heute, und zweitens gibt es viel mehr audiovisuelle Verbreitungsmöglichkeiten als früher.

Tim Rice, kongenialer Libretto-Schreiber von Andrew Lloyd Webber, ließ Judas in der „Rockoper" Jesus Christ Superstar die hämische Frage an Jesus stellen:

> „Every time I look at you I don't understand why you let the things you did get so out of hand, you'd have managed better if you'd had it planned. Now why'd you choose such a backward time and such a strange land? If you'd come today you could have reached the whole nation. Israel in 4 BC had no mass communication."

> **Wir haben heute die Möglichkeiten der Massenkommunikation, wir leben vermeintlich auch nicht mehr in einer rückständigen Zeit, und dennoch schaffen es nur wenige CEOs, unverwechselbar zu sein.**

Der generelle Befund Franz M. Bogners von den sprachlosen Unternehmern und Managern, die es nicht verstanden hätten, ihre Anliegen und Leistungen verständlich zu machen, gilt auch heute noch: „Die Unternehmer haben – Ausnahmen bestätigen die Regel – bislang sprachlos agiert." [71] Sie sind zwar da und dort perfekt in der Kommunikation, wenn es um kapitalmarktbezogene Kommunikation bei börsennotierten Unternehmen, um die Anpreisung eines neuen Produktes oder die Präsentation einer neuen Niederlassung geht. Sie sind aber mundtot, wenn es um soziale Auseinandersetzungen, Umweltfragen, Kritik an Geschäftsprak-tiken, also um die Sorgen der Menschen geht. Dieses Manko teilen sie im übrigen mit den Politikern, die an ihrer visionslosen spröden Kälte zu erfrieren drohen.

Unverwechselbarkeit bedeutet, eine ureigene Marke zu entwickeln, bei der inneres und äußeres Bild zueinander passen, „das Beste aus sich herauszuholen und sein Auftreten im Einklang mit der Persönlichkeit zu gestalten." [72]

11.   Ethisches Verhalten schafft Loyalität und reduziert Konflikte

Die Diskussion über die Frage, wie viel Ethik in der Wirtschaft notwendig ist, hat in den letzten Jahren in den deutschsprachigen Ländern nach meiner Beobachtung enorm zuge-nommen. Warum das so ist, liegt auf der Hand. Die Kollateralschäden im Meinungsklima über Manager und Unternehmer, die durch die diversen Skandale angerichtet wurden, sind enorm.[73] Hätte es noch eines Beweises bedurft, dass Werteorientierung eine ganz bedeutende Dimension der Kommunikation von Unternehmen ist, wurde sie in den letzten Jahren (wenn auch unfreiwillig) erbracht. Und zwar keinesfalls nur aus einer moralisierenden Sicht. Es geht vielmehr darum, dass mangelnde Ethik im Handeln von Managern Loyalitäten auflöst, die Leistungsbereitschaft und auch Kreativität von Mitarbeitern reduziert und die Konfliktbereitschaft erhöht, wie der am King's College in London lehrende Leiter des Zentrums für Ethik und Armutsforschung in Salzburg, Clemens Sedmak, durch seine Forschungen belegen konnte.

Der deutsche Bundespräsident Horst Köhler hat bereits wiederholt überzogene Managergehälter angeprangert – und wurde dafür auch öffentlich gelobt und gescholten, je nach (ideologischem) Standpunkt. In einem Interview für das „Handelsblatt"[74] warnte er davor, dass die wachsende Kluft zwischen dem Durchschnittsverdiener und den Einkommen der Topmanager den Zusammenhalt der Gesellschaft gefährde. Selbst der deutschen Kanzlerin Angela Merkel trieben es die Manager zu bunt. Sie kritisierte am Parteitag im Spätherbst 2007 die Gier der Manager. „Da überraschten nicht nur die Worte, die die Regierungschefin wählte. Sondern mehr noch die spontane Reaktion des Funktionärsvolks der CDU. Brausenden Beifall gab es bei dieser Redepassage für die Parteichefin – so, als säßen im Saal Delegierte der SPD oder der Linken und nicht der Partei Ludwig Erhards",[75] schrieb damals der „Spiegel" fast ein wenig ungläubig.

Kirche, Medien, Wissenschaft, Medien aber auch eine Reihe von Managern, die die negativen Seiten der Entwicklung sehen, wollen nicht länger hinnehmen, dass maßlose Gehälter und Boni für Vorstände bezahlt werden, dass Betriebsräte geschmiert werden, um sie willfährig zu machen oder Einkäufer die Hand aufhalten bei den Lieferanten. Von einer „Ökonomie der Habgierigen" schreibt Manfred Holztrattner in seinem Buch „Macht ohne Moral".[76] Die Stimmen von einflussreichen Journalisten werden mehr, die die Abzockermentalität vermeintlicher „Wunderwuzzis" an den Pranger stellen.[77] Unethisches Verhalten von Topmanagern resultiert genau aus dieser Selbstüberschätzung heraus. Sie werden dadurch leichtfertig und nachlässig, verwischen die Grenzen von privater und beruflicher Nutzung von Ressourcen und überschätzen ganz allgemein ihren Einfluss.

Clemens Sedmak hat die liechtensteinisch-deutsche Steueraffäre folgendermaßen kommentiert: „Gemeinwohl kann langfristig nicht bestehen, wenn Privilegierte nicht bereit sind, Gemeinsinn zu entwickeln. Cicero hat gesagt, Menschen in Führungspositionen sollen den Anschein von Habsucht vermeiden. Wenn der private Vorteil auf Kosten des Gemeinwohls gesucht wird, demotiviert das die einzelnen Mitglieder. Das macht langfristig ein Gemeinwesen kaputt."[78] Sedmak hat in seinen Studien auch herausgefunden, dass eine zu große Kluft zwischen „oben und unten" sogar die Kreativität in den Unternehmen reduziert. Zu einem ähnlichen Schluss kommt Präsident Horst Köhler: „Ich sehe eine Entfremdung zwischen Unternehmen und Gesellschaft." Aus kommunikativer Sicht hat hier freilich nicht die Öffentlichkeitsarbeit versagt. Vielmehr handelt es sich hier um einen Fehler im System, der nicht wegkommuniziert werden kann.

Gesellschaftliche Verantwortung hat einst auch Deutschlands Kanzler Gerhard Schröder eingefordert, als die Deutsche Bank durch ihren CEO Josef Ackermann verkündete, dass trotz (oder gerade wegen) eines Rekordgewinnes von 2,5 Milliarden Euro 6 400 Mitarbeiter ihren Job verlieren würden. Diese Jahre zurückliegende Äußerung sorgt heute noch für Diskussionsstoff. Klare Worte fand dazu jüngst wieder der frühere Thyssen-Chef Dieter Vogel, der meinte, dieser „blöde Sager" sei dazu angetan, den „Kitt in unserer Gesellschaft" zu zerstö-ren.[79] Die öffentliche Forderung nach der Beachtung anderer Unternehmenswerte als nur des Shareholder Values steht im Ranking der aktuellen Issues recht weit oben. Aus einer optimis-tischen Sicht wäre deshalb zu erwarten, dass gesellschaftliche Kontinuität und Tradition wieder mehr in den Vordergrund gerückt wird, Bescheidenheit wieder als Tugend gilt sowie Finanz- und Controllingkompetenz gefragt sind.

Ethisches Verhalten könnte eine wichtige Rolle für das Gesamtbild von CEOs spielen. Es gibt eine unmittelbare Korrelation mit den Loyalitäten der Mitarbeiter, deren Kreativität und Leistungsbereitschaft. CEOs haben aber auch Verantwortung für die Wirtschaft als Ganzes. Unethisches Verhalten zerstört Vertrauen und löst den „Kitt der Gesellschaft" auf.

Ceyda Aydede, damals neu gewählte Präsidentin der internationalen PR-Vereinigung IPRA, schrieb in ihrer ersten Kolumne des Verbandsmagazins, dass CEO eigentlich mit „Chief Ethical Officer" übersetzt werden sollte.[80] CEOs müssten alles daran setzen, das Vertrauen in die Wirtschaft aufrecht zu erhalten bzw. dort, wo es beschädigt ist, wieder herstellen. Mit Sonntagsreden allein ist es dabei freilich nicht getan. Es müssen schon auch die Taten dazu passen. Sonst tritt leicht das ein, was der Spiegel als „Zumwinkels Märchenstunde"[81] betitel-te, nachdem genau zum Zeitpunkt der Publikation seines Plädoyers für das Ausleben der Vorbildfunktion von Führungskräften in der Mitarbeiterzeitung der Deutschen Post (mit immerhin einer Auflage von 400 000 Exemplaren) bei ihm zu Hause Staatsanwaltschaft und Steuerfahnder zur Razzia erschienen. In diesem Fall hat sich auch ganz deutlich gezeigt, dass es zwischen ethischem Verhalten und Glaubwürdigkeit eine klare Korrelation gibt.

Was können CEOs tun, um ethische Inhalte zu begründen?[82] Auf einen kurzen Nenner ge-bracht: Sie sollten erstens die eigenen Mitarbeiter (und wohl auch sich selbst) sensibilisieren für Fragen des richtigen Handelns. Zweitens sollen sie ethisch relevante Inhalte bestimmen und konkretisieren. Schließlich geht es zum Dritten darum, die Organisationskultur zu festi-gen. Das bedeutet, dass Werte, Normen und Tugenden bewusst entwickelt werden und in den Arbeitsalltag einfließen.

12.   Profilierte CEOs werfen hohen Reputationsertrag ab

Wir haben jetzt elf Aspekte der CEO-Kommunikation diskutiert. Den zwölften Erfolgsfaktor nenne ich Reputationsertrag. Leslie Gaines-Ross hat den Begriff „CEO Capital" geprägt. Ihr Buch[83], das auch in Deutsch erschienen ist, basiert auf der These, dass eine hohe Reputation des CEO das Vermögen des Unternehmens selbst mehren kann. Sie verwendet den Begriff des Vermögens („Asset") ganz bewusst, da sie auch postuliert, dass in das CEO Kapital investiert werden muss, wenn eine dauerhafte Ernte eingefahren werden soll.[84]

Historisch gesehen wurde das Kapital eines Unternehmens hauptsächlich nach seinen Anlagen bewertet. Steigende Bedeutung erlangte zuletzt auch der Markenwert, der jährlich wiederkehrend in einem Ranking für die größten Unternehmen publiziert wird. Softfacts – zu denen auch die Reputation des Top-Managements zählt – wird erst seit kurzem Aufmerksamkeit geschenkt. Und zwar nicht nur in der Literatur, sondern auch beim Rating nach den Kriterien von Basel II. Einer von fünf Rating-Softfacts berücksichtigt die „Führungsstruktur", was Platz lässt für die Bewertung der Reputation des Unternehmens und seiner Spitzenkräfte.

Das Ansehen des Vorstandsvorsitzenden bzw. CEO wird anscheinend immer wichtiger für den Wert eines Unternehmens, die Kursentwicklung einer Aktie und das Gesamtimage eines Unternehmens. Eine in den USA und Großbritannien durchgeführte Befragung von Analysten und Fondsmanagern ergab, dass die Person des CEO für 95 Prozent der Befragten ein zentrales Kaufkriterium ist. Bereits vor einigen Jahren hatte die Boston Consulting Group festgestellt[85], dass Investoren bereit sind, in Abhängigkeit von der Person des Vorstandsvorsitzenden einen 15 bis 20 Prozent höheren Aktienkurs zu bezahlen. Zu ähnlichen Ergebnissen kommt auch eine Studie in Österreich[86]. Beinahe zwei Drittel der Befragten stimmten der Aussage zu, dass der gute Ruf eines CEO dazu führt, dass die Aktien des Unternehmens weiterempfohlen werden, die Popularität des CEO wird von rund 60 Prozent auch als „Vertrauensanker" gesehen, wenn es mit dem Kurs bergab geht.

Erinnern wir uns nochmals daran, was im zweiten Abschnitt über die Reputation von Unternehmen gesagt wurde: Einstellungen und Handlungen der verschiedenen Stakeholder – von der Produktnutzung über Empfehlungshandlungen bis hin zum Aktienkauf – sind zu einem großen Teil von der Reputation eines Unternehmens abhängig. Diese Feststellung ist wesentlich im Zusammenhang mit der Diskussion der Rolle des CEO: „The chairman is ultimately responsible for the corporate reputation, and therefore how the company communicates. Effectively, everything is said in that person's name."[87]

Wie bedeutsam der CEO für die Unternehmensreputation ist, wurde in mehreren Studien festgestellt. Gaines-Ross verweist auf die wiederholten Erhebungen von Burson-Marsteller, die steigende Bedeutung des CEO für die Unternehmensreputation feststellen. „If nearly half of a company's reputation is attributed to the standing of the CEO, common sense dictates that CEO capital is a currency worth investing in, accumulating and cultivating."[88] Der zitierte Wert der USA wird im Übrigen in Deutschland sogar noch deutlich übertroffen. Zu ganz ähnlichen Ergebnissen kommt auch die Schweizer Kommunikationswissenschaftlerin Diana Ingenhoff. Sie hat empirisch nachgewiesen, dass keine andere Dimension der Unternehmensreputation für die Medien eine auch nur annähernd gleich große Rolle spielt wie die Führungspersönlichkeit[89].

Das Institut für Demoskopie Allensbach hat – wie viele andere Meinungsforschungsinstitute und Medien auch - nach den „besten CEOs" Deutschlands gefragt. Dabei wurden drei Kategorien für die Bewertung als besonders wichtig genannt:

- die Performance des Unternehmens,

- die Kommunikationsleistung und

- die öffentliche Wahrnehmung des Unternehmenschefs.[90]

Zwei von drei Kategorien sind demnach klar der Kommunikation und ihrem Ergebnis zuzu-schreiben.

Eine Umfrage aus dem Herbst 2007 hat ergeben, dass das Verhalten des CEO von 73 Prozent der befragten Manager in Deutschland und Österreich als wichtiger Einflussfaktor auf die Corporate Communications eingeschätzt wird. Knapp dahinter folgt die wirtschaftliche Per-formance, zwei Drittel der Befragten sehen auch das Verhalten der Mitarbeiter als prägend für die Unternehmensreputation.[91]

Das persönliche Standing des CEO beeinflusst nicht nur die Reputation, sondern hat auch unmittelbare Auswirkungen auf den Unternehmenswert. Börsen haben viel mit Psychologie zu tun. Deshalb schlagen die Kurse bei Veränderungen an der Führungsspitze oft ganz kräftig nach oben oder unten aus.

Zwischen der Entwicklung des Börsenwertes und der CEO-Performance lassen sich eindeuti-ge Korrelationen herstellen. Beim Rücktritt von Jürgen Schrempp als DaimlerChrysler-Chef machte der Börsenwert einen regelrechten Luftsprung. Von einem Tag auf den anderen waren die Aktien um 3,7 Milliarden Euro wertvoller! In die gleiche Richtung – nämlich nach oben – bewegte sich auch der Börsenkurs der Deutschen Post nach dem Rücktritt von Klaus Zum-winkel im Zusammenhang mit dem Auffliegen seiner Steuerhinterziehung über eine Stiftung in Liechtenstein. Beispiele für derartige Börsenausschläge bei Veränderungen an der Spitze von Unternehmen ließen sich sonder Zahl finden.

Obwohl also die CEO-Reputation eine große Bedeutung für den Unternehmenswert hat, wird noch viel zu wenig für den gezielten Aufbau der Reputation getan. Die Gründe dafür sind mannigfaltig. Am bedeutendsten erscheint mir einmal, dass die „Halbwertszeit" von CEOs in größeren Unternehmen inzwischen sehr kurz geworden ist. Einer ein paar Jahre zurücklie-genden Studie zu Folge kann die Hälfte der amerikanischen CEOs weniger als sechs Jahre Amtszeit vorweisen, in Europa sind die Fluktuationsraten sogar doppelt so hoch wie in den USA.[92] Die Verweildauer liegt inzwischen in Zeitdimensionen, die sogar unter denen von Politikern angesiedelt sind. Hier haben die Chefs von KMU nicht hoch genug einzuschätzen-de Vorteile, die sie nutzen sollten. Sie vermögen über einen viel längeren Zeitraum ihre Repu-tation zu stärken.

Die kurze Zeit, die Topmanagern großer Unternehmen zur Verfügung steht, zwingt zur Kon-zentration auf die wichtigsten Faktoren. Und die sind allemal von betriebswirtschaftlichen und organisationspsychologischen Notwendigkeiten getrieben. Kommunikation kommt da erst an dritter oder vierter Stelle. Dabei sollte gerade der eben dargestellte zwölfte Erfolgsfak-tor der CEO-Kommunikation, die Kapitalisierung der Reputation des Kopfes an der Spitze, klar gemacht haben, dass ohne strategische Kommunikation des Unternehmens und seines CEO auf Ertrag verzichtet wird. Reichtum an Aufmerksamkeit führt zur Mehrung des Kapitals.

Die Organisation von Wahrnehmung ist der Schlüssel für den Unternehmenserfolg und damit auch des Spitzenmanagers. „Der CEO muss selbst aktiv werden, um sein Bild in der Öffentlichkeit zur prägen – und damit das des Unternehmens. Dies setzt voraus, dass die Kommunikation nicht nur die Bezugsgruppen, ihre Mindsets und spezifischen Befindlichkeiten im Blick hat und sie zu berücksichtigen weiß, sondern auch, dass das nach außen getragene Selbstbild des Unternehmens und seines CEO in sich stimmig und glaubwürdig ist."[93]

13.   Resümee: Die Ansprüche an den CEO sind hoch

Gute CEOs beherrschen ihre Rolle als veröffentlichtes Gut, bereiten ihre Auftritte sorgfältig vor, setzen die Medien gezielt ein, um sich und ihr Unternehmen zu positionieren, um Erfolgsgeschichten zu kommunizieren, aber auch um unpopuläre Maßnahmen publizistisch vorzubereiten. „In der Symbiose von CEO und Medien werden Realitäten geschaffen und gezielt Politik gemacht."[94] Wir haben es also im besten Fall mit einer Win-Win-Situation zu tun. Professionalität auf beiden Seiten ist dabei eine wesentliche Voraussetzung. Die erfolgskritischen Faktoren habe ich eben beschrieben.

Halten wir fest: Unternehmenskommunikation ist zu einem guten Teil Chefsache, wenngleich das Kommunikationsmanagement natürlich delegiert werden kann und muss. Die Anspruchshaltung gegenüber dem Unternehmenssprecher – oder wie die Anglosachsen sagen – dem „talking head" ist groß. Lassen wir dazu jene Berufsgruppe zu Wort kommen, die dafür sorgt, dass Unternehmenskommunikation massenmedial verbreitet wird: die Journalisten. Ich habe einige Dutzend Redakteure im deutschsprachigen Raum befragt, wie Sie Unternehmen und Manager mit Profil sehen, was sie auszeichnet und von anderen, weniger erfolgreichen Vertretern der Spezies unterscheidet[95].

Zunächst einige charakteristische Antworten: Der langjährige Gestalter eines TV-Wirtschaftsmagazins umschrieb ganz allgemein als charakteristisch für Unternehmen mit Profil, dass der Multiplikator „ganz genau weiß, was das Unternehmen aktuell beschäftigt, wie sein Markt ist und wie es sich mit Problemen auseinandersetzt." Profilierte CEOs sollten über eine „präzise Strategie" verfügen, eine „klare, authentisch vorgelebte Botschaft verbreiten", eine „nicht am Mainstream orientierte Unternehmenspolitik" betreiben und – auch das wird von Journalisten immer wieder besonders hervorgestrichen – in ihren PR-Maßnahmen niemals auf Seriosität verzichten.

Unternehmen mit Profil decken ein deutlich umrissenes Geschäftsfeld ab, für das sie eine markante Unique Selling Proposition festgelegt haben. In der Folge werden dann wenige Botschaften kommuniziert, die „ohne Allgemeinplätze formuliert werden." Hoch angerechnet wird Unternehmen auch, wenn es ihnen gelingt, ihre oft komplexen Botschaften nicht nur offen und rasch zu vermitteln, sondern diese auch noch – besonders bei technisch komplexen Innovationen – „laienhaft verständlich" darzustellen. Pressestelle und CEO werden dabei gerne als gut eingespieltes Gespann gesehen, das individuell agiert und auskunftsbereit ist.

Einen gewissen Hang zu Superlativen kann man aus den Befragungsergebnissen herauslesen: Der „Weltmarktführer", das „bekannteste Unternehmen in der Branche", das „sehr gute Branchenimage", die „führende Stellung" im Produktsegment werden besonders bei Fachjournalisten wohlwollend und damit auch als kommunikationsfördernd registriert. Sehr genau beäugt wird auch, was der Mitbewerb am Meinungsmarkt schreibt: Wer viel in den Medien ist, selbst also professionelle Öffentlichkeitsarbeit betreibt, wird besonders aufmerksam verfolgt. Hier beginnt sich die bereits beschriebene Spirale der Aufmerksamkeit zu drehen, die so aussieht: Häufige Äußerungen in der Öffentlichkeit führen zu einer Vielzahl von Abdrucken, was wiederum dazu führt, dass Journalisten aufmerksam werden und erneut nachfragen und damit wieder neue Abdrucke entstehen usw.

Die Befragten sehen sich auch sehr genau die Fakten an. So kommen als Charakteristikum für Unternehmen mit Profil auch immer wieder die Hinweise auf erstklassige Produkte, Top-Beratung und Service durch die Mitarbeiter. Deren Loyalität, Motivation und Fähigkeit wird ebenso registriert wie die Bereitschaft, auf Sonderwünsche einzugehen.

Eigentümer und Topmanager imponieren Journalisten besonders dann, wenn sie die eigene Unternehmenskultur selbst in hohem Maße vorleben, sich mit großem Engagement für ihr Anliegen und ihre Kunden einsetzen, bei einer unkonventionell positionierten Marke auch selbst unkonventionell auftreten und sich damit dem Markenprofil anpassen. Auch der Begriff „Charisma" kommt bei der Beurteilung profilierter Manager häufig vor. Ebenso wie der Hinweis, dass ein Firmenchef ein guter Motivator sei, der seinem Team klare Visionen vorzugeben in der Lage ist. Mut zu unkonventionellen Lösungen, zu „fortschrittlicher Denke" ist ebenfalls eine Eigenschaft, die die schreibende Zunft gerne sieht. Bei Traditionsbetrieben wird auch wohlwollend registriert, wenn sie die „Grätsche" zwischen Überkommenem und Neuem schaffen.

Geschätzt wird von den Journalisten, wenn bei der Führungsarbeit Ehrlichkeit an den Tag gelegt wird. Auch Verlässlichkeit bei der Einhaltung von Ankündigungen und Prognosen gilt den Redakteuren als wesentlich. Ein Teilnehmer dieser Umfrage hat besonders herausgehoben, dass es nicht alltäglich sei, dass Ankündigungen von Vorständen immer einträten. Die Medienvertreter haben durchaus auch einen gewissen Hang, Unternehmenserfolge im Ausland mit Stolz zu verfolgen. Deshalb wird auch sehr genau registriert, wenn ein Manager „routiniert auf dem Auslandsparkett auftritt". Nicht zuletzt aber sollten Manager für Journalisten dann greifbar sein, wenn sie einen Recherchebedarf haben. Das umfasst auch, dass der CEO auch einmal erreichbar ist, wenn die „normale Arbeitszeit" bereits vorbei ist.

Die Charakterisierung der „talking heads" durch Journalisten überschneidet sich in weiten Teilen mit den Beurteilungen, die Chefs von PR-Agenturen aus Deutschland, Österreich und der Schweiz in meiner Befragung vorgenommen haben.

> **Hervorragende CEOs sind nach Meinung der Journalisten Menschen mit großem Kommunikationstalent, hoher Glaubwürdigkeit und Integrität. Sie verbinden Managementqualitäten mit Humanismus, fallen dadurch auf, dass sie ihr Unternehmen konsequent erneuern und sich auch nicht zu gut sind, die zentralen Botschaften immer wieder zu vermitteln.**

„Klarheit, Mut, Glaubwürdigkeit und Offenheit" werden besonders geschätzt. CEOs müssen Vertrauen schaffen, Vorbildwirkung entfalten und auch eine gewissen Bescheidenheit entwickeln. Oder wie das einer der Befragten formulierte: „Führungspersönlichkeiten, die sich vorne hinstellen, aber dennoch ihr Unternehmen ins Zentrum rücken. Persönlichkeiten, die sich konstruktiv den Fragen der Medienschaffenden stellen, und die spürbar machen, dass ihre Aussagen keine Lippenbekenntnisse sind, sondern aus einer inneren Überzeugung kommen."

Im letzten Kapitel kommen nun Persönlichkeiten aus Unternehmen zu Wort, denen die Journalisten attestiert haben, dass sie sich durch ihre Kommunikation profiliert haben. Die Beiträge sind sehr unterschiedlich ausgefallen, auch durchaus kontrovers. Das wiederum ist ein guter Beleg dafür, dass Profil auch etwas damit zu tun hat, dass es Kanten und Ecken gibt. Nur so heben sich das Unternehmen und die es repräsentierenden Persönlichkeiten klar von anderen ab.

Anmerkungen

1   Bernhard Bauhofer: Reputation Management. Glaubwürdigkeit im Wettbewerb des 21. Jahrhunderts. Zürich 2004, S. 79.

2   Ricarda Dümke: Corporate Reputation – why does it matter? How communication experts handle corporate reputation management in Europe. Saarbrücken 2007, S. 26.

3   Egbert Deekeling, Olaf Arndt: CEO-Kommunikation. Strategien für Spitzenmanager. Frankfurt/New York 2006, S. 81.

4   Susanne Arndt, Michael Reinert: Wie versteinert. In: enable 08/06, S. 26.

5   Stefan Wachtel: Rhetorik und Public Relations. Mündliche Kommunikation von Issues. München 2003, S. 9; Karl Nessmann:. Personen PR. In: Günter Bentele, Manfred Piwinger, Gregor Schönborn (Hrsg.):Kommunikationsmanagement (Loseblattwerk), Art.-Nr. 3.34, München 2005, S. 1-70.

6   Leslie Gaines-Ross: Der Chef als Kapital. In: Hochegger Research (Hrsg.): Der Chef als Kapital. Wien 2006, S. 93.

7   Zu diesem Thema empfehle ich Joachim Klewes, Ralf Langen (Hrsg.): Change 2.0. Beyond Organisational Transformation. Berlin, Heidelberg 2008.

8   Helmut Brandstätter: Leben mit den Medien – Chance und Risiko für Topmanager. In: Hochegger Research (Hrsg.): Der Chef als Kapital. Wien 2006, S. 18.

9   Egbert Deekeling, Olaf Arndt: CEO-Kommunikation. Strategien für Spitzenmanager. Frankfurt/New York 2006, S. 72.

10 Manfred Greisinger: Ich als unverwechselbare Marke. Das Unternehmen Leben. Glück und Erfolg mit Personal Relations. Allensteig, 3.Auflage 2000, S. 83.

11 www.gwg.admin.ch/d/gwg/stellenangebot/CEO_FINMA_d.pdf.

12 Die Saaman Consultants AG hat 300 Führungskräfte befragt und unter http://karrierebibel.de/ veröffentlicht.

13 http://www.rp-online.de/public/article/aktuelles/beruf/arbeitswelt/419641.

14 Einer der ersten, die sich dieses Themas aus kommunikationswissenschaftlicher Sicht angenommen hat, ist Karl Nessman: Personal Relations - eine neue Herausforderung für PR-Theorie und –Praxis. In: PR-Magazin 1/2002, S. 47-54. Nessmanns jüngster Beitrag zum Thema: Personality Kommunikation: Die Führungskraft als Imageträger. In: Manfred Piwinger, Ansgar Zerfaß (Hrsg.): Handbuch Unternehmenskommunikation. Wiesbaden 2007, S. 833-845.

15 http://www.fastcompany.com/magazine/10/brandyou.html.

16 David Marcum, Steven Smith: Egonomics. What makes ego our greatest asset (or most expensive liability). New York, Ondon, Toronto, Sydney 2007, S. 151.

17 Michael Schröder: A New Set of Scills. In: IPRA Frontline, March 2003, Volume 25, S. 30.

18 Mark L. Knapp/Anita L. Vangelisti: Interpersonal Communication an d Human Relationsships. Boston 3. Auflage 1996, zitiert nach Karin Stockinger: Einführung in die Interpersonelle Kommunikation. Skriptum zur Vorlesung. Salzburg 2007, S. 160.

19 Freie Universität Berlin, Institut für Publizistik und Kommunikationswissenschaft: Die Rolle des CEO in der Unternehmenskommunikation. Berlin 2005, S. 31.

20 Marco Casanove: Der CEO als Marke. In: persönlich, Dezember 2002, S. 70.

21 Egbert Deekeling, Olaf Arndt: CEO-Kommunikation. Strategien für Spitzenmanager. Frankfurt/New York 2006, S. 131 ff.

22 Günter Ogger: Nieten im Nadelstreif. Manager im Zwielicht. München, 9. Auflage 1995.

23 Stefan Wachtel: Rhetorik und Public Relations. Mündliche Kommunikation von Issues. München 2003, S. 73.

24 Egbert Deekeling, Olaf Arndt: CEO-Kommunikation. Strategien für Spitzenmanager. Frankfurt/New York 2006, S. 10.

25 Karin Bauer: „Warum der Chef nicht ankommt." In: Der Standard 5./6. Juli, S. K1.

26 Lord Alan Watson of Richmond: Die Rolle führender Unternehmensrepräsentanten in der Kommunikationslandschaft des 21. Jahrhunderts. In: Bodo Kirf/Lothar Rolks (Hrsg.): Der Stakeholder-Kompass. Frankfurt am Main 2002, S. 56.

27 Karl Nessmann:. Personen PR. In: Günter Bentele, Manfred Piwinger, Gregor Schönborn (Hrsg.):Kommunikationsmanagement (Loseblattwerk), Art.-Nr. 3.34, München 2005, S. 1-70 und Personenbezogene Öffentlichkeitsarbeit Klagenfurt www.pcm-lehrgang.at 2005.

28 Karen Friedman: Talking Your Way to the Top. In: The Strategist. Spring 2004, S. 24.

29 Roger Haywood: Corporate reputation, the brand and the bottom line: powerful proven communication strategies for maximizing value, 3rd ed. London 2002, S. 23.

30 Survey: MBA Students Lack Training in Managing Corporate Reputation. In: The Strategist, Spring 2005, 32 f.

31 Leslie Gaines-Ross: Der Chef als Kapital. In: Hochegger Research (Hrsg.): Der Chef als Kapital. Wien 2006, S. 98.

32 Freie Universität Berlin, Institut für Publizistik und Kommunikationswissenschaft: Die Rolle des CEO in der Unternehmenskommunikation. Berlin 2005, S. 30.

33 Dale Carnegy gehört zu den Legenden des US-Seminarbetriebes auf diesem Gebiet. Sein Buch: Rede. Die Macht des gesprochenen Wortes. Grünberg, 15. Auflage 1992, hat auch im deutschsprachigen Raum weite Verbreitung gefunden.

34 Aus der Vielzahl von Titeln zum Thema hier einige Beispiele: Karsten Bredemeier: Der TV-Crash-Kurs: Souverän bei Interviews, Statements, Talkshows, Business-TV, Pressekonferenzen, Börsegang. Zürich 2000. Bernd Fittkau: Kommunizieren lernen (und Umlernen): Trainingskonzeptionen und Erfahrungen. Aachen-Hahn 1994. Stefan Wachtel: Überzeugen vor Mikrofon und Kamera: Was Manager wissen müssen. Frankfurt am Main 1999. Adele Landauer: ManageActing. Die Kunst, selbstsicher aufzutreten. München, 2. Auflage 2002.

35 Stefan Wachtel: Rhetorik und Public Relations. Mündliche Kommunikation von Issues. München 2003, S. 11.

36 Lothar Kolmer: Die Kunst der Manipulation. Salzburg 2006, S. 81.

37 Für Leser mit Interesse an den rhetorischen Stilmitteln sei besonders empfohlen: Lothar Kolmer, Carmen Rob-Santner: Studienbuch Rhetorik. Paderborn 2002.

38 Albert Mehrabian: Silent Messages. Wadsworth, Belmont 1971.

39 Freie Universität Berlin, Institut für Publizistik und Kommunikationswissenschaft: Die Rolle des CEO in der Unternehmenskommunikation. Berlin 2005, S. 28.

40 Einen guten Überblick über die Kommunikationsunfälle deutscher Manager, die Geschichte machten, geben Egbert Deekeling, Olaf Arndt: CEO-Kommunikation. Strategien für Spitzenmanager. Frankfurt/New York 2006, S. 152 ff. Ihr Resumee: „CEOs werden an ihren Versprechen gemessen und aufgrund ihrer Versprecher abgeurteilt."

41 Stefan Wachtel: Rhetorik und Public Relations. Mündliche Kommunikation von Issues. München 2003.

42 Wolfgang Klages: Gefühle in Worte gießen. Die ungebrochene Macht der politischen Rede. Baden-Baden 2001, S. 31.

43 Wolfgang Immerschitt: Unterschiede in der Rhetorik von Unternehmern und Politikern. Vortrag bei den 3. Salzburger Rhetorikgesprächen im April 2006, in: RhetOn. Online Zeitschrift für Rhetorik & Wissenstransfer 1/2006 (www-Datei: http://www.rheton.sbg.ac.at/?page=articles&section=01.06&article=immerschitt)

44 Institut für Demoskopie Allensbach: Kommunikationsverhalten deutscher CEOs. Ergebnisse einer Expertenbefragung. Publiziert auf der Homepage des Auftraggeber: http://www.deekeling-arndt.de/html/presseservice.html, S. 41.

45 Siehe dazu auch: Wolfgang Immerschitt/Karl Kern: Erfolgreich präsentieren. Medien- und Vortragstraining. Wie die Botschaft bei Kunden und Journalisten richtig ankommt. Salzburg 2007, sowie Michael Norton und Purba Dutt: Getting started in communication: a practical guide für activists and organisations.London 2003, S. 152 ff.

46 Wolfgang Klages: Gefühle in Worte gießen. Die ungebrochene Macht der politischen Rede. Baden-Baden 2001, S. 158.

47 Freie Universität Berlin, Institut für Publizistik und Kommunikationswissenschaft: Die Rolle des CEO in der Unternehmenskommunikation. Berlin 2005, S. 27.

48 Egbert Deekeling, Olaf Arndt: CEO-Kommunikation. Strategien für Spitzenmanager. Frankfurt/New York 2006, S. 26.

49 Lothar Kolmer: Die Kunst der Manipulation, Salzburg 2006, S. 49.

50 Unternehmern zur Lektüre empfohlen: Wolfgang Klages: Gefühle in Worte gießen. Die ungebrochene Macht der politischen Rede. Baden-Baden 2001. Der Autor analysiert Politikerreden mit Nachhall, von Bismarck über Kennedy bis Lafontaine. Hier können viele Parallelen zum gesprochenen Wort in der Wirtschaft gezogen werden.

51 Cicero, zitiert bei Wolfgang Klages: Gefühle in Worte gießen. Die ungebrochene Macht der politischen Rede. Baden-Baden 2001, S. 26.

52 Friedhelm Porck: Kamera läuft ... Ton ab! Tips für Statement, Interview und Diskussion. Köln: 1974, S. 25.

53 Brigitte Biehl: Business is Show-Business. Analyse der Auftritte von Topmanagern bei Hauptversammlungen, Bilanzpresse- und Analystenkonferenzen. In: prmagazin 6/2006, 52.

54 Jens-Uwe Meyer: Kreative PR. Konstanz 2007, S. 34.

55 Brigitte Biehl: Business is Show-Business. Analyse der Auftritte von Topmanagern bei Hauptversammlungen, Bilanzpresse- und Analystenkonferenzen. In: prmagazin 6/2006, 51.

56 Martin Wrana, Markus Wagner: Wer oben ist, ist drin. In: Business People. Top 1000, Die Jubiläumsnummer 2007, S. 19.

57 Gernot Brauer, Econ Handbuch Öffentlichkeitsarbeit. Düsseldorf, Wien, New York, Moskau 1993, S. 349.

58 Horst Avenarius: Public Relations. Die Grundform der gesellschaftlichen Kommunikation. Darmstadt 1995, S. 368.

59 Helmut Brandstätter: Leben mit den Medien – Chance und Risiko für Topmanager. In: Hochegger Research (Hrsg.): Der Chef als Kapital. Wien 2006, S. 28.

60 Jochen Kalka: Makel den Menschelns. In: Werben & Verkaufen 8/2007, S. 3.

61 Freie Universität Berlin, Institut für Publizistik und Kommunikationswissenschaft: Die Rolle des CEO in der Unternehmenskommunikation. Berlin 2005, S. 22 ff.

62 Jens-Uwe Meyer: Kreative PR. Konstanz 2007, S. 33.

63 Leslie Gaines-Ross: Der Chef als Kapital. In: Hochegger Research (Hrsg.): Der Chef als Kapital. Wien 2006, S. 61.

64 Susanne Arndt, Michael Reinert: Wie versteinert. In: enable 08/06, S. 25-26.

65 David Meerman Scott: The New Rules of Marketing and PR. How to Use News Releases , Blogs, Podcasting, Viral Marketing & Online Media to Reach Buyers Directly. Hoboken 2007, S. 25.

66 Freie Universität Berlin, Institut für Publizistik und Kommunikationswissenschaft: Die Rolle des CEO in der Unternehmenskommunikation. Berlin 2005, S. 14.

67 Frank Maier: Wettbewerbsfaktor integrative Kommunikation. Eine empirisch gestützte kodisziplinäre Studie. Münster 2004, S. 110.

68 RTL News vom 28. Februar 2008.

69 Egbert Deekeling/Dirk Barghop (Hrsg.): Kommunikation im Corporate Change. Maßstäbe für eine neue Managementpraxis. Wiesbaden 2003, S. 62-64.

70 Egbert Deekeling, Olaf Arndt: CEO-Kommunikation. Strategien für Spitzenmanager. Frankfurt/New York 2006, S. 66.

71 Franz M. Bogner: Das neue PR-Denken. Strategien, Konzepte, Maßnahmen, Fallbeispiele effizienter Öffentlichkeitsarbeit. Wien 1990, S. 15.

72 Manfred Greisinger: Ich als unverwechselbare Marke. Das Unternehmen Leben. Glück und Erfolg mit Personal Relations. Allensteig, 3.Auflage 2000, S. 33.

73 Karl Berkel, Rainer Herzog: Unternehmenskultur und Ethik. Heidelberg 1997.

74 Handelsblatt, 29. November 2007.

75 Wolfgang Kaden: Das Gier-Virus infiziert die Wirtschaftselite. In: Spiegel online, 11.12.2007.

76 Manfred Holztrattner: Macht ohne Moral. Wirtschaft und Politik am Beginn des 3. Jahrtausends. Wien 2007, S. 67 ff.

77 Wolfgang Kaden: Das Gier-Virus infiziert die Wirtschaftselite. In: Spiegel online, 11.12.2007.

78 Steuern zahlen tut wohl. In: Salzburger Nachrichten, 29. Februar 2008, S. 13.

79 Markus Voss: Top-Manager mit Rhetorik-Schwäche. In: Focus Money, 30. März 2008.

80 Ceyda Aydede: CEO Means Chief Ethical Officer. In: IPRA Frontline, March 2003, Volume 25, 5.

81 Spiegel online, 18. Februar 2008.

82 Die ausführlichen Antworten dazu finden sich bei Karl Berkel, Rainer Herzog: Unternehmenskultur und Ethik. Heidelberg 1997, S. 79 ff.

83 Leslie Gaines-Ross: CEO Capital: A Guide to Building and Leveraging CEO Reputation. New York 2002.

84 Leslie Gaines-Ross: A Wealth Creation Assent in Human Guise. In: IPRA Frontline, September 2003 Volume 25, S. 10.

85 http://www.bcg.de.

86 Dietmar Trummer: Erste Studie in Österreich: Warum auch hierzulande der Chef als Kapital gilt. In: Hochegger Research (Hrsg.): Der Chef als Kapital. Wien 2006, S. 15.

87 Roger Haywood: Corporate reputation, the brand and the bottom line: powerful proven communication strategies for maximizing value, 3rd ed. London 2002, S. 48.

88 Leslie Gaines-Ross: A Wealth Creation Assent in Human Guise. In: IPRA Frontline, September 2003 Volume 25, S. 10.

89 Diana Ingenhoff: Integrated Reputation Management Sstem (IReMS). Ein integriertes Analyseinstrument zur Messung und Steuerung von Werttreibern der Reputation. In: prmagazin 7/2007, S. 59.

90 Institut für Demoskopie Allensbach: Kommunikationsverhalten deutscher CEOs. Ergebnisse einer Expertenbefragung. Publiziert auf der Homepage des Auftraggeber: http://www.deekeling-arndt.de/html/presseservice.html, S. 37.

91 www.medianet.at. Corporate Reputation: Wo Mattel und Meinl versagten.

92 Leslie Gaines-Ross: Der Chef als Kapital. In: Hochegger Research (Hrsg.): Der Chef als Kapital. Wien 2006, S. 63.

93 Egbert Deekeling, Olaf Arndt: CEO-Kommunikation. Strategien für Spitzenmanager. Frankfurt/New York 2006, S. 22.

94 Bernhard Bauhofer: Reputation Management. Glaubwürdigkeit im Wettbewerb des 21. Jahrhunderts. Zürich 2004, S. 33.

95 Befragung durchgeführt im Sommer 2007, Anonymität wurde den Journalisten zugesichert.

Kapitel 5:
Fallbeispiele profilierter Unternehmen

Hubert Burda Media: Eventkultur und ein starker medialer CEO – ein Gesprächsprotokoll

Nikolaus von der Decken
Unternehmenssprecher und Leiter Presse-Kommunikation
Hubert Burda Media

Jahrgang 1962, Studium Geschichte, Anglistik, Theaterwissenschaften an der FU Berlin, Abschluss als Magister Artium. Seit 1999 Unternehmenssprecher der Hubert Burda Media. Berufseinstieg 1982 als Werbekaufmann bei der Deutschen Bank in Frankfurt. Danach Studium begleitende journalistische Tätigkeit, außerdem freie Tätigkeit für das Bundespresseamt. 1994 Referent für Öffentlichkeitsarbeit bei der KirchGruppe, ab 1996 Pressesprecher DF1.

Hubert Burda Media ist ein internationaler Medienkonzern mit Standorten in Deutschland, Mittel- und Osteuropa, Russland und Asien. Neben dem Stammsitz in Offenburg ist das Unternehmen in München, Berlin und Hamburg vertreten. Der Konzern, dessen Geschichte mehr als 100 Jahre zurückreicht, beschäftigt mehr als 7 900 Mitarbeiter. Heute bilden über 262 Magazine im In- und Ausland, zahlreiche Internet- und Radiobeteiligungen, TV-Produktionen und Direktmarketing das Unternehmensportfolio.

Vier von fünf Erwachsenen in den deutschsprachigen Ländern werden mit einem der Zeitschriftentitel der Hubert Burda Media Gruppe erreicht. *Bunte, Freundin, Freizeit Revue, Amica, Focus, TV Spielfilm, Mein schöner Garten, Elle, Burda Moden, Chip* oder *Tomorrow*:

Den einen oder anderen Titel aus unserem Haus liest fast jeder. 262 Titel verlegt Hubert Burda Media, davon 188 Magazine auf ausländischen Märkten. Zu den 1,7 Milliarden Euro Jahresumsatz der Gruppe steuern die in- und ausländischen Verlage zwei Drittel bei. An zweiter Stelle steht bereits der Digitalbereich, gefolgt von Direktmarketing und Druck. Das Bild war anfänglich ein ganz anderes. Die Geschichte des Hauses Burda begann vor 100 Jahren mit einer kleinen Druckerei im badischen Offenburg. Unter Senator Franz Burda war das Familienunternehmen ein Druckhaus mit angehängtem Verlag. Heute ist es ein Medienhaus, das auf der gesamten Klaviatur spielt, wobei seit zehn Jahren Online eine entscheidende Rolle spielt. Dieser Bereich wird weiter ausgebaut, ebenso die Geschäftsfelder Digital, Direktmarketing und Zeitschriften Ausland. Insbesondere das osteuropäische Verlagsgeschäft wird erweitert. Mit einer gezielten Crossmedia-Strategie, stärkerer Vernetzung und gezielter Veränderung von Strukturen wird dem Wandel im Konsumentenverhalten hin zu digitalen Medien und Angeboten Rechnung getragen.

Wir wollen uns als innovatives Haus präsentieren, erfolgreich, sympathisch und innovativ. Das leben wir in der Dachmarke, und das vermitteln wir auch in der Kommunikation nach außen. Dabei ist ja zu bedenken, dass die Dachmarke Hubert Burda Media kein Produkt ist. Es handelt sich also an dieser Stelle vor allem um B2B-Kommunikation. Das erreichen wir im Wesentlichen auf drei Wegen: durch intensive Medienarbeit, eine starke Eventkultur und durch die Medienpräsenz des Eigentümers, der wohl stärksten „Marke" des Hauses.

Personalisierung schafft Authentizität

Durch die Fokussierung auf eine Person ist die Authentizität sehr hoch. Es ist ein großer Vorteil, wenn – wie in unserem Fall – der Eigentümer mit Kommunikation groß geworden ist und immer schon mit Öffentlichkeit umgehen konnte und wollte. Er kommt aus einer Familie, die sehr schnell Teil der Deutschen Gesellschaft wurde und um die Bedeutung von Inszenierung wusste. In unserer Welt, die heute ganz anders personalisiert als die Generation der 68er, ein unverzichtbarer Vorteil.

Die Kommunikationsplanung erfolgt bei Hubert Burda Media in Halbjahresschritten in einem kleinen Kreis. Der Verleger selbst, der Unternehmenssprecher, seit April auch Christiane zu Salm als Vorstand Cross Media und die Geschäftsführer Marketing & Communications, Stefanie Czerny und Marcel Reichart, diskutieren die Schwerpunkte, die zum Beispiel seit Sommer 2008 Ausbau Cross Media heißen. Die wirtschaftliche Entwicklung und die Strategie gibt letztlich den Takt vor, neue Geschäftsfelder werden erschlossen und die Kommunikation hat natürlich das Ziel des Agenda Settings.

Als ich vor acht Jahren in das Haus kam, habe ich mir als erstes die Frage gestellt, was ich Neues einbringen kann. Für mich stand schnell fest, dass der CEO Fernsehauftritte machen sollte. Ich war mir sicher, dass er das kann. Also suchte ich nach einem geeigneten Format. Per Zufall habe ich eines Nachts in einem Hotel in Bielefeld, in dem ich – weitab von der Hannover Messe – während der Cebit wohnte, auf einem der zwei zur Verfügung stehenden TV-Kanäle eine Diskussion zwischen einer großartigen Moderatorin und Elisabeth Noelle-

Neumann gesehen. Der Sender war n-tv und die Interviewerin war Sandra Maischberger. Ich habe sie dann angerufen und ihr angeboten mit Hubert Burda über den Börsengang von Focus Online zu sprechen.

Der Auftritt war ein großer Erfolg. Weil Hubert Burda schlagfertig, locker und vor allem offen war. Für viele Jahre spielten TV-Auftritte unseres CEO eine wichtige Rolle, denn über das bewegte Bild lässt sich Emotion am besten und schnellsten aufbauen. Die Imagewerte stiegen.

Imagebildend ist außerdem die Rolle unseres CEO als Präsident des Verbandes der deutschen Zeitschriftenverleger VDZ. Hier ist eine wichtige Aufgabe, die politischen Rahmenbedingungen für die Verlage mitzugestalten. Die bereits erzielten Erfolge bei der aktuellen Diskussion um den 12. Rundfunkänderungstaatsvertrag sind ein solches Beispiel.

Geben und nehmen in der Zusammenarbeit mit Journalisten

Was in der Pressearbeit häufig übersehen wird, ist, dass zwischen einer Unternehmensnachricht und dem Leser, User oder Zuschauer immer der Journalist steht. Er oder sie muss in der Herangehensweise folglich die erste Zielgruppe sein. Je journalistischer eine Meldung oder die Idee für eine Geschichte vorbereitet ist, desto eher wird sie auch aufgegriffen. Außerdem ist – wie überall im Leben – die Größe und die Qualität des persönlichen Netzwerks maßgeblich für den Erfolg. Unsere Währung ist dabei die Nachricht. Wir geben, indem wir informieren, und wir bekommen etwas dafür, nämlich Aufmerksamkeit durch Berichterstattung. Je klüger man mit dieser Währung umgeht, desto mehr profitiert man davon.

Vorbehalte bei Journalisten, über wichtige oder spannende Themen aus anderen Verlagshäusern zu berichten, erlebe ich nicht. Journalisten fühlen sich einem Thema und dessen wahrheitsgemäßen Berichterstattung verpflichtet. Sie arbeiten bei einem Verlag oder Sender etc., aber sie arbeiten für die Menschen. Das ist ihr Auftrag in unserer Gesellschaft. Und übertragen in den wirtschaftlichen Kontext ist ganz klar: Der Leser einer Zeitschrift oder einer Zeitung ist gewissermaßen der Kunde des Journalisten. Und die behandelt man so gut es irgend geht. Ich kenne kaum eine Berufsgruppe, die über einen höheren Ehrenkodex verfügt als die der Journalisten. Eine subjektiv als unfair oder gar falsch empfundene Berichterstattung ist sicherlich keine Seltenheit. Eine objektiv unfaire oder falsche kommt dagegen viel seltener vor, als man glaubt.

Immer wieder erstaunlich ist, wie Menschen Berichterstattung wahrnehmen, die sie selber oder ihr Unternehmen betrifft. Mancher ist schon über den kleinsten kritischen Schlenker verärgert. Dabei lebt jede gute Geschichte von einem Diskurs, von einer kritischen und spannenden Auseinandersetzung. Kommt sie in Summa zu einem positiven Ergebnis, wird die Nachhaltigkeit erzeugt, die einem Unternehmen oder einem Menschen wirklich nützt. Nichts verpufft schneller als unkritisches Lob. Ich glaube sogar, es schadet. In Medienhäusern – zumindest in unserem – weiß man darum und kann man mit sachlicher Kritik gut umgehen. Das erleichtert die Arbeit eines PR-Menschen sehr.

Ob das Internet die Absender von Botschaften in die Lage versetze, einen Bypass um die Journalisten zu legen? Nein, ganz sicher nicht. Meinung wird auch in Zukunft über objektiven Journalismus erzeugt und aber auch über Blogs und durch Communities im Web. Immer wieder hört und liest man von Versuchen, Letztere interessengesteuert zu infiltrieren. Das tun nur ganz dumme Menschen. Wenn es auffliegt, ist der Schaden kaum reparabel, die Glaubwürdigkeit dahin und das Gelächter der Konkurrenz groß. Dennoch sind Blogger und Communities seit langem Adressaten unserer Kommunikation. Ganz einfach, indem man sie einbezieht. Klarer Absender, klare Botschaft und die Bereitschaft zur Diskussion. Es gelten also die gleichen Regeln wie sonst auch in der PR, außer, dass man schneller sein muss als früher.

Besondere Eventkultur prägt das Unternehmensimage

Neben der intensiven Medienarbeit und der persönlichen Kommunikation durch unseren CEO wird der Hubert Burda Media eine besondere Eventkultur bescheinigt. Die Kultur der Gastfreundschaft, die man dem Haus Burda attestiert, liegt ganz klar an den Ursprüngen des Hauses im Badischen. Wir haben zentrale Themen und Marken mit wichtigen Veranstaltungen besetzt, die internationale Bedeutung haben. Diese Events sind Bestandteil der Vermarktung, dienen der Kundenpflege und natürlich auch der Kommunikation mit zum Teil enormer medialer Ausstrahlung. Nehmen wir die Bambi-Preisverleihung. Mit diesem Medienpreis ehrt Hubert Burda Media am Ende jedes Jahres Menschen mit Visionen und Kreativität, die das deutsche Publikum in diesem Jahr besonders berührt und begeistert haben. Die Berichterstattung über Bambi erreicht aktuell 2,2 Milliarden Menschen über die verschiedensten Medien. Gegenüber dem Jahr 2000 hat sich diese Zahl im Übrigen fast vervierfacht. Als ältester deutscher Medienpreis hat Bambi eine absolute Alleinstellung. In Deutschland liegt seine Bekanntheit sogar vor dem legendären Academy Award, dem OSCAR.

Es gibt weitere, kleinere, aber ebenfalls sehr hochkarätige Events wie den Focus Nightcap im Rahmen des Weltwirtschaftsforums in Davos: hochkarätige Prominenz aus Wirtschaft, Politik, Wissenschaft und Entertainment. Themen des 21. Jahrhunderts greift die DLD-Konferenz (Digital-Life-Design) auf. Experten, Gestalter und Pioniere aus der digitalen Industrie werden zu diesem Happening eingeladen. Die Referenten sind die absoluten Spitzen ihres Faches. Diese Veranstaltung ist mit wohl die internationalste, die wir haben. Wir sind damit wieder bei einem der Markenkerne der Hubert Burda Media: Mit der DLD-Konferenz betonen wir unsere Innovationskompetenz.

Etliche große Events werden auch von den anderen Profit Centern realisiert. Hier sei der Elle Style Award erwähnt oder die New Faces Awards der *Bunte*, bei dem Nachwuchsstars ausgezeichnet werden. In Summe ergeben das Produktportfolio und die Innovationskraft unseres Hauses über einen historisch gesehen sehr langen Zeitraum eine starke Marke, die auch durch die Kommunikation ein gut konturiertes Profil erhalten hat. Das wurde uns in der Vergangenheit immer wieder bescheinigt. Zuletzt vom *manager magazin*.

Internorm: Markenentwicklung steht im Fokus

Silvio Spiess
Geschäftsführer Vertrieb, Marketing und
Produktentwicklung
Internorm

Jahrgang 1965, Studium der Handelswissenschaften an der WU Wien, Schwerpunkt Export und Internationales Marketing. Nach dem Studium Einstieg in die Markenartikelindustrie, zuerst bei Unilever Österreich und später bei Gmundner Keramik. Seit 2002 Geschäftsführer für Marketing, Vertrieb und Produktentwicklung sowie Unternehmenssprecher bei Internorm.

1931 gründete Eduard Klinger sen. in Linz an der Donau eine 1-Mann-Schlosserei. 77 Jahre und zwei Eigentümergenerationen später ist der Fenster- und Haustürenhersteller Internorm, der aus dem kleinen Betrieb heraus entstand, die führende Fenstermarke in Europa. Mit 16 Millionen Qualitätstüren und -fenstern ist Internorm Nummer 1 im Niedrigenergie- und Passivhausbereich, der überlegene Marktführer in Österreich sowie unter den Top-Anbietern in Deutschland, Schweiz, Italien und Frankreich.

Aktuelle repräsentative Marktstudien zeigen, dass Internorm in den Köpfen der Bauinteressierten und -involvierten als absolute „Topmarke mit hoher Qualität" innerhalb der gesamten Bauelementebranche verankert ist. Nun stellt sich die Frage: Wie erreicht man so eine Position?

Meiner Meinung nach sind dafür drei voneinander nicht unabhängige Faktoren ausschlaggebend: Zum einen müssen die Produkte selbst, ihr Innovationsgrad, das Design, die Funktionalität, die Zuverlässigkeit und Langlebigkeit – kurz gesagt die Qualität und der Nutzen der erbrachten Leistung – langfristig passen. Zweitens sind Aufbau und Steuerung eines internationalen Vertriebsnetzes mit leistungsfähigen und loyalen Vertriebspartnern ein kritischer Faktor, die das Markenversprechen im Kontakt mit den Endkunden entsprechend umsetzen. Und drittens müssen die Methoden und Werkzeuge der strategischen Kommunikation in einem sehr ganzheitlichen Ansatz zu einer professionellen Anwendung kommen, um Positionierung und Image der Marke langfristig und glaubhaft in der Zielgruppe zu verankern.

Am Anfang, und das war auch für Internorm nicht immer klar, steht die Erkenntnis, dass, egal ob man möchte oder nicht, jedes Unternehmen permanent und äußerst vielschichtig kommuniziert. Nicht nur die Gestaltung eines Produktkataloges oder einer Werbeanzeige bedeuten Kommunikation, sondern auch jedes Auftreten eines Mitarbeiters: die Art und Weise, wie man sich am Telefon meldet oder wie man sich im Reklamationsfall verhält. Damit steht außer Zweifel, dass alle Kommunikationsinstrumente und -kanäle aufeinander abgestimmt sein müssen, um ein schlüssiges Gesamtbild nach außen zu vermitteln.

Ein ganz entscheidender Schritt für Internorm war der Rückzug der „Alteigentümer" aus dem operativen Geschäft in die Funktion des Aufsichtsrates. Für einen jahrzehntelang gewachsenen Familienbetrieb stellt diese Tatsache keine alltägliche Veränderung dar, sondern bedeutet für alle Mitarbeiter, Vertriebspartner, Kunden und Lieferanten eine wesentliche Neuorientierung. Gleichzeitig wurde in dieser Phase das Bewusstsein des „Markenartikels" – also die überragende Bedeutung und Funktion der Marke – geschärft und bei der eigenen Organisation beginnend verankert. Eine gut geführte Marke samt Markenversprechen und klarer Positionierung ermöglicht erst den Einsatz integrierter Kommunikation. Denn im Sog einer konsequenten Markenausrichtung werden die umfassenden Beiträge von PR, Werbung, Internetauftritt oder Corporate Behaviour einfacher und klarer.

Langfristige Planung und Evaluierung der Ergebnisse in der Balanced Scorecard

Internorm hat sich in den letzten Jahren als führender österreichischer Industriebetrieb profiliert, der zu 100 Prozent in Familienbesitz steht. Die Leitidee in der Kommunikationsstrategie ist die Betonung der Markt- und Innovationsführerschaft, der Kompetenz und der nationalen und internationalen Erfolge, um letztlich den potenziellen Kunden für deren Kaufentscheidung Sicherheit und Wertsteigerung zu bieten. Denn Fensterkauf bedeutet eine wesentliche, sehr langfristige Investition, die oft nur einmal im Leben stattfindet und die meist unter großer Unsicherheit erfolgt, da man nicht auf eigene Erfahrung zurückblicken kann. Zuletzt wurde aufgrund der steigenden Bedeutung der Themen „Klimaschutz", „Energieeffizienz" und „Passivhaus" in der Kommunikationsstrategie, getragen von aktiver PR-Arbeit, Internorm als erster und kompetenter Ansprechpartner positioniert.

In der langfristig orientierten, strategischen Planung werden die Eckdaten mit den Eigentümern abgestimmt und vereinbart. Darauf fußt die langfristige Unternehmens Planung (5 Jahre) und die jährlich angepasste BSC (Balanced Scorecard). Aufgrund der solcherart gegebenen Rahmenbedingungen stellt die Kommunikationsstrategie mit dem Marketingplan einen wesentlichen Teil der strategischen Planung dar. Aus meiner Sicht ganz entscheidend ist der langfristige strategische Aspekt gerade in der Kommunikation, denn hier bedarf es eines hohen Maßes an Kontinuität und Stimmigkeit mit den sonstigen Aktivitäten des Unternehmens. Gerade die Positionierung eines Unternehmens beziehungsweise einer Marke in den Köpfen der Zielgruppe entsteht erst in einem sehr langfristigen Prozess, vergleichbar mit einem großen Mosaik, wo sich viele, viele Steinchen zu einem großen Ganzen zusammenfügen.

Im Bereich der Öffentlichkeitsarbeit wird im Team gemeinsam mit den Verantwortlichen für Vertrieb des jeweiligen Landes, zentralem Marketing und begleitender PR-Agentur zuerst die angestrebte Positionierung in der öffentlichen Meinung – aus der langfristigen Planung abgeleitet – festgelegt, um dann die Werkzeuge und Aktivitäten mit den entsprechenden Themen zu bestimmen. Am Ende des Planungsprozesses steht dann je Land ein individuell abgestimmter Jahresplan samt zeitlich festgelegten Umsetzungsschwerpunkten. Bei multinationalen Unternehmen ist zu beachten, dass für jedes einzelne Land der jeweilige Entwicklungsstand der Markenpositionierung berücksichtigt werden muss, ebenso wie die unterschiedlichen Markt- und Mitbewerbssituationen. Daher ist eine zentrale Leitidee zu entwickeln, ebenso die daraus resultierenden Umsetzungspläne für die einzelnen Märkte.

In der BSC werden neben Absatz-, Produktivitäts- oder Ergebniszielen auch die Zielsetzungen der Kommunikation und der Öffentlichkeitsarbeit festgeschrieben. Man kann die Evaluierung an Bekanntheits- oder Imagemessungen der Marke/des Unternehmens festmachen, man kann aber auch die (ohne Kostenbeitrag) erreichten Pressemeldungen zählen und bewerten. Ich persönlich sehe die Bewertung der Qualität einer Marke, wie beispielsweise die Frage „Welche Marke ist Ihrer Meinung nach eine Topmarke?", als die oberste Messgröße, unter der sich dann Markenbekanntheit und Anzahl von erreichten Kontakten durch Pressemeldungen nachreiht. Genau darin besteht meiner Meinung nach die Hauptfunktion der Öffentlichkeitsarbeit, nämlich der kontinuierlichen Pflege der Marke/des Unternehmens in der öffentlichen Wahrnehmung, die durch Presseberichte und glaubhafte Auftritte am besten entwickelt werden kann.

Personifizierung schafft Identifikation

Strategische Öffentlichkeitsarbeit erfordert auch die Entscheidung, durch welche Person das Unternehmen repräsentiert werden soll. Es liegt auf der Hand, dass ein Unternehmen nicht „anonym" vertreten werden kann, sondern dass es an handelnden Personen festgemacht wird. Öffentlichkeitsarbeit ist natürlich Chefsache, es kommen also nur Eigentümer, CEO oder Geschäftsführer in Betracht.

Auf Grund der allgemein zu beobachtenden Tendenz zur Vereinfachung und Reduktion muss es eine Person sein, die als kompetente Kommunikationsstelle, als Ansprechpartner der Medien klar positioniert werden muss. Es sind also das Unternehmen und die betreffende Persönlichkeit untrennbar verbunden, das Unternehmen wird (auch) mit der Person identifiziert. Daher ist es wichtig, dass das Auftreten, die dabei vermittelten Aussagen, Werte und der hinterlassene Eindruck zu Markenwelt oder zum Image des Unternehmens passen. In Summe stellt diese Tatsache eine sehr große Verantwortung – über die ohnehin gegebene Verantwortung für die Ergebnisse oder die Entwicklung des Unternehmens hinausgehend – dar.

Bei Internorm wurde die Rolle des Unternehmenssprechers und damit des „Frontman" für Öffentlichkeitsarbeit auf mich übertragen. Für mich nimmt diese Aufgabe eine hohe Priorität ein, der entsprechend vor allem zeitliche Ressourcen einzuräumen sind. Neben monatlichen, fixen Abstimmungen mit den Beteiligten („PR-Jour fixe") gilt es, Termine für Pressekonferenzen, Einzeltermine mit Journalisten oder für so genannte Hintergrundgespräche freizuhalten. Nachdem mit ein paar einzelnen Terminen noch gar nichts erreicht ist, kommt es auf eine gewisse Nachhaltigkeit und Kontinuität an. Der Kontakt zu den relevanten Ansprechpartnern bei den Medien und anderen wichtigen Stakeholdern muss ebenso wachsen wie die Bekanntheit und Positionierung des „Frontman" selbst.

Persönliche Voraussetzungen

Nun gehört es also zu den ganz wichtigen Funktionen des verantwortlichen Managers oder Eigentümers, das Unternehmen nach außen zu vertreten. Für diese Aufgabe sind neben dem nötigen Fach- und Detailwissen auch gewisse „persönliche" Fähigkeiten unbedingt erforderlich. Diese sind nach meiner Erfahrung die folgenden:

- sicheres, überzeugendes Auftreten

- gute Rhetorik

- Botschaft auf den Punkt bringen können

- Präsentationstechnik (Stimme, Blickkontakt etc.)

- Beziehungsaufbau

Ich denke, dass neben einem gewissen natürlichen Talent für Kommunikation und Führung gezieltes Training und der gezielte Aufbau der Fähigkeiten notwendig ist, zumal man die angeführten Fähigkeiten ohnedies nicht nur für das Repräsentieren des Unternehmens braucht. Denn der „Chef" muss genauso intern glaubhaft kommunizieren und steht auch hier permanent unter Beobachtung.

Ein extremes Beispiel stellt für mich Steve Jobs, der Gründer von Apple, dar, dessen Auftritte in der Öffentlichkeit mittlerweile fast Dimensionen eines Popstar-Auftritts erreicht haben und der damit aber nichts anderes als sehr, sehr gute interne wie externe Öffentlichkeitsarbeit betreibt. Sein Name, sein Charisma, seine Botschaften sind ein Teil von Apple, ein Teil des Images und nicht trennbar von Marke und Unternehmen.

In meinem Fall haben sich die Fähigkeiten einerseits durch gezielte Weiterbildung bei Seminaren, wie Präsentationstechnik, Stimmbildung oder Rhetorikkursen gestärkt und andererseits durch persönliche Erfahrungen in der Praxis. Denn jede Präsentation oder Ansprache vor einem mehr oder weniger großen Personenkreis ist eine Erfahrung mehr, und das beste Training nützt nichts ohne Erfahrungen im „Ernstfall". Irgendwann sind eine professionelle Vorbereitung, ein routiniertes, sicheres Auftreten und eine letztlich überzeugende und vielleicht sogar charismatische Präsentation von Botschaften ganz selbstverständlich und daher natürlich und glaubhaft.

Eine Führungskraft muss neben den fachlichen Qualifikationen vor allem über die Fähigkeit verfügen effizient, klar und nachvollziehbar kommunizieren zu können. Je weiter die Karriere nach oben geht, desto wichtiger werden die Fähigkeiten der Kommunikation. Wie soll eine

Führungskraft Visionen, Ziele oder nur einfache Aufgaben vermitteln können, wenn sie die Botschaften nicht verständlich „rüberbringen" kann?

Es empfiehlt sich daher, von Beginn an, im privaten wie im beruflichen Umfeld, am besten jede sich bietende Gelegenheit zum Üben wahrzunehmen. Egal ob es eine kleine, pointierte Ansprache im Freundeskreis anlässlich eines Geburtstages ist oder ob man in einer Abteilungsbesprechung einmal ein Thema für die Kollegen aufbereitet und präsentiert. Man wächst mit der Aufgabe, man muss den Mut haben, sich dieser Herausforderung zu stellen, und man muss die Größe haben, sich auch einmal kräftig zu blamieren!

Vontobel-Gruppe: Leistung schafft Vertrauen

Jürg Stähelin
Leiter Corporate Communications
Vontobel Gruppe, Zürich

Jahrgang 1966, Betriebswirtschafts-Studium an der Universität Zürich, Schwerpunkt Marketing und Bank. Nach dem Studium journalistische Erfahrungen, unter anderem bei der Neuen Zürcher Zeitung und als PR-Berater in einer Agentur. Zehn Jahre bei Julius Bär als Leiter Corporate Communications, seit 2006 bei Vontobel.

Vontobel ist eine international ausgerichtete Schweizer Privatbank. Die Gruppe ist spezialisiert auf die Vermögensverwaltung für private und institutionelle Kunden sowie das Investment Banking. Im Jahr 2007 wurden 79,5 Milliarden Schweizer Franken an Kundenvermögen betreut. Die Bank beschäftigt über 1 250 Mitarbeiter und erzielte zuletzt ein Konzernergebnis von 263 Millionen Schweizer Franken.

Die Vontobel-Gruppe ist in mehrfacher Hinsicht ein Unikat: Einerseits vereint unser Institut neben der klassischen Vermögensverwaltung das Investment Banking und Asset Management unter einem Dach. Damit erhalten unsere Kunden umfassende Lösungen aus einem Guss. Andererseits kombiniert die Vontobel-Gruppe die klare Positionierung als traditionelle Schweizer Privatbank mit der Innovationskraft eines modernen Vermögensmanagers. Gleichzeitig pflegen wir bewusst die Werte eines Familienunternehmens über Generationen hinweg.

Dank diesen Besonderheiten sticht die Bank Vontobel aus der dichten Masse traditionsreicher, edler Schweizer Privatbanken heraus. Vontobel ist eine Bank mit Profil. Die Betonung der Tradition geht einher mit einem frischen, persönlichen Auftritt. Wir verstehen uns als schnörkellose Bankiers, die rasch auf den Punkt kommen, die niemandem ein X für ein U vormachen.

Diesem Anspruch verleihen wir mit Kontinuität in unseren Aktivitäten Glaubwürdigkeit. Vontobel wächst kontinuierlich und vergleichsweise behutsam. Wir engagieren uns erst nach umsichtiger Abwägung der Vor- und Nachteile, dann dafür dauerhaft. Was einen guten Vermögensmanager ausmacht, namentlich das sorgfältige Erarbeiten und konsequente Umsetzen einer Vorgehensweise, Diversifikation wie auch Pragmatismus, praktizieren wir auch in Fragen der Unternehmensstrategie. Ein Beispiel dafür ist die Entwicklung komplexer Finanzprodukte, die passgenau auf die Bedürfnisse unserer Kunden konzipiert werden. Wir haben dieses Geschäftsfeld vor Jahren aufgebaut und prägen heute diesen inzwischen stark gewachsenen Markt aus unserer Führungsposition heraus.

Die stetige Entwicklung der finanziellen Eckwerte veranschaulicht unseren Erfolg. Die Vontobel-Gruppe hat beim Konzernergebnis, bei den betreuten Vermögen und bei der Eigenkapitalausstattung in den vergangenen Jahren sukzessive zugelegt. In der Sprache der Börsianer: Vontobel ist eher ein Value- denn ein Growth-Titel. Diese Wahrnehmung entspricht unseren ureigensten Positionierungsabsichten.

Unser Wertverständnis prägt nicht nur rein geschäftliche Vorhaben und Projekte, sondern auch die Philanthropie. Vontobel positioniert sich seit Jahren über gesellschaftliches, karitatives und kulturelles Engagement. Die Familien-Vontobel-Stiftung und die Vontobel-Stiftung unterstützen etwa Projekte bedürftiger Menschen. Darüber hinaus leisten die Stiftungen maßgebliche Beiträge an das Bildungswesen, etwa zugunsten der Universität Zürich und der Eidgenössischen Technischen Hochschule.

Kommunikationsplanung als rollender Prozess

Wie setzen wir diese Positionierungselemente in der täglichen Praxis um? Integrierte Kommunikation beginnt bei Vontobel auf oberster Führungsstufe. Neue wesentliche Aktivitäten werden zunächst auf der Ebene der Gruppenleitung diskutiert. Die verschiedenen Stäbe der Gruppe wie Corporate Marketing, Corporate Communications, Human Resources und Business Development tauschen sich regelmäßig aus. In diesem Prozess werden die zentralen Themen sowie die über das Jahr geltenden Meilensteine für die Kommunikation festgelegt, inklusive Ressourcenallokation. Jede Mitarbeiterin und jeder Mitarbeiter des Kommunikationsteams kennt somit die Ziele und Verantwortlichkeiten und weiß, woran sie oder er im kommenden Jahr arbeiten wird.

Im Tagesgeschäft gehört es zu den Aufgaben der genannten Serviceeinheiten, zu denen auch Corporate Communications gehört, eine kohärente Kommunikation der drei Geschäftsfelder sicherzustellen. Unser gemeinsames Ziel ist, dass alle Kommunikationsebenen die Marke Vontobel stärken. Der Weg dort hin ist nicht immer schnurgerade. Wir erreichen unsere Meilensteine schließlich nur, wenn alle verantwortlichen Protagonisten vom gelegentlich zu beobachtenden *Gärtchendenken* Abschied nehmen, bereichsübergreifend denken und ihre spezialisierten Kollegen bei kommunikationsrelevanten Entscheidungen einziehen. Eine zentrale Rolle spielt die Zusammenarbeit zwischen Marketing und Corporate Communications, deren Arbeitsbereiche fließend ineinander übergehen und eine enge Abstimmung erfordern.

Neben der planbaren muss Raum bleiben für aktualitätsgetriebene Kommunikation. „Die Überraschungen des Lebens haben schon die sichersten Reiter aus dem Sattel gehoben", wusste schon Schiller. Zu Recht, wie ich meine. Es braucht eine flexible und rasch beschlussfähige „Eingreiftruppe", damit die PR eigene und gute Antworten auf die eigenen Überraschungen findet, die jeder Tag bietet. Dies ist nur mit einer rollenden Planung über das ganze Jahr zu bewerkstelligen, die auf die unerwarteten Wendungen des Schicksals Rücksicht nimmt.

Medienarbeit auf Unternehmens- und Produktebene

Die Medienarbeit stellt einen wichtigen Teil unserer Kommunikation dar. Gerade die Medien beeinflussen aufgrund ihrer Multiplikatoren-Funktion die öffentliche Meinung über ein Unternehmen und dessen Reputation sehr stark. Die Vontobel-Gruppe richtet sich an gut situierte und interessierte Kunden, die sich – auch aufgrund ihrer Medienlektüre – ihre eigene Meinung bilden. Gerade für Banken ist Reputation ein besonders kostbares Gut. Wenn Mitarbeiter mit riskanten Engagements scheitern, ist das Vertrauen in das gesamte Unternehmen rasch verspielt.

Wie stark und mit welchen Themen die Vontobel-Gruppe in den Medien präsent ist, spielt für unsere Reputation und unseren Markterfolg somit eine wichtige Rolle. Dabei bewegen wir uns in der Kommunikation auf einen schmalen Grat: Als Privatbank, die viel Wert auf Diskretion legt und gegenüber den Kunden mit einem Schuss Understatement auftritt, dürfen wir den Bogen in der Medienarbeit nicht überspannen. Wir wollen eine regelmäßige, gezielte Präsenz in den Medien und dies mit prägnanten, aber keineswegs marktschreierischen Voten.

Die Medienarbeit wird bei Vontobel zentral von Corporate Communications geführt. Wir müssen vermitteln können, dass wir die für die Bank entscheidenden strategischen Entwicklungen im Griff haben. Dies geschieht primär in der kontinuierlichen Berichterstattung, bei welcher die Gruppenergebnisse den finanziellen Erfolg, die Sicherheit und die Stabilität unserer Bank dokumentieren. Zudem informieren wir dabei über die Fortschritte und Neuigkeiten in der unternehmerischen Entwicklung. Hinzu kommen bereichsübergreifende Themen wie Beratungsqualität oder Dienstleistungsbreite.

Parallel dazu betreiben wir Medienarbeit auf der Produktebene für die einzelnen Geschäftsfelder. Wir stellen sicher, dass die Produktthemen mit den Gruppenthemen kongruent sind. Diese Kommunikation auf zwei verschiedenen Stufen ist insofern sinnvoll, als die Journalisten fachlich kompetente Ansprechpartner brauchen – etwa Analysten oder Fondsmanager. Die direkte Beziehung Journalist – Spezialist steigert die Effizienz. Corporate Communications initiiert und pflegt diese Kontakte.

Wir achten darauf, dass sich – im Sinne der Nachhaltigkeit unserer Unternehmenspolitik – ein roter Faden durch die Kommunikation zieht. Wir suchen eine Balance zwischen Prinzipientreue und Pragmatismus. Unsere Kommunikationsaktivitäten sollen stringent sein und einen möglichst kompakten Eindruck hinterlassen, im Sinn einer 80:20-Regel: Vier Fünftel aller Maßnahmen müssen die gleiche Stoßrichtung haben. Gleichzeitig braucht es Spielraum für Opportunitäten, wobei es auch hier kein Jekami gibt. Auch hier gibt es Leitplanken: Für die Vontobel-Gruppe, die den Gedanken der Nachhaltigkeit hoch hält, käme daher ein Sponsoringengagement im Motorrennsport zum Beispiel nie in Frage.

Ziel unserer Medienarbeit ist es, die Journalisten kontinuierlich, sachlich und kompetent zu informieren. Wir verfolgen in erster Linie qualitative Ziele. Ein wichtiges Instrument dafür stellen informelle Kontakte zu den wichtigsten Redaktoren dar. Das Topmanagement trifft die wichtigsten Journalisten regelmäßig, um die Beziehung zu vertiefen und gemeinsam Hintergründe auszuleuchten. Auch die Evaluation der Ergebnisse unserer Medienarbeit ist qualitativ angelegt. Die aus den geschilderten Aktivitäten resultierenden Publikationen werden ausgewertet und die Entwicklung des medialen Meinungsklimas analysiert.

Eine Randbemerkung über eine aktuelle und kritische Entwicklung: Durch die Online-Redaktionen – die immer bedeutender werden – wird das Mediengeschäft noch hektischer, schneller und teilweise leider auch ungenauer.

Dem Unternehmen ein Gesicht verleihen

Der Megatrend der medialen Personalisierung hat in den 90er Jahren auch in der Wirtschaftswelt Einzug gehalten. Vontobel entzieht sich diesem Trend nicht, sondern verfolgt in der persönlichen Kommunikation das klare Prinzip, dass der CEO ein äußerst wichtiger, aber nicht der einzige Repräsentant des Unternehmens ist. Im Auftritt nach außen werden weitere starke Persönlichkeiten positioniert, namentlich Mitglieder der Geschäftsleitung und Fachspezialisten. Dieser partizipative Führungs- und Kommunikationsstil entspricht unserer Kultur und unserem integrierten Geschäftsmodell, das für Vernetzung steht. Die Vontobel-Gruppe verfügt als Familienunternehmen über einen weiteren Vorteil: Mit unserem Ehrenpräsidenten und Mehrheitsaktionär, dem Sohn des Firmengründers, verfügen wir über eine Persönlichkeit, die auf Grund ihrer Erfahrung und ihres Status als *elder statesman* auch umstrittene Themen forcieren kann. Seine Verdienste um die Gruppe und den Finanzplatz Schweiz sind unbestritten. Seine Stimme wird gehört.

Ein selbstbewusster Auftritt beschreibt auch die Positionierung unseres CEOs bei Vontobel: Er geht seinen eigenen Weg, hat seine eigene Linie. Er ist somit kein bloßer „Lautsprecher", sondern artikuliert seine eigenen Meinungen und Vorstellungen. Das bedingt, wie das heute zum Anforderungsprofil jedes CEO einer börsennotierten Gesellschaft gehört, ausgeprägte Stärken in Kommunikation und Empathie. Denn er muss genauso die unterschiedlichen Bedürfnisse der verschiedenen Zielgruppen verstehen und sie am richtigen Ort „abholen" wie auch Kunden und Mitarbeiter informieren, was sie von ihm erwarten können. Intern wie extern Glaubwürdigkeit zu gewinnen, verlangt die Dinge beim Namen zu nennen, auch die unangenehmen. Hingegen muss der CEO keinen ausgesprochenen Drang haben, sich auf der öffentlichen Bühne zu präsentieren.

Gerade in der Wirtschaftswelt mutiert die mediale Personalisierung auch zuweilen zu einem Starkult. CEOs lassen sich als Bootskapitän, beim Bergsteigen, beim Grillen im hauseigenen Garten am See ablichten. Für eine Privatbank wie Vontobel erachten wir eine solche Inszenierung als wenig zielführend. Unser CEO soll sich in den Bereichen bewegen, für die er unternehmerisch steht. Um die zweifellos wichtigen persönlichen Charakteristika anklingen zu lassen, bietet sich die Möglichkeit, die Repräsentanten des Unternehmens an kulturellen Anlässen zu erleben, die von unserem Institut unterstützt werden.

CEO muss Zeichen setzen

Die Person an der Spitze des Unternehmens muss ein gesundes Selbstvertrauen, Mut und die Kraft mitbringen, Dinge anzupacken und in Richtungen zu marschieren, die auf den ersten Blick vielleicht gewagt erscheinen. Ausserdem wird von einem CEO erwartet, dass er einen eigenen Stil entwickelt, Ecken und Kanten aufweist und gleichzeitig glaubwürdig bleibt. Als hilfreich hat sich erwiesen, wenn bereits beim Amtsantritt zwei bis drei zentrale Themen formuliert sind, die in der nächsten Zeit die Firmenpolitik bestimmen werden. Anhand der Themenwahl wird der eigene Stil rasch erkennbar. Wichtig ist, dass Zeichen nach innen und außen gesetzt werden. Beispiele dafür sind Maßnahmen in der Organisationsstruktur, ein neue Corporate Identity oder auch die Umgestaltung von Beratungsbereichen für die Kunden.

Was für den CEO gilt, stimmt auch für die Topmanager von Vontobel in ihrer Kommunikation: Sie müssen vorleben, was das Unternehmen als Claim definiert hat: Leistung schafft Vertrauen.

Egger Holzwerkstoffe: Stellenwert der Kommunikation von Familienunternehmen wächst

Christina Werthner
Leiterin Kommunikation und Öffentlichkeitsarbeit,
Egger Holzwerkstoffe St. Johann in Tirol

Jahrgang 1972, Studium Germanistik- und Kommunikationswissenschaft in Bamberg. Seit 1999 für namhafte deutsche Unternehmen in der Kommunikation tätig, unter anderem fünf Jahre als Leiterin Corporate Communications eines großen deutschen Handelsunternehmens in Hamburg.

Egger gehört zu den größten europäischen Holzwerkstoffherstellern in Europa. In 16 Werken in Österreich, Deutschland, Frankreich, Großbritannien, Russland und Rumänien werden Spanplatten, MDF- und OSB-Platten erzeugt und veredelt. Zur Produktpalette des 1961 gegründeten Familienunternehmens gehören auch Laminatfußböden sowie Leichtbauplatten. Mit 5 700 Beschäftigen wird ein Jahresumsatz von rund 1,64 Milliarden Euro erzielt.

Die Egger Gruppe ist ein Beispiel dafür, dass auch für nicht börsennotierte Familienbetriebe Öffentlichkeitsarbeit einen immer höheren Stellenwert bekommt. Die Unternehmensgruppe ist in den letzten Jahren überdurchschnittlich stark gewachsen. Dabei waren das klare Wertesystem, das Vertrauen, Loyalität und persönliches Engagement in den Mittelpunkt stellt und von der Eigentümerfamilie Egger vorgelebt wird, maßgeblich. Eine wichtige Rolle spielen dabei auch Bodenständigkeit und lokale Verwurzelung. Das drückt sich auch in den Kernwerten der Marke aus: Qualität, Menschlichkeit und Perspektive. Sie dienen den Mitarbeitern zur Orientierung und schaffen Differenzierung im Wettbewerb.

Tradition und Moderne werden im Rahmen einer integrierten, systematischen Kommunikation verbunden. Egger betreibt eine sehr offene und transparente interne Informationspolitik. Dabei werden alle klassischen Instrumente der dialogischen und indirekten Kommunikation wie die Mitarbeiterzeitung oder das Intranet genutzt. Die externe Kommunikation konzentriert sich auf Grund der Ausrichtung von Egger als B2B-Anbieter traditionell auf die Produkt-PR und damit die Zusammenarbeit mit Fachmedien für die Möbelindustrie, Verarbeiter, Händler und Architekten.

Öffentlicher Fokus richtet sich auf Erfolg

Das starke Wachstum der EGGER Gruppe hat es notwendig gemacht, die Kommunikation im gesamten Unternehmen stärker zu systematisieren und strategisch auszurichten. Eine besondere Rolle spielt dabei die Internationalisierung des Unternehmens wie auch das zunehmende öffentliche Interesse, das einem Unternehmen dieser Größenordnung entgegengebracht wird. Durch Erfolg wächst das mediale Interesse.

Für Egger geht es deshalb darum, sein Profil klar zu vermitteln und sich damit unverwechselbar und glaubwürdig bei seinen internen und externen Zielgruppen zu präsentieren. Die Konzentration auf die Produkt-PR reicht damit nicht mehr länger aus, auch wenn sie weiterhin die Basis der Kommunikationsarbeit bilden wird. Sie wird um gezielte Maßnahmen in der Tages- und Wirtschaftspresse ergänzt. Klares Ziel dabei ist es, eine konzeptionell unterlegte integrierte Kommunikationsarbeit zu leisten. Das bedeutet einerseits, sämtliche Maßnahmen der internen und externen Kommunikation aufeinander abzustimmen, aber auch alle PR- und werblichen Maßnahmen so zu vernetzen, dass sie ein stimmiges Gesamtkonzept ergeben.

Profilschärfung im Wettbewerb

Ausgangspunkt für alle Kommunikationsaktivitäten ist das beschriebene Wertesystem von Egger. Die definierten Werte sind Botschaften, die über die transportierten (Produkt-)Fakten hinausreichen und damit das Unternehmensbild als Ganzes prägen. Hiervon gehen alle Maßnahmen aus. Qualität ist dabei nicht nur ein Maßstab für Kommunikationsinhalte, sie bezieht sich auf die Beziehungspflege zu den Journalisten. Egger zwischenmenschlich erlebbar zu machen ist ein weiteres Ziel, das wir in der Kommunikation anstreben und durch gezielte Maßnahmen umsetzen. Insgesamt geht es darum, für beide Seiten Perspektiven in der Zusammenarbeit zu schaffen, die Nutzen bringend sind.

Grundlage aller Kommunikationsaktivitäten ist und bleibt die Produktkommunikation. Sie ist auf Kunden ausgerichtet und positioniert Egger als innovatives, trendorientiertes Unternehmen. Wichtig ist, dass alle Einzelmaßnahmen zusammengenommen ein stimmiges Gesamtbild ergeben. Für Corporate Communications bedeutet dies regelmäßige Presseaussendungen an die gesamte europäische Fachpresse. Darüber hinaus gibt es unterjährig feste Messetermine, die grundsätzlich immer auch für Pressekonferenzen oder Einzeltermine mit der Fachpresse genutzt werden. Darüber hinaus ermöglicht Egger laufend Exklusivberichte zu definierten Themen, die eine tiefer gehende Berichterstattung zu Entwicklungen im Unternehmen ermöglichen und damit ganz besonders der Profilierung dienen.

Mindestens ein bis zwei Presseveranstaltungen pro Jahr sind so angelegt, dass sie über den reinen Informationstransfer hinausgehen. Sie haben Event-Charakter und dienen dazu, den Journalisten ein Erlebnis zu verschaffen, das sie positiv in Erinnerung behalten und das die persönliche Bindung an Egger stärkt.

Integriertes Kommunikationskonzept brachte Staatspreis

Im Januar 2007 hat Egger erstmals eine europaweit einheitliche Kollektion an dekorativen Holzwerkstoffen (das sind beschichtete Spanplatten) für Handel, Verarbeiter und Architekten auf den Markt gebracht. Damit wurden die bisher sieben unterschiedlichen Länderkollektionen zu einer zusammengeführt. Immer mehr Architekten aber auch Verarbeiter arbeiten an internationalen Projekten. Der Vorteil von ZOOM® liegt für sie darin, dass sie nun länderübergreifend auf ein einheitliches Produktspektrum von der Basisplatte über das Dekor bis zum Zubehör zurückgreifen können.

Die Einführung der neuen Kollektion wurde als integriertes Kommunikationsprojekt geplant. Das heißt alle Kommunikationsmaßnahmen – von der Werbung über die Öffentlichkeitsarbeit und Direct Marketing bis zu den POS-Maßnahmen – waren zeitlich und inhaltlich aufeinander abgestimmt und über alle betreffenden Länder hinweg koordiniert. Die Stringenz und Ganzheitlichkeit dieses B2B-Konzepts hat auch das Bundesministerium für Wirtschaft und das Österreichische Produktivitäts- und Wirtschaftlichkeitszentrum überzeugt: 2008 wurde der Staatspreis für Marketing verliehen. Das PR-Konzept wurde zusätzlich für den „Tirolissimo" (Tiroler Werbepreis) als beste PR-Kampagne nominiert. Das ZOOM® Einführungskonzept eignet sich deshalb als Anschauungsobjekt für erfolgreiche integrierte Kommunikation.

Strategisch geplante Markteinführung

Bei der Einführung der ZOOM® Kollektion wurde nichts dem Zufall überlassen. Mehr als zwei Jahre wurden vor dem Launch in die Entwicklung der Produkte und die Gestaltung der Kommunikationsmittel investiert. Die Einführung am Markt erfolgte mit dem „Big Bang" anlässlich der Messe BAU in München 2007. Hier bot sich das ideale Umfeld, um die Kollektion unseren Kunden und der Presse zu präsentieren.

Im Vorfeld des Launches wurde das Vertriebsteam informiert und geschult sowie eine Teaserkampagne gestartet. Sie umfasste ein Anzeigenkonzept, das in ausgewählten europäischen Fachmedien geschaltet wurde. Ergänzt haben wir diese um zwei Presseaussendungen, die einen ersten Vorgeschmack auf das neue Konzept gaben, ohne den Vorhang bereits komplett zu lüften.

Im Vorfeld der BAU veranstalteten wir ein exklusives, zweitägiges Presseevent an unserem Stammsitz in St. Johann. Es waren 30 internationale Key-Fachjournalisten dazu eingeladen. Ein Tag war ganz der Präsentation von ZOOM® in all ihren Facetten gewidmet, inklusive eines Abendevents, der ebenfalls die Kollektion thematisch aufgriff. Der zweite Tag war erlebnisbetont: Skifahren in Kitzbühel, Tiroler Hüttenzauber und ein gemeinsames Abendessen mit Tiroler Flair zum Abschluss. Auf diese Weise wurden Inhalt und persönliches Erlebnis ideal miteinander verknüpft.

Am nächsten Tag stand die gemeinsame Fahrt mit den Journalisten zur BAU nach München auf dem Programm. Dort richtete Egger dann auch noch eine offizielle Messe-Pressekonferenz aus, die ebenfalls sehr zahlreich besucht wurde. Insgesamt wurden mehr als 100 Fachpublikationen erreicht.

Die erste Phase der Markteinführung war ebenfalls von intensiver Pressearbeit begleitet. Ging es in der Launch-Phase von ZOOM® darum, die Gesamtidee der Kollektion zu transportieren, stand in der Einführungsphase, die sich über einen Zeitraum von gut sechs Monaten erstreckte, die Darstellung von Einzelelementen im Mittelpunkt. So konnten wir gezielt auf einzelne neue Produkte und Services eingehen, vom Dekor über neue Basismaterialien bis hin zu Multimedia-Angeboten.

Durch dieses klar konzipierte Kommunikationspaket haben wir es geschafft, unsere ZOOM® Kollektion über den Zeitraum von einem Jahr permanent in der Presse sichtbar zu machen und damit im Markt präsent zu halten. Damit hat die Kommunikation ihren Beitrag zur erfolgreichen Einführung der ZOOM® Handelskommunikation geleistet.

Wirtschafts- und Regionalmedien neu im Fokus

Egger hat in den letzten fünf Jahrzehnten eine enorme Wachstumsgeschichte geschrieben: von den Anfängen als Tiroler Sägewerk bis zu einem international tätigen Holzwerkstoffhersteller mit 5 700 Mitarbeitern. Dieses Wachstum hat auch das öffentliche Interesse an Egger verändert und in den Fokus der Tages- und Wirtschaftspresse gerückt. Dementsprechend mussten auch hierfür Strategien und Konzepte erarbeitet werden, um Egger in angemessener Weise darzustellen.

Basis für die Tages- und Wirtschaftspressearbeit im Rahmen der Unternehmenskommunikation ist die Standort-PR. Damit entspricht Egger seinem Grundsatz der lokalen Verwurzelung. Mit seinen 16 Werken ist Egger als Arbeitgeber, Investor, Steuerzahler usw. ein maßgeblicher Wirtschaftsfaktor an seinem jeweiligen Standort. Insofern sind der regelmäßige Kontakt und die Information der örtlichen Medien besonders wichtig und deren Information besonders intensiv.

So gehört am Stammsitz in St. Johann der permanente Austausch mit den lokalen und regionalen Pressevertretern zum festen Repertoire der Kommunikation. Allerdings stehen hier weniger die Produktthemen im Mittelpunkt. Egger präsentiert sich am Standort in erster Linie als attraktiver Arbeitgeber. Themen sind deshalb unter anderem die Lehrlingsausbildung sowie Weiterbildungsmöglichkeiten für Mitarbeiter. Aber auch der Aus- und Umbau des Standortes, um dessen Zukunft langfristig abzusichern, spielen eine Rolle.

Entscheidend für Egger ist es dabei, dem Unternehmen ein persönliches Gesicht zu geben, also zu zeigen, welche Menschen für Egger stehen. Denn nur wenn wir es schaffen, aus der Anonymität eines industriellen Großbetriebes herauszutreten, können wir auch Akzeptanz und Vertrauen in unsere Arbeit erreichen.

Dieses Grundprinzip gilt dabei für alle Egger Standorte gleichermaßen. Die Themen sind je nach lokaler Ausgangssituation andere, die Ziele, die wir verfolgen, bleiben die gleichen. Ergänzt wird diese lokal ausgerichtete Kommunikationsarbeit um zusätzliche Maßnahmen auf nationaler Ebene. Hier setzt Egger insbesondere auf gezielte Einzelmaßnahmen zu definierten Themen. Momentan aktuell: die Expansion von Egger nach Osteuropa mit der Eröffnung eines eignen Produktionsstandortes in Rumänien. Auch für diese Maßnahmen gilt: Wichtig ist nicht nur der Informationsgehalt, sondern auch zu vermitteln, wofür das Unternehmen insgesamt steht.

Kommunikation unterstützt Unternehmensziele

Kommunikation ist bei uns nicht Selbstzweck. Vielmehr soll sie gezielt die Unternehmensziele unterstützen, Egger als innovatives, qualitätsorientiertes Unternehmen mit persönlicher Note und klaren Perspektiven darzustellen. Egger verbindet dabei Tradition und Modernität. Für Egger gilt es deshalb, Kommunikationsschwerpunkte aktiv und gezielt zu setzen und nicht auf allen Hochzeiten zu tanzen. Daraus ergibt sich auch der klare Fokus auf der Fachpressearbeit als Fundament der Unternehmens-PR. Ergänzt wird diese durch lokale Pressearbeit sowie Aktivitäten, die die nationale und internationale Tages- und Wirtschaftspresse einbeziehen. Ein wesentlicher Erfolgsfaktor in der Kommunikation sind dabei die langjährigen persönlichen Beziehungen zu Journalisten, die eine vertrauensvolle Zusammenarbeit ermöglichen.

Investkredit: Den permanenten Wandel kommunikativ gestalten

Dr. Wilfried Stadler
Vorstandsmitglied
Österreichische Volksbanken-AG

Jahrgang 1951, Studium der Volkswirtschaftslehre. Seit 2002 Generaldirektor und Vorsitzender des Vorstandes der Investkredit Bank AG. Seit 2006 Mitglied des Vorstandes der Österreichischen Volksbanken-AG. Mitherausgeber der „Furche", Honorarprofessor für Wirtschaftspolitik an der Wirtschaftsuniversität Wien.

Die Investkredit Bank AG mit Sitz in Wien und Geschäftsstellen in sieben Ländern (Deutschland, Polen, Rumänien, Slowakei, Tschechien, Ungarn, Ukraine) verantwortet innerhalb der Volksbank Gruppe die beiden Geschäftsbereiche Unternehmen und Immobilien.

Als Spezialist für Unternehmensfinanzierung bietet die Investkredit das gesamte Leistungsspektrum für Unternehmen aus einer Hand. Dieses konzentriert sich auf die klassische kurz- und langfristige Unternehmensfinanzierung, Corporate Finance, Trade Finance und Treasury Sales. Das Kompetenzzentrum für gewerbliche Immobilien arbeitet nach dem Anspruch „Excellence in Real Estate". Das Institut weist eine Bilanzsumme von 14 Milliarden Euro aus und beschäftigt knapp 600 Mitarbeiter.

Die europäische Bankenlandschaft befindet sich seit der Voll-Liberalisierung der Kapitalmärkte in einem Prozess tiefgehender Strukturverschiebungen, der im Euro-Kapitalmarkt noch an Tempo gewonnen hat. Die neuen Informationstechnologien machen die Welt zum globalen Marktplatz und ermöglichen dezentral vertiefte Leistungsangebote in einer Qualität, wie sie bisher nur großen Finanzplätzen erschließbar war. Die Anreicherung der traditionell kreditorientierten Finanzierungskultur des europäischen Kontinents mit Elementen der Finanzierungskultur des anglo-amerikanischen Raums begünstigt eine neue Marktbreite, Produktvielfalt und Intensität der Konkurrenz. Die Schattenseite des Aufeinandertreffens zweier sehr unterschiedlicher Traditionen zeigt sich allerdings in der aktuellen Finanzmarkt-Krise. Sie verweist auf einen drängenden Nachholbedarf in der Klärung der Spielregeln.

Wer im Rahmen dieses neuen Wettbewerbsumfeldes im Firmenkundengeschäft bestehen will, braucht neben der Abdeckung einer qualitativ hochrangigen Grundversorgung mit den Standardprodukten des Firmenkundengeschäftes ein unverwechselbares Profil. Diese Unverwechselbarkeit beruht auf einem charakteristischen Geschäftsmodell, das sich als spezifische Kombination von vertiefter Kompetenz in mehreren Geschäftsfeldern beschreiben lässt. Im Idealfall findet dieses Geschäftsmodell in den Zuschreibungen an die Marke des Bankunternehmens Deckung. Mit dem Geschäftsmodell korrespondiert ein bestimmter Unternehmensstil, der durch eine möglichst weit gehende Kongruenz von gelebtem Alltag und äußerem Erscheinungsbild charakterisiert ist.

Die innere Ausprägung eines Unternehmens, die Kompetenz zur Abdeckung bestimmter Produkt-/Markt-Kombinationen, steht demnach in engem Zusammenhang mit der Markenbildung. Erst wenn eine Übereinstimmung von Leistungs- und Markenprofil gelungen ist, kann es zur Aufladung der Marke mit darüber hinaus reichenden Zusatzdimensionen kommen, die für die langfristige Marktgeltung wie für die jeweilige Kundenbeziehung von großer Bedeutung sind: Zur Qualitätszuschreibung kommt dann das Vertrauen, zur Akzeptanz des gebotenen Produkt- und Dienstleistungsspektrums die emotionale Bindung, zum Geschäftserfolg die öffentliche Geltung.

Markenkraft ergänzt durch Unternehmenskultur

Wenn diese den Produkt-/Markenkern überstrahlende, ergänzende Markenkraft gelingen soll, bedarf es über die inhaltlich-technischen Grundkompetenzen hinaus einer entsprechenden Qualität der Unternehmenskultur. Auch für die Validität dieser Unternehmenskultur gilt das Erfordernis der Durchgängigkeit vom Inneren ins Äußere. Die Qualität der innerbetrieblichen Kommunikation, der Unternehmensführung und der Organisationsentwicklung sollte daher ähnlich gut ausgeprägt sein wie der Umgang mit allen Anspruchspartnern (Kunden, Lieferanten, Eigentümer) sowie der gesamten Öffentlichkeit. Corporate Culture und Corporate Governance stehen also in einem engen Beziehungszusammenhang.

Das Bild einer organischen Entwicklung trügt allerdings. Die genauere Selbstbefragung darüber, wie es sich wirklich zugetragen hat, zeigt, dass der Weg aus der Sicht des jeweiligen Ausgangs- und Entscheidungspunktes strategischer Weichenstellungen weniger schlüssig war, als sich das in der Ex-post-Betrachtung darstellt. Das soziale Modell eines Unternehmens ist offensichtlich in seinen Entwicklungsschritten nicht so berechenbar, wie es im Rückblick scheinen mag. Berechenbarkeit würde ja auch dem Erfordernis der immer neu herzustellenden Zukunfts-Offenheit entgegenstehen. Andererseits bedeutet Zukunftsoffenheit nie Beliebigkeit in der Pfad-Entscheidung.

Professioneller Umgang mit notwendigen Veränderungen

Nur selten wird es vor dem Hintergrund des jeweiligen Ressourcen-Pools eines Unternehmens zu sprunghaften Entscheidungen über Neuausrichtungen von Geschäftsfeldern und Marktstrategien kommen. Und doch sind Unternehmen nur dann nachhaltig erfolgreich, wenn sie auf grundlegende Änderungen im Umfeld und damit in den Nachfragemärkten mit eigenständigen Entscheidungen antworten, die vom inkrementalen Entwicklungsschritt entlang des bisher eingeschlagenen Weges mitunter auch bis zum radikalen Paradigmenwechsel reichen können.

Die oben beschriebene Aufladung einer Marke durch Zusatzkonnotationen wie Vertrauen, emotionale Bindung und öffentliche Geltung erfährt im günstigsten Fall eine weitere, sehr wünschenswerte, dynamisierende Zuschreibung: dass man nämlich einem Unternehmen den Umgang mit den notwendigen Veränderungen wirklich zutraut. Die Anreicherung einer Marke um eine solchermaßen innovatorische Dimension ist wertvoll, weil sie so etwas wie Vorrats-Vertrauen schafft, mit dem sich dann auch Veränderungsphasen von Unternehmen, die bekanntlich nie fehlerfrei verlaufen, ohne grundlegenden Vertrauensverlust bewältigen lassen.

Es lohnt sich daher einerseits, permanent am Ausbau eines spezifischen Profils zu arbeiten, es stellt aber auch eine Gefahr dar, dieses Profil so zu schärfen, dass es in Erstarrung übergeht. Das Entstehen von Neuem braucht einen innovatorischen Raum, der unternehmerisches Handeln außerhalb eines starren Rahmens zulässt, ohne dass dabei die Grenzen des Leistbaren überschritten werden.

Reifeprozess von der Förder- zur Investitionsbank

Die Investkredit hat unter solchen Anforderungen den Wandel von der Langfristkredit-Bank des Wiederaufbaus über die Rolle der Förderbank bis zur Investitionsbank geschafft. Und sie brachte zwei erfolgreiche Entwicklungskerne hervor, aus denen kraftvolle, eigenständige Konzernsegmente im Bereich öffentliche Finanzierungen (Kommunalkredit-Gruppe) und Immobilien (Europolis) wuchsen. Als es 2005 zum Kauf der Investkredit durch die Volksbanken AG kam, war sie zum Spezialbanken-Konzern in Mitteleuropa gereift. Seit damals kam es zur erfolgreichen Eingliederung in die Volksbankengruppe und deren internationales Bankennetzwerk. Heute ist der Volksbankenkonzern mit einem ausgewogenen Geschäftsfeld-Portfolio und über 80 Milliarden Euro Bilanzsumme die viertgrößte Bankengruppe Österreichs.

Wesentliche Schritte zur Positionierung der Marke Investkredit im Rahmen einer spezifischen Kommunikationspolitik wurden in den Neunzigerjahren gesetzt. Dies hatte inhaltliche Gründe, hing aber auch eng mit der damaligen Börsenotierung zusammen, die eine zusätzliche Dimension der Öffentlichkeitsarbeit erlaubte. Dieser Bericht umfasst daher im Wesentlichen die Zeit bis zur vollständigen Übernahme durch die Volksbank AG.

Die Investkredit verdankt ihre Gründung im Jahr 1957 dem damals von der Weltbank der Österreichischen Bundesregierung nahe gelegten Ziel, eine Spezialbank für langfristige Finanzierung durch Einbettung in das Eigentum von Universalbanken kapitalmarktfähig zu machen. Über Anleiheemissionen wurde so die Versorgung der im Wiederaufbau stehenden Industrie mit langfristigen Krediten möglich.

Zu Anfang der Neunzigerjahre war die Investkredit inhaltlich sehr stark auf Themen der Industriekredit-Förderung fokussiert. Das überwiegend im Eigentum der Universalbanken – und damit letztlich auch seiner wichtigsten Konkurrenten – stehende Institut genoss Ansehen wegen der Qualität seiner Arbeit, konnte aber auch vom Bonus einer Förderbank profitieren, die ja für ihre Kunden meist gute Nachrichten bereithält. Das Verhältnis einer Kooperations-Konkurrenz ("Coopetition") zu den Eigentümerbanken führte zur Einübung von objektivierten, sachorientierten Vorgangsweisen, die sich als sehr nützlich erwiesen, wenn es galt, für die Expansion von Geschäftsfeldern internationale, strategische Partner zu gewinnen, die für die jeweiligen Wachstumsschritte Eigenmittel beisteuerten. Dies gelang in den Neunzigern bei der Kommunalkredit Austria AG (Dexia-Gruppe) ebenso wie bei der Immobilientochter Europolis (EBRD) als auch beim Aufbau des Geschäftsfeldes Private Equity (EIB).

Zur Mitte der Neunzigerjahre entfielen nach dem Beitritt Österreichs zur EU alle bis dahin ausgeübten Förderaufgaben für die Industrie, da traditionelle Zinsstützungen für Investitionen wettbewerbspolitisch nicht mehr zulässig waren. Dies war die erste Phase der Bewährung im Bereich Kommunikation, Profil- und Markenbildung – von der Förderbank zur Investitionsbank.

Fachpublikationen als Kommunikationsanlass

Die gedankliche Brücke dazu schuf ein sehr spezialisierter Antritt als Spezialbank, untermauert durch das von Hannah Rieger, der damaligen und heutigen Leiterin der Bankkommunikation herausgegebene, erste „Handbuch EU-konformer Förderungen". Diese Schiene der fachlichen Vertiefung und Herausgabe von Fachbüchern zu einzelnen Geschäftsfeldern wurde in den Folgejahren zu einem Spezifikum der Investkredit-Kommunikationspolitik. In den Büchern fand sich einerseits das gesammelte Wissen von Mitarbeiter/innen und Fachpartnern der Bank, andererseits konnte mit vertretbaren Kosten, ohne Einsatz klassischer Werbemedien, konsequent an der inneren und äußeren Übereinstimmung von Kompetenz und Fachlichkeit gearbeitet werden. Die Glaubwürdigkeit des Antrittes in neuen Geschäftsfeldern wurde so unterstrichen: „Beteiligungsfinanzierung" sowie „Venture Capital und Private Equity" beim Start des Geschäftsfeldes Private Equity, aber auch „Die neue Unternehmensfinanzierung" am Beginn der Internationalisierung und der Markterweiterung nach Deutschland.

Bücher und Fachpublikationen in Broschürenform boten sinnvolle Anlässe, um in Pressegesprächen und Experten-Workshops Interesse an der Bank und ihrer Problemlösungskompetenz zu wecken. Eine regelmäßig von österreichischen Banken beauftragte Umfrage bei Firmenkunden zeigte die Investkredit in ihrer damaligen Spezialbankenfunktion in den beiden „Fächern" Kompetenz und Beratungsqualität über Jahre hinweg auf einem Spitzenplatz. Fast

40 Prozent der größten 2 000 Unternehmen Österreichs gaben an, den Nutzen einer Spezialbank als Ergänzung zu ihren Haupt-Bankenverbindungen zu schätzen.

Im Fachdialog mit den Medien

Die Börsenotierung – der Streubesitz lag nur bei etwa 14 Prozent, der echte „free float" etwa
bei der Hälfte davon – trug viel zur Möglichkeit bei, das öffentliche Interesse an den gebotenen Inhalten wachzuhalten. Da sich Anlegervertrauen häufig an den handelnden Personen
festigt, war es auch hier sinnvoll, die jeweilige mediale Botschaft eng mit dem handelnden
Vorstand und der Person des CEO zu verknüpfen. Aus der Zwiesprache mit den Medien
entstand so ein positiver Kreislauf von Berichten über Erreichtes, dem In-Aussicht-Stellen
neuer Produkte und strategischer Horizonte sowie dessen Überprüfung durch regelmäßige
Zwischeninformation. Mitunter konnte daraus ein positiver Kreislauf („Circulus virtuosus")
des Dialoges mit der Medien-, Kunden-, Anleger- und Mitarbeiteröffentlichkeit werden, der
im Sinn der eingangs geschilderten Korrespondenz von innerer Verfassung und äußerer Geltung zu einer qualitativ hochwertigen Marken- und Vertrauensbildung führte.

Teilnahme am öffentlichen wirtschaftspolitischen Diskurs

Zum kommunikationspolitischen Profil der Investkredit gehört auch, dass ihre Führungskräfte und Experten vor dem Hintergrund ihrer früheren Aufgabenstellung stets gefordert und
legitimiert waren, an Diskussionsprozessen zu wichtigen wirtschafts- und industriepolitischen
Themenstellungen mitzuwirken. Neben der Teilnahme an Expertenrunden im vorpolitischen
Raum (z.B. Kapitalmarktausschuss) hinaus kam es zu vielfältigen Expertisen. Der Themen-
bogen reicht von der Technologiepolitik über Vorschläge zur Entwicklung der Private-Equity-
Industrie bis zur Forcierung von Public-Private-Partnerships oder dem regulatorischen Rahmen der Finanzmärkte. Die hohe Akzeptanz der Bank als Teilnehmer am öffentlichen Dialog
zu solchen Themenkreisen stützt ihr Kompetenzprofil.

Die Neupositionierung der Investkredit steht nach der erfolgreichen Einbindung in den
Volksbankenkonzern vor der nächsten Erweiterungsstufe. Die aktuellen Umfeldbedingungen
erfordern wieder erneuerte Antworten auf die Frage, in welchen Funktionen sie ihren Unter-
nehmenskunden Nutzen stiften und ihren Mitarbeiter(innen) schöne, herausfordernde Aufgaben bieten kann. Die Potenziale der Leistungskombinationen mit anderen Bereichen der
Gruppe sind hier erst ansatzweise ausgeschöpft.

Entscheidend für den nachhaltigen Erfolg ist der einer klaren strategischen Leitlinie folgende
Ausbau der in den vergangenen Jahren zu Kerngeschäftsfeldern geformten Bereiche. Dabei
geht qualitatives Wachstum vor Mengenexpansion. Konsequente Kundennähe in der Art des
Lösungsansatzes für eine Finanzierungsfrage ist wichtiger als die Forcierung bestimmter
Produktbereiche. Wir wollen nie die Sicht des Unternehmens aus dem Auge verlieren und mit
ihm im Rahmen vertretbarer Risiken letztlich den Weg seiner Wahl gehen.

Auch in den so entscheidenden personellen Fragen sollen uns weiterhin jene Grundsätze begleiten, die wohl mit entscheidend für die Erfolge der letzten Jahre waren: offene Information, hohe fachliche und persönliche Kompetenz, viel Eigenverantwortlichkeit in Verbindung mit der Fähigkeit, in Kompetenz-Teams zu arbeiten.

Von der Art und Weise, in der gute Jazz-Gruppierungen erfolgreich sind, lässt sich auf die Erfolgsprinzipien der Entwicklung von Unternehmen schließen: Zusammenspiel entlang einer Leitmelodie, Improvisation, Spontaneität, Aufeinanderhören, begeistert sein können, zu einem gemeinsamen Schluss kommen. So und nicht anders funktioniert letztlich auch der innovative Regelkreis guter Kommunikation.

Schlusswort und Danksagungen

Ohne strategische Kommunikation geben Unternehmen von sich in der Öffentlichkeit ein sehr pixeliges Bild ab, bei dem Umrisse und Details kaum erkennbar sind. Der Anspruch muss aber sein, dass ein klares Profil entsteht, das durchaus Ecken und Kanten hat, aber einen hohen Wiedererkennungswert aufweist. „Profil durch PR", so die zentrale These des Buches, kann nur entstehen, wenn die Schnittmenge aus Unternehmenspolitik, Markenstrategie und CEO-Kommunikation groß ist. Das Modell der integrierten Kommunikation verlangt eine inhaltliche, formale und zeitliche Integration aller Instrumente auf inter- und intrainstrumenteller Ebene. Das heißt: Alle kommunikationspolitischen Aktivitäten müssen miteinander vernetzt werden. Widersprüche bei den Aussagen, im Verhalten oder in der Einhaltung von Leistungsversprechen führen dazu, dass Lücken in der Wahrnehmung und der Glaubwürdigkeit und mithin auch der Loyalität entstehen.

Diese Vernetzung erfolgt in einem komplexen Prozess, den ich als „Analyse- und Entscheidungsrad der Kommunikation" dargestellt habe. Dabei handelt es sich um ein Modell, das die Konzeptionsmethodik strukturiert und die Lösung von Kommunikationsproblemen (die ja immer der Ausgangspunkt für Handlungen sind) erleichtert. Die Anwendung dieses Modells, das inzwischen in der Praxis bereits mehrere Feuerproben erfolgreich überstanden hat, führt Schritt für Schritt zu einem strategischen Kommunikationskonzept. Das wiederum ist eine maßgebliche Voraussetzung dafür, dass Unternehmen sich profilieren können.

Strategische Kommunikation ist immer auch von Menschen getrieben. Eine besondere Rolle spielt dabei der CEO eines Unternehmens. Der „talking head" muss sich an die Vorgaben der erarbeiteten Kommunikationsstrategie halten. Das ist einer von zwölf Erfolgsfaktoren. Jeder einzelne dieser Erfolgsfaktoren – von der Vorbereitung über die Vermittlungskompetenz, die Auswahl der Botschaften bis hin zum ethischen Verhalten – trägt in sich auch Sollbrüche, die eine Profilierung des Unternehmens über den CEO erschweren, wenn nicht gar zunichtemachen können. Werden die Anforderungen aber erfüllt, kann aus einem guten Zusammenspiel von Unternehmens- und Personality-PR ein hoher Reputationsertrag entstehen.

Für die fünf Fallbeispiele, die von CEOs bzw. Kommunikationsverantwortlichen profilierter Unternehmen beschrieben werden, trifft dies auf jeden Fall zu. Ihre Beiträge zeigen auch eines ganz deutlich: Jeder Fall ist anders, weil jede Unternehmensbiografie verschieden ist, weil die Kommunikationsprobleme anders gelagert sind, damit auch die Handlungsstrategien, Ziele und Dialoggruppen völlig unterschiedlich sind. Genau das macht das Feld der Öffentlichkeitsarbeit so spannend. Es gibt kein „prêt à porter" sondern nur „haute couture".

Zum Gelingen eines Buches tragen immer sehr viele Menschen bei. Ich möchte mich zunächst bei Univ.-Prof. DDr. Benno Signitzer vom Fachbereich Kommunikationswissenschaft der Universität Salzburg bedanken, der mich nicht nur als Lektor vor vielen Jahren an seine Abteilung geholt hat, sondern auch immer wieder in interessanten Diskussionen Anstöße zur Reflexion über die Arbeit als Kommunikationsberater gegeben hat. Univ.-Prof. DDDr. Clemens Sedmak bin ich für seine klugen Hinweise und die Unterstützung bei der Publikation sehr verbunden. Ich bedanke mich bei ihm und den Autoren der besonders profilierten Unternehmen für ihre Beiträge, die viele Aspekte des Buches aus anderen Blickwinkeln betrachtet haben. Der empirische Teil der Arbeit wurde durch das Feedback der befragten Journalisten und PR-Agenturen aus Deutschland, Österreich und der Schweiz maßgeblich bereichert.

Mein Dank gilt meinen Kolleginnen und Kollegen in der Agentur Pleon Publico Salzburg, die das Manuskript kritisch gelesen und wichtige Anregungen gegeben haben. Besonders danke ich Mag. Lukas Sövegjarto, der die Grafiken gestaltet, und Mag. Marion Orlicek, die die Bibliotheken nach einschlägiger Literatur durchforstet hat. Ohne diese Unterstützung hätte ich ungleich länger für die Abfassung des Manuskriptes gebraucht. Die wichtigste Unterstützung kam aber von meiner Familie, die mir die zeitlichen Freiräume an vielen Wochenenden und Abenden gegeben hat, mich dem Schreiben zu widmen.

Der Autor

Wolfgang Immerschitt, Jahrgang 1954, studierte nach dem Abitur am Augsburger Wirtschaftswissenschaftlichen Gymnasium Jakob Fugger Politikwissenschaft, Publizistik sowie Spanisch an der Paris Lodron Universität Salzburg und promovierte 1981 mit Auszeichnung.

Während des Studiums war er Assistent am Senatsinstitut für Politikwissenschaften, danach übte er neun Jahre lang eine journalistische Tätigkeit bei der Wochenzeitung „Salzburger Wirtschaft" und als Korrespondent der Wiener Tageszeitung „Die Presse" aus. 1991 wurde er zum Leiter der Stabsabteilung für Öffentlichkeitsarbeit des Raiffeisenverbandes Salzburg berufen und wenig später auch der Marketingabteilung. In dieser Zeit war er Mitglied des Fachgremiums Marketing der Raiffeisen Bankengruppe Österreich und des Vorstandes der Zentralen Raiffeisenwerbung in Wien.

Wolfgang Immerschitt ist seit 1999 geschäftsführender Gesellschafter von PLEON Publico Salzburg. PLEON Publico (www.pleon-publico.at) ist die führende österreichische PR-Agentur und verfügt über ein weltweites Agenturnetzwerk (www.pleon.com).

Seit mehr als zwei Jahrzehnten Universitätslektor zunächst für internationale Wirtschaftsbeziehungen und später für Öffentlichkeitsarbeit am Fachbereich Kommunikationswissenschaft der Universität Salzburg. Seit einigen Jahren auch Dozent für PR an der Fachhochschule Salzburg.

Kontakt:

PLEON Publico Salzburg
Paracelsusstraße 4
5020 Salzburg
Tel. 0043-662-620242-16
Fax 0043-662-620242-20

E-Mail: w.immerschitt@pleon-publico-sbg.at